早期療育與社會工作

Early Intervention and Social Work

劉瓊瑛◎主編

朱鳳英、林幸君、林惠芳、孫明儀、張如杏、劉瓊瑛◎著

主編序

　　三十餘年前，甫從大學畢業即進入台大醫院兒童心理衛生中心工作，從事兒童精神醫療社會工作實務。不管在門診或日間留院，總是見到家有特殊需求幼兒的父母，帶著期盼的心情希望得到最好的療育及相關資源；但是望著手中薄薄一本《全國身心障礙資源手冊》，經常有「巧婦難為無米炊」之憾！當時除了在與家長接觸的有限時間當中，盡力提供相關的諮詢與討論之外，也只能勉勵家長自立自強，而家長充滿焦慮及疑慮的神情，始終深印在自己的記憶中！

　　所幸，國內早期療育工作在有心人士的推動之下，自民國80年代中期開始，為六歲以下有特殊需求的幼兒及其家庭開啟了一扇希望之門。至今大約十五年的時間，整合了社會福利、醫療衛生及教育等領域，建構了一套完整的早療服務體系。從中央到地方、從政府單位到民間團體，大家全力創造了一個為特殊需求幼兒及其家庭謀最大福祉的早療環境，也努力實踐「早期篩檢、早期發現、早期診斷、早期介入、早期整合」的理想。

　　早期療育工作需要多元的專業領域參與，至少包括小兒神經、精神、復健、遺傳等科醫師，職能、物理、語言、臨床心理等治療師，還有聽力師、視力檢查師、特教老師以及社會工作師等。由於家庭的積極介入影響幼兒療育成效甚大，因此多年來早期療育一直以「家庭為中心」（family-centered）作為主要工作取向，服務對象需同時包括特殊需求幼兒及其家庭；唯有家庭能充分獲得支持且滿足需求之後，才有能力提供一個適當且穩定的環境協助孩子接受療育。

社會工作專業的傳統一向就是秉持「以家庭為中心」的工作理念，關注「人在情境中」（person-in-situation）；成為早療團隊的一員之後，「與家庭工作」更是社會工作師責無旁貸的重要任務。家庭面對孩子的特殊需求，在心理情緒、經濟、照顧及教養、家人關係等方面，常會產生多重的負擔及壓力，有時會有無法適應或甚至出現嚴重失調問題。社會工作師與家庭工作時，必須運用評估技巧，全面瞭解家庭的需求，再運用各種處遇技巧，提供心理情緒支持、資源聯結、改善家人關係、教養技巧諮詢等協助，以幫助家庭獲得更大的能量、達到更好的適應。

國內開始建構早療團隊時，為因應這些特殊需求幼兒及多元需求家庭，聘用社會工作專業人員擔任「個案管理員」（case manager）以協助有多重問題、缺乏使用資源能力、問題解決能力不佳及資訊不足或低自尊的早療家庭（參考《臺北市早期療育個案管理手冊》二版）。不過剛開始時，大家對於「個案管理」的界定並不十分清楚，也就依據各自的想法及期待，認為「個案管理員」的主要（或唯一）任務是為早療個案媒合所需的資源；而擔任「個案管理員」的社會工作者也開始以協助早療個案媒合最多的資源作為工作目標，這個模式大大削減了社會工作者在早療團隊的角色功能！

「個案管理」只是早療社會工作中的一項任務，「與家庭工作」（working with families）才是早期療育的主要重心。撰寫本書的目的就是希望能闡述「與家庭工作」的理念及做法，以實務取向作為架構。全書共十四章，分成四大部分。第一部分為緒論，共有五章：第一章專論嬰幼兒發展，介紹主要的嬰幼兒發展理論及六歲以下幼兒的發展；第二章介紹各種發展遲緩與相關障礙問題，幫助讀者對於早期療育常碰到的問題有初步的認識；第三章則綜合式介紹早期療育，幫助讀者建立早療的概念；第四章說明國內實施早期

療育的過程、相關立法及現況；第五章介紹早期療育社會工作的內涵及主要的角色功能。第二部分為家庭篇，共四章：第六章討論有特殊需求孩子的家庭所面臨的衝擊及容易出現的困境；第七章綜合說明針對早療家庭的處遇工作，探討各種理論及家庭工作的意義；第八章介紹家庭評估的內涵及技巧；第九章探討如何與家庭工作，介紹常用的專業技巧。第三部分討論各種社會工作方法的運用，共三章：第十章介紹團體工作方法的運用，分別以家長團體及嬰幼兒團體為例；第十一章介紹早療的相關資源並討論如何聯結及運用這些資源；第十二章介紹個案管理方法及在早期療育領域的運用。第四部分則針對不同類型的早療家庭常出現的問題及處遇，以常見的弱勢家庭（第十三章）及非自願性家庭（第十四章）為例做介紹。

　　本書的誕生雖是一個偶然，但也可以說是個人長久以來的一個心願。自國內推動早期療育以來，其他領域的專業學者紛紛撰寫各類相關專書，環視社會工作界則只有張秀玉老師於七年前所撰寫《早期療育社會工作》一書（揚智出版）。故個人一直希望能將自己多年的實務經驗化為文字，囿於自覺才疏學淺及怠惰懶散，遲遲未能如願。一年半前忽然接到揚智宋宏錢先生的邀約，並與閻富萍總編輯前往政大校園與我碰面討論。盛情難卻以及個人的使命感驅使之下，邀約了其他五位目前在早療實務界有豐富經驗的社工同道一起合作；大家雖然工作繁忙，但也都願意付出一份心力，於是有了本書的誕生。在此要特別感謝這群夥伴，本書的最初架構雖是由我構思，但幾次討論當中也匯集了大家的寶貴意見，讓全書的架構更趨理想。撰寫過程雖然煎熬，但終於完成了，相信每位夥伴都會為自己感到驕傲！

　　感謝揚智出版社提供機會給當初不太有把握的我們；尤其是宋宏錢先生，他以一種不疾不徐的態度，雖不給我們壓力，但持續催促我們達成目標。最後要感謝我們的工作對象：特殊需求孩子及其

家人；在所有人共同努力的日子裡，互相鞭策、互相期許、互相支持，你們是最好的工作夥伴！

劉瓊瑛

謹誌於2010秋

目　錄

主編序　i

 第一篇　緒論　1

第一章　嬰幼兒及學齡前兒童發展／孫明儀　3

第一節　嬰幼兒發展的特性及相關理論　5

第二節　瞭解零到六歲各個年齡階段的發展特徵　18

第三節　嬰幼兒發展的影響因素　30

參考書目　35

第二章　發展遲緩與相關障礙／孫明儀　37

第一節　如何定義「發展遲緩」　40

第二節　發展遲緩的分類　41

第三節　發展遲緩類別的簡介　42

參考書目　62

第三章　早期療育／林惠芳　65

第一節　早期療育的意義與重要性　67

第二節　早期療育服務　70

第三節　各國早期療育服務經驗　76

參考書目　90

第四章　台閩地區早期療育的實施／林惠芳　93

第一節　早期療育相關政策與立法沿革　95

第二節　早期療育服務實施的發展歷程與現況　107

第三節　早期療育未來政策的發展　121

參考書目　123

第五章　早期療育社會工作的內涵與角色功能／林幸君　125

第一節　啟動社會工作在早期療育服務系統的思維開端　128

第二節　早期療育社會工作者的專業實踐歷程　133

第三節　社會工作者在早期療育服務中的角色功能　139

第四節　社會工作專業面臨的實務挑戰　151

參考書目　154

第二篇　發展遲緩兒童與家庭　159

第六章　發展障礙問題對家庭的衝擊／張如杏　161

第一節　定義、模式與兒童障礙的變化　163

第二節　家庭與障礙的相互關係　167

第三節　障礙對家庭的影響因素及相關研究　174

參考書目　181

第七章　早期療育中的家庭處遇／劉瓊瑛　185

第一節　家庭處遇在早期療育服務的重要性　187

第二節　「以家庭為中心」的早期療育　190

第三節　社會工作與早療家庭的處遇　192

第四節　早療家庭處遇的相關理論　197

第五節　早療家庭處遇的內涵　201

第六節　國內早療家庭處遇的運作　203

參考書目　208

第八章　早期療育中的家庭評估 / 劉瓊瑛　**211**

　　第一節　家庭評估的意義、基本概念及目的　213

　　第二節　建構家庭評估模式　218

　　第三節　一個完整的早療家庭評估模式　222

　　第四節　家庭評估的方法與技巧　238

　　參考書目　246

　　附錄一　社會工作家庭功能評估表　248

第九章　與家庭工作的技巧 / 張如杏　**255**

　　第一節　與家庭工作的目標　257

　　第二節　專業與家庭的關係　263

　　第三節　與家庭工作的方式　266

　　參考書目　275

第三篇　社會工作方法的實施　279

第十章　團體工作 / 張如杏　**281**

　　第一節　團體工作的概念與基礎　283

　　第二節　團體工作提供發展遲緩兒童的服務　290

　　第三節　團體工作提供發展遲緩兒童家庭的服務　292

　　第四節　團體工作的發展　297

　　參考書目　299

第十一章　早期療育資源的連結與運用 / 朱鳳英　**301**

　　第一節　資源的定義與類型　303

　　第二節　早療資源的生態觀　308

　　第三節　資源連結的策略　313

第四節　資源運用的理論與技巧　317

參考書目　322

第十二章　個案管理與早期療育／林幸君　323

第一節　早期療育個案管理的意涵與本質　325

第二節　早期療育個案管理的實務應用　334

第三節　早期療育個案管理的挑戰　347

參考書目　355

第四篇　多元早療家庭類型的處遇　359

第十三章　多元早療家庭類型的處遇（一）──弱勢家庭常出現的問題及處遇策略／朱鳳英　361

第一節　弱勢家庭的特質與類型　363

第二節　弱勢家庭的介入觀點與理論　369

第三節　弱勢家庭的處遇策略　373

案例探討　弱勢家庭常見的問題　386

參考書目　397

附錄二　單元介入紀錄表　399

第十四章　多元早療家庭類型的處遇（二）──非自願性家庭的問題及處遇策略／朱鳳英　403

第一節　非自願性個案的定義與案例　405

第二節　早療非自願性家庭的問題　414

第三節　早療非自願性家庭的處遇　417

參考書目　426

第 一 篇

緒　論

第一章

嬰幼兒及學齡前兒童發展

———— 孫明儀

第一節　嬰幼兒發展的特性及相關理論

第二節　瞭解零到六歲各個年齡階段的發展特徵

第三節　嬰幼兒發展的影響因素

學習目標

- ✔ 認識發展特性。
- ✔ 認識嬰幼兒與學齡前兒童發展的相關理論。
- ✔ 瞭解零到五歲各個年齡階段的發展特徵。
- ✔ 瞭解影響嬰幼兒發展的保護因子與危險因子。

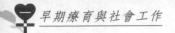

本章摘要

　　嬰幼兒與學齡前兒童是指零歲到滿六歲之前的兒童。嬰幼兒發展評估可以細分為：粗動作與精細動作技能、語言、認知、心理、社交情緒等不同領域的發展，依不同年齡層有不一樣的發展任務。嬰幼兒與學齡前兒童發展的理論，包括神經生理、認知、社會心理與社交情感等方面，這些發展理論都強調嬰幼兒本身獨特的發展進度與互動式環境對促進發展的重要性。

　　本章採用觀察描述方式對照重點發展的項目，探討各年齡層之進程。此外，本章還檢視了影響嬰幼兒發展的保護因子與危險因子。在保護因子中，父母對親子關係的敏感度並不和教育程度或社經地位成正比，反而是和父母親過去的生長經驗、自己如何調適父母角色等有高度相關。危險因子則包括嬰幼兒和父母雙方的生理狀況、父母的心理狀況對依附關係建立的影響等等。在瞭解影響嬰幼兒發展的因素後，期待幫助社工師在進入早期療育的專業領域時，對嬰幼兒發展能夠擁有初步檢視的能力，評估案家之優缺點，進而幫助父母親或主要照顧者提供適當的親子互動。

關鍵字

- ◆ 感官動作期（sensory-motor period）
- ◆ 近側發展區域（zone of proximal development）
- ◆ 依附關係（attachment）
- ◆ 依附關係之四種型態（4 sub-types of attachment）
- ◆ 情緒發展里程碑（functional developmental milestones）

　　嬰幼兒及學齡前兒童發展的年齡範圍，在英美國家的定義大致為新生兒（零到一個月）、嬰兒（零到一歲）、幼兒（一到三歲）、學齡前兒童（三到六歲）。然而在英美等國，嬰幼兒心理健康（infant mental health）在早期療育中占有重要比重，於是將嬰兒的年齡定義為滿四歲前的兒童，服務的內容針對零到三歲的嬰兒發展及主要照顧者的心理健康，希望藉由提升照顧者的自我覺察來增進親子關係，進而提升嬰幼兒全面的發展。在台灣，一般早期療育則是以六歲以下（零到五歲）之嬰幼兒與學齡前的兒童為主。

　　本章希望藉由生理年齡層的分類，幫助讀者建構出嬰幼兒在不同階段的發展影像，以便在臨床工作時，有足夠的敏感度去觀察案童是否需要進一步運用發展量表來加以評估，或是諮詢相關專業領域人員來促進案童整體的發展。

第一節　嬰幼兒發展的特性及相關理論
▶▶▶▶▶

一、發展的特性

　　嬰幼兒及學齡前兒童的發展有彈性、獨特性、延展性、共通性、片刻性及統整性等不同特色，茲分述如下。

(一) 發展的彈性

　　發展是有彈性範圍的，每一項發展技能不是絕對在哪個時間點發展完成。例如，不是每個孩子都是在滿七個月的那天學會自己撐起身體，維持坐姿。觀察所有的幼兒發展量表，我們可以略知在每一個發展里程碑，都會有一個合理的時間範圍容許孩子們在範圍內逐漸成熟。因此，發展是有彈性的。

(二) 發展的獨特性

　　每個孩子都有自己整體發展上的獨特性，即使是在兩個生理年齡相同的嬰幼兒身上，我們都可能觀察到某一位語言發展比較好，另一位卻是粗動作發展較快。因此，我們要學習尊重各個孩子發展的獨特性，只要是在合理的發展範圍內，父母們不須過度焦慮孩子稍慢的特定發展。

(三) 發展的延展性

　　年紀愈小，嬰幼兒發展的技能就愈基本。大致而言，前一階段發展未成熟容易影響未來更精細的發展。換言之，發展里程碑是環環相扣的、有延展性的，甚至有重複性的，例如語言或動作的發展。因為發展不可切割，每個階段的里程碑對孩子的成長都有其重要意義。

(四) 發展的共通性

　　雖然每個孩子在各個範疇的發展速度不盡相同，但是所有的嬰幼兒大致上會遵循特定的順序，來發展身體技能動作與心理情感的里程碑。在身體技能動作方面，一般認為是「由頭到腳」的順序發展；而心理情緒方面，一般認為是由「自我調節」（意指環境狀態轉換，情緒仍能維持在平穩的基準點）開始經驗起。因此，發展有其共通性，一般測量用的評估量表也是依據這些共通性訂立出來的。

(五) 發展的片刻性

　　每個發展階段，當嬰幼兒在發展某項技能時，我們容易觀察到相當數量的類似行為呈現，這些可觀察到的行為可能和前一個發展階段嬰幼兒的呈現是很不一樣的，這樣的情形尤其在生命的第一

年最為明顯。例如嬰兒學習爬行前會經歷一個階段，先學習如何用雙手將身體撐起來，因此在這個階段中我們就容易看到嬰兒反覆的「練習」。我們會觀察到較多特定的行為在這個片刻出現，因此，嬰幼兒的發展有片刻性的特色。

(六) 發展的統整性

　　雖然在所有發展量表上，經常看到六大領域或是八大領域的切割，但是在觀察的當下，身為臨床工作者，仍然要提醒自己，在達到發展里程碑的同時，有許多的變項是評估量表無法統一涵蓋的，例如嬰幼兒本身的氣質如何影響其學習嘗試新的技能；主要照顧者的互動模式是否能提供一個信任、幫助嬰幼兒經驗世界的環境等。因此，孩子的發展表現提供了一個統整的線索，融合了這些無法涵蓋的變項而呈現出他獨特的面貌，這些都是臨床工作者必須抽絲剝繭去觀察和瞭解的。

二、嬰幼兒發展的基本理論概述

　　十萬個以上的基因讓每個人先天就擁有獨特的發展藍圖，因此，基因組合有著不可逆轉的重要性。然而，近年來不管是生理或心理的相關研究都讓我們知道：後天的環境對於腦部的發育，一樣有重大的影響性。換句話說，即使兩個擁有一模一樣基因的人，也可能因為環境不同的刺激互動，而形成兩個截然不同的人格特性。因此，本章的發展理論概述，包括了生理與後天環境的相關理論。在生理的研究中，本章以神經生理發展為基礎，因為在神經生理的發展中，我們可以看到早期療育的重要性在於：在生命前幾年的關鍵期裡，提供適當的刺激，讓可塑性仍高的神經系統可以由經驗來調整或獲得新的連結。

(一) 腦部的生理發展

■神經元的生長

　　神經元的生長在懷孕初期極為重大，約在懷孕後第十八天，像梨狀的神經板已經形成，在神經板的中間會形成前後延伸的神經溝，在約二十四天左右，前端和後端均已關閉形成神經管，這個過程被稱為「神經化」。若是神經化的過程產生錯誤，就有可能產生神經管缺陷，最極端的例子就是「無腦症」（anencephaly），因為神經管的前端沒有閉合。因此，無腦症的嬰兒通常生下來就死亡或只能存活很短的時間。近二十年各國都相繼提倡在懷孕初期，也就是胚胎時期，讓母親補充「葉酸」來預防神經管缺陷。

■神經元的連結

　　在神經元成長之後，另一項大工程是在分娩後期開始形成大量的「突觸」。所有的嬰兒在出生時神經元已經生長完全到一定的數量，但是這些神經元並不是在生命初始時就相互連接了，神經元和神經元的接觸需要靠「突觸」，突觸的基本功能在於傳遞訊息和儲存訊息的機制。突觸的結構會依照神經的活動而改變，突觸對於神經系統的發育和學習記憶扮演相當重要的角色。孩子和環境的互動與刺激提供了當下的體驗，這些體驗讓某些化學物質產生，加強了突觸的作用。除了突觸以外，在傳遞訊息的過程中，「髓鞘質」（myelin）可以增加髓鞘的傳導速度，由於髓鞘是一種包含脂肪和蛋白質的物質，因此嬰幼兒出生後四年的飲食，要提供充足的脂肪和蛋白質，不然有可能影響到髓鞘化的不足。

■影響神經元連結的其他重要因素

　　神經科學在近幾十年的研究之下，嬰幼兒最能在一個充滿情感的環境下與特定的成人以互動的方式進行學習。在生命前三年突觸

的生長達到頂點後，會開始進行淘汰，淘汰的機制是由「使用的頻率」決定，例如使用頻率愈高的突觸，其幫助神經元間連結的捷徑就愈容易被留下來（薛絢譯，2004）。

　　環境的刺激提供了突觸連結的機會。刺激應該是多元的，而不是單一重複無變化的，刺激的變化可以對嬰幼兒的腦部發育產生許多影響。研究顯示，早期的正向或負向生活經驗，會影響腦部的結構與發育的狀況。1980年代，甚至有動物行為研究指出，在複雜環境下長大的老鼠比隔離飼養的老鼠有更好的認知表現，牠們的神經元的突觸較多，樹突狀的分支也變長。之後更有相關研究發現，那些被隔離飼養的老鼠日後容易出現過動情形（註1）。

　　綜上而論，父母親們該如何提供一個有足夠刺激的環境來教養嬰幼兒呢？「過與不及」對嬰幼兒都不好，例如伴隨太多感官刺激元素的環境、不停地轉換照顧者或新環境等都屬於「太過」的狀況；父母親花很少的時間給予嬰幼兒注意力，或是提供很少的互動，就是一個「不及」的例子。對嬰幼兒而言，重要的是父母親在陪伴的互動過程中用正面的情感去鼓勵他們的經驗、去讚美他們的嘗試，幫助嬰幼兒去培養「學習的興趣」，畢竟學習的結果不應該是唯一的重點，陪伴他們學習的過程也應當一併受重視。

(二) 社會心理發展

■溫尼寇特（D. W. Winnicott）

　　精神分析學派從佛洛依德開始，視嬰兒生命中第一個和照顧者建立的關係為日後所有親密關係的原型（prototype）（註2），安

註1：研究認為老鼠的過動情形應歸因於缺乏碰觸等原因。

註2：Freud S. (1940/46), "An Outline of psychoanalysis." In J. Strachey (Ed. and Trans.), *The standard edition of the complete psychoanalytic works of Sigmund Freud,* 23: 188. London: Hogarth Press.

娜‧佛洛依德的「自我發展里程」（developmental lines）認為這些發展里程均要倚賴母親給嬰兒的注意力、回應以及給予照顧的能力才能促進里程的達成。溫尼寇特是小兒科醫師也是英國的精神分析治療師，在他的臨床觀察之下，認為嬰幼兒的心理與情感發展要靠母親對嬰兒的擁抱（holding）、照料（handling）以及參與物體或外界（relating）的方式逐漸建構起來。在嬰兒剛出生之時，一個「足夠好」的母親（good enough mother），內心會經歷如何確保新生兒存活的一段時期，因此在前幾週，母親對新生兒的回應是高度敏感（primary maternal preoccupation），確保新生兒的需求都能被滿足，因而讓新生兒經歷了第一個心理歷程──「主觀的全能」（subjective omnipotence）。然後逐漸地，這個足夠好的媽媽會依照自己的本能在滿足嬰兒需求前，逐漸延遲回應的時間，讓嬰幼兒學習自己處理挫折與焦慮。在主觀的全能時期，嬰兒會以為自己創造了物體，例如我肚子餓時就有母親的乳房出現。日後母親逐漸從這樣的高度敏感中回復到自我的心理狀態，創造出越來越多的距離讓嬰兒從全能的狀態中學習到物體的現實（object reality）：亦即嬰兒體認到他和其他人共同存在，他無法控制外在的母親，母親有自己的想法與欲求，這些想法與欲求不見得和自己的一樣。Winnicott認為在全能與現實間有一個過渡時期，嬰幼兒會用過渡性的物體（transitional object）：例如一隻玩具熊或是一件舊被子，來處理自己內心分離時的焦慮，日後才能達到物體的現實感（Winnicott, 1953）。

從溫尼寇特的理論中，可以看到精神分析學派對嬰幼兒心理的成長十分強調母親的角色，母親如何介紹這個充滿刺激的環境讓嬰幼兒認識，如何在親密與分離間讓嬰幼兒經歷情感上的體驗，是嬰幼兒心理及自我成長的重要推手。

■艾瑞克森（E. Erikson）

在心理學中，探討人類形成獨特個體的內在過程一直是很吸引人的。艾瑞克森在他的八個發展階段，針對零到六歲提出了三個重要的階段：「基本信任或不信任」、「自主或懷疑（羞恥）」、「進取或罪惡感」。他認為第一階段的「基本信任」，為人帶來「希望」的信念；而第二階段的「自主」，為人帶來「意志」的鍛鍊；第三階段的「進取」，會影響人們日後追求生命的「目的和意義」。

艾瑞克森認為在每個階段，天平兩極的經驗都應該被瞭解，例如嬰兒經歷了照顧者的即時回應與延遲（無）回應，理解到這兩極的經驗都會存在，並加以統整，進而發展出正向的「希望」。在生命的第一年，若照顧者可以滿足嬰兒生理或情緒上的需求，嬰兒在這個時期就能對環境建立信任。反之，若是孩子大部分的需求無法得到回應，嬰兒並無足夠的機會去理解或統整這兩極的經驗，他們就容易學習到這個環境是無法信任的。

一個發展出信任、充滿希望的幼兒，在一歲前後會開始自主地探索這個世界，在探索的過程中實驗與驗證，他們相信即使是挫折的經驗，這個讓他們信任的環境（照顧者），都會和他一起經歷並教導他們學習如何改進；相反地，一個學習到不能信任世界的嬰兒，在進入探索時期，可能因為父母過度的干預或限制而開始懷疑自己，帶著這樣的懷疑，幼兒進入三到六歲的「進取或罪惡感」時期。一個懷疑自己、不信任世界的孩子在這個階段裡會因為感到羞恥而產生嚴重的自卑感，當然這樣的自卑感會持續影響他對自我的內在形象。在三到六歲的時期裡，孩子開始容易產生成人定義的「行為問題」。由於無法積極選擇對自己有意義的活動，孩子容易以重複或類似的行為讓他人定義自己行為，又因為自己的表現如同成人的負面預測，再次地感到罪惡感。

艾瑞克森的發展理論強調照顧者應該提供適當回應，讓嬰幼兒的發展朝正面的方向邁進，該理論強調每一個階段都是環環相扣的，在某個階段發展成為負面就會對整個人生產生影響，在某些時刻即以不同的問題樣貌呈現出相同本質的問題（Erikson, 1980）。

(三) 認知發展

■皮亞傑（J. Piaget）

皮亞傑以觀察自己的孩子為基礎，提出認知發展的理論，讓後人瞭解嬰幼兒學習的方法。他認為生命中的前兩年，嬰幼兒經由五種感官來經驗世界，包括視覺、味覺、聽覺、嗅覺以及觸覺。嬰幼兒以反射動作為基礎，從這些感官經驗開始建立對人、事、物的瞭解，在約一歲時已經可以發展出「物體恆存」的觀念（註3）。

皮亞傑在長期觀察與研究兒童認知發展後，歸納出四個認知發展的大階段：感官動作期（sensory-motor period）、前操作期（preoperational-motor period）、具體操作期（preoperational period）和形式操作期（concrete operation period）（Piaget, 1954）。

第一個階段中，有六個不同的時期說明嬰幼兒認知的演進（註4）。在第一個月中，新生兒用反射的機制來經驗外在、吸吮、尋乳反射（rooting）等。在接下來的三個月中，嬰兒會嘗試協調感官經驗形成兩種「基模」：習慣和初級的循環反應（circular reactions），嬰兒會試著「再製造」來重複經驗相同的感官，例如吸手指頭。

在四到八個月大時，嬰兒會開始體認到自身以外的物體，他

註3：意指在物體被藏起來後，即使已看不見物體，仍然知道物體存在。

註4：(1) simple reflexes; (2) first habits and primary circular reactions; (3) secondary circular reactions; (4) coordination of secondary circular reactions; (5) tertiary circular reactions, novelty, and curiosity; and (6) internalization of schemes.

可能意外地抓取搖鈴並讓搖鈴發出聲響，嬰兒會嘗試重複這樣的感官經驗，並享受類似經驗帶給他們的滿足感，這便是「二級循環反應」。在八個月到一歲時，嬰兒進入循環反應的協調期，嬰兒開始可以有意圖地參與事物，在此時，「物體恆存」的概念已經產生。接下來的階段，從一歲到一歲半左右，幼兒會嘗試運用各種不同的方法來和物體進行互動，獲得不同的結果。在一歲半到兩歲的階段，他們開始進入象徵性的思考，這一點可以從他們簡單的假扮遊戲中觀察出來。

　　在二到五歲中，孩子會進入「前操作期」，在前操作期裡，由於進入象徵式的思考，皮亞傑認為幼兒已經可以用符號來代表外在事物，幼兒以自我為中心的傾向會由強而漸趨轉弱，他們的思考具不可逆性，無法產生有層次的邏輯，這個階段也是所謂「神奇式思考」（magically thinking）（註5）達到顛峰的時期。五歲後，幼兒進入具體操作期，他們不再那麼自我，但是邏輯思考仍是以具體或實際的方向為主。

　　在皮亞傑的認知理論中，兒童的認知發展是層層疊上去的：孩子經由重複實驗不同做法得出不同效果，他們會將得到的效果特性加以區別或歸類，他們開始連結做法和效果的關聯，並將之用於更複雜的實驗中，得到更高階的認知學習。在這些過程中，皮亞傑認為孩子開始學習那些行為是對的、是有效的，更重要的是他們學會自己的行為在某種範圍內是可以被接受的，皮亞傑認為社會的規範也是在試驗之下被選擇並且被學習的。皮亞傑的認知階段在兒童發展上引起多方討論，他的理論以兒童為中心，認為兒童本身的認知能力需經年齡或發展階段的成熟引發，並未將環境以及文化考慮進去，相對於皮亞傑這樣的論點，也有其他的學者認為應從社會文化來看環境對於兒童發展的影響。

註5：幼兒以為身邊所有一切事物都和他們有關，也就是他們有影響一切事物的能力。

■維高思基（L. S. Vygotsky）

維高思基認為，兒童的發展是經由社會文化以及日常生活中與他人溝通所引導的。在文化影響之下，與他人溝通的經驗，可以增強兒童語言與想法的內化過程，進而幫助他們達到更高層次的抽象思考能力。他認為所有兒童經歷的文化發展有兩個層面的意義：第一層是社交的意義；第二層是個人的意義，也就是兒童如何將這個經驗內化。因此維高思基提出了幾個觀念，例如：「近側發展區域」（zone of proximal development）（Vygotsky, 1962），意指在一個學習的挑戰任務中，會有一個範圍是兒童經由成人或同儕的協助就能達成學習的。在這樣的發展區域中，「更有知識的他人」（more knowledgeable others），包括父母、老師等，可以運用所謂的「鷹架法」（scaffolding）（註6）來幫助孩子學習。在鷹架法裡，指導者將挑戰的學習任務拆解成幾個更小的任務，提供適時的支援和幫助，讓孩子自己試著依序處理，最後達到目標。隨著兒童能力的提升，使用鷹架法的指導者可以慢慢撤出支援，讓孩子自己負責處理。

維高思基認為若成人或環境提供足夠的刺激與回應，可以促進孩子語言、遊戲，以及日後的抽象思考能力。維高思基的觀點深深影響了近代的教育心理，如同皮亞傑提倡的接受個別差異，並提供兒童主動學習的機會；維高思基的貢獻則著重在協助性的學習，而非孩子自我的獨立發現。

(四) 社交情感發展

■包比（J. Bowlby）

嬰幼兒的情感和心理發展牽涉的層面極廣，包括與照顧者的關

註6：例如教孩子自己擦臉時，讓他們先擦眼睛、嘴巴，再擦臉頰、額頭和下巴，將整個任務拆成幾個小任務，讓孩子循序漸進完成。

係、與環境的互動品質、甚至是文化層面的價值觀都可能影響嬰幼兒情緒的發展。在社交情感中首要談的是依附理論。包比在1970年代提出此理論的雛形。包比原本是精神分析學家，但是他在1960年代末期接觸到了一些動物行為學的研究，例如：小鴨子在出生後就出現的「銘記」（imprinting）現象，讓他對於精神分析學派將「嬰幼兒的親子關係取決於驅力（drive），因此和母親的哺育有關」的想法，產生了不同的看法。

　　包比提出「依附關係」是嬰幼兒經由一連串與特定照顧者（註7）互動，日積月累所產生的情感關係。因此，照顧者是否敏銳地覺察到嬰兒發出的訊號、如何回應嬰兒發出的訊息、如何定義嬰兒所需要的，並根據自己的觀察調整和嬰幼兒互動的方式，是依附關係中很重要的誘發因子。

　　在他的同事安士渥斯（Mary Ainsworth）設計的「陌生人情境」實驗下（註8），對照孩子在母親離開時的情感反應和母親日常的照顧模式，包比歸類出安全依附型與其他三種不安全依附型態，包括：(1) 自我貶抑型依附（insecure-ambivalent）；(2) 排他型依附（insecure-avoidance）；以及 (3) 恐懼或混亂型依附（insecure-disorganized/disoriented）。「自我貶抑型」的孩子由於母親的照顧方式不一致，對於親密關係充滿不安全感，進而影響自我的價值感。「排他型依附」的孩子由於母親的忽略，造成發展出過早的防衛機轉，不能信任世界。「混亂型」的孩子通常因為遭遇到虐待或其他不合理的對待，造成日後人格的不健全。安士渥斯提出唯有在一個安全依附關係中，嬰幼兒將母親或主要照顧者當做是一個「安

註7：並不侷限只有一個人，可能有兩、三個主要的依附對象。

註8：此實驗是邀請母親在受訪時突然離開幾分鐘，將孩子與實驗者、觀察者留在一室，藉以觀察孩子覺察母親缺席時和母親歸來時的情感表現。安全依附的孩子在發現母親離開和母親歸來時最能調節自己的情緒，回復到原先的情感平穩狀態，並自由地表達情感。

全堡壘」（secure base），這個依附關係日後深深影響嬰幼兒和其他人關係建立的方式（Ainsworth, 1978）。

依附理論的貢獻在於更加確定了嬰幼兒需要特定照顧者來發展安全感和信任感。在依附的過程中，開始內化「自我」的價值感，並且對往後的人格發展產生重大的影響。從1970年代至今，以依附理論做依據的長期研究發現，具有安全依附關係的孩子在成長的過程會培養出許多正向的人格特質，包括積極、樂觀、真誠、勇於嘗試等等，在人際關係上，這類的孩子在人群中受歡迎、對他人有同理心，在生長的過程中，安全依附的孩子有較高的挫折容忍力和問題解決能力。因此得知，安全依附關係對於嬰幼兒整體的發展貢獻甚鉅。

■葛林斯班（S. Greenspan）

葛林斯班對於嬰幼兒的社交情緒發展里程碑，尤其在零到四歲有相當精闢的見解。近十年，嬰幼兒心理學家開始檢視孩子本身感官處理的特性可能影響依附關係的建立與環境的互動，Greenspan就是其中一位先驅。他將四歲以前的嬰幼兒發展，分為六個里程碑：自我調節及對世界產生興趣、親密感、雙向溝通、複雜的溝通、情緒概念、情緒想法（Greenspan, 2003）。

1. **自我調節及對世界產生興趣**：新生兒有兩大任務：一是如何適應子宮外的世界，運用五種感官（眼、耳、鼻、口、觸覺）來接收與回應外在刺激；二是開始對世界產生興趣。若是嬰兒可以開始建立日夜之分，白天醒著的時間愈來愈長，而且對於不同狀態的環境轉換可以維持一定的醒覺度，自然就可以跟外在世界有更多的互動。

2. **親密感**：在這個過程中，嬰兒和主要照顧者建立起親密感，這個親密關係是排他的，在情感建立的同時，嬰兒學會用視

線尋找熟悉的事物，甚至運用身體動作去尋求主要照顧者的注意，嬰兒開始學會「區辨」主要照顧者和他人的不同，建立不同的關係，這樣區辨的經驗成為孩子日後親密關係的雛形。

3. **雙向溝通**：當嬰兒和主要照顧者建立起親密感後，在互動的過程中，他們會發現自己和父母之間可以產生「有意圖的溝通」，例如寶寶將手伸向爸爸，爸爸就會伸手握住寶寶的手。很快地，嬰兒開始發現他們對世界能產生相當的影響，例如按一個按鈕，玩具就會彈出來。他們開始瞭解用動作和世界互動的影響力有多大。

4. **複雜的溝通**：當嬰幼兒逐漸熟練在雙向溝通中表達自我的意圖後，其肢體的表達會愈來愈複雜，在這些表達中，他們開始融入複雜的「自我感」與情緒。這樣複雜的溝通過程需要幼兒的語言及動作接續上的發展，當然對於理解自己和他人的心智活動也有貢獻。

5. **情緒概念**：在這個階段中，幼兒開始學習組織他們的意圖與想法，從簡單的假扮遊戲中反應他們的想法，拓展他們的詞彙與想像力。雖然在此階段，孩子仍然沒有能力串連邏輯來結合不同面向的遊戲，最終，幼兒會開始在這個遊戲的過程中運用不同的想法，建立更多抽象的概念。

6. **情緒思考**：幼兒的遊戲在這個階段開始有邏輯地串連起來，語言的大幅提升結合原有的姿態動作，孩子可以自由地表達想法或情緒。對於更抽象的概念像「時間和空間」，他們會結合情緒來理解，例如：「爸爸在新竹工作」跟「爸爸在樓下」就會因為帶給他們不同的情緒感受，而有助於他們理解「新竹非常遠」與「樓下比較近」的抽象概念。他們在這個階段開始可以比較、預演情境，並做選擇。

一般孩子大約在五歲左右可以到達這六個里程碑。葛林斯班認為每一個里程碑都是下一個里程碑的發展基礎，因此情緒發展是環環相扣的。

第二節　瞭解零到六歲各個年齡階段的
▶▶▶▶▶　發展特徵

在嬰幼兒服務中，尤其是心理與情緒發展的層面，「觀察」是很重要的評估方式，「觀察」包括嬰幼兒天生的氣質與感官處理的獨特性，以及母親和孩子互動時心理上或情緒上是否和孩子同在（emotional available），筆者希望採用觀察的小故事對照嬰幼兒發展的主要任務，希望幫助讀者開始觀察母親與嬰兒如何互相影響，環境互動如何增進嬰幼兒的發展。

一、新生兒

全身軟綿綿、剛出生的娃娃終於和媽媽回到家了。媽媽把睡著的娃娃放在小床裡，沒過多久，外面的尖銳喇叭聲把娃娃驚醒，他小聲的哭著抗議，媽媽趕緊將他抱起來拍拍，不一會兒，娃娃又在媽媽懷裡睡著了。媽媽急著收拾東西，她趕快把娃娃放回床上，剛碰到床墊時，娃娃的身體顫抖了一下，他又被驚醒而哭起來了。

(一) 主要發展任務

1. 新生兒的反射頻繁（例尋乳反射），但日後會逐漸被學習來的或自願性的行為取代。

2. 在五種不同的激發狀態的轉換中（註9），努力建立起「日、夜」的生活韻律並拉長「短暫清醒」的激發狀態。

3. 運用五種感官（眼、耳、鼻、口和觸覺）來經驗這個世界，在知覺發展上，所有的知覺在新生狀態都已有不同的偏好，其中，視覺是最不成熟的感官，需花費生命的第一年來發展深度、圖形、物體等精細的知覺。

(二) 思考問題

1. 新生兒回到家展開新生活時，這個母親有即時對新生兒的需求做出回應嗎？

2. 對新生兒而言，他們在這樣的過程經歷了什麼？

二、三個月

　　早上十點，娃娃喝完奶，這次他沒有像往常一樣睡著，他開始發出一些聲音，媽媽聽到娃娃說話了，看著娃娃對他微笑，娃娃也笑了。媽媽說：「娃娃想一起玩嗎？」一邊將娃娃放在躺椅上，媽媽拿了兩個不同形狀的搖鈴。媽媽搖起一個熊熊搖鈴，把搖鈴放在娃娃手上，娃娃握住搖鈴並轉動他的手，搖鈴因此發出聲音，媽媽好興奮地說：「好棒喔！娃娃搖搖鈴喔！娃娃學會了！」娃娃好像感染到媽媽的興奮，他笑得好開心。

(一) 主要發展任務

1. 動作方面：當自立被抱起時，頸部控制漸趨成熟，支撐時間可以拉長。對稱動作出現，從側面翻到背面等。

2. 精細動作：拳頭鬆開，甚至可以觀察到握著物體的情況。

註9：五種狀態為：(1) 非快速眼動睡眠；(2) 快速眼動睡眠；(3) 想睡；(4) 安靜警覺；(5) 清醒活動與哭泣。

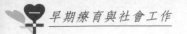

3. 視知覺：聚焦進步，擁有色譜的全面顏色。

4. 社交情感：社交微笑，近一步鼓勵照顧者與之互動。

(二) 思考問題

1. 娃娃和母親如何互相影響對方的情緒？

2. 這個互動之中，根據上述認知理論（皮亞傑與維高斯基），娃娃的經驗為何？媽媽如何豐富他的經驗？

3. 這對母子是否正在形成什麼型態的依附關係？

三、六個月

媽媽正想將娃娃拉起來時，娃娃就馬上翻身變成趴著的姿勢。媽媽說：「來玩拉拉遊戲嘛！」然後將娃娃擺回躺著的姿勢。媽媽發出「一、一、一」用力的聲音把娃娃拉起來。娃娃的頭已經可以隨著身體角度而挺直，不再像以前一樣會整個掉落在身體的後面了。接下來媽媽說：「嘿咻、嘿咻。」又將娃娃拉到坐起來，「我今天拔了個大蘿蔔，是娃娃大蘿蔔喔！」說完媽媽笑了起來，娃娃也興奮地叫了起來。媽媽接著拿了一個玩具遮住自己的臉，娃娃看了馬上伸手去抓這個玩具。

(一) 主要發展任務

1. 粗動作：翻身、由躺到坐時，頸部有足夠的強度支持頭部。

2. 精細動作：手部的抓取動作以及在兩手間傳遞物體。

3. 語言發展：主動發出聲音來和人互動或吸引人參與。

4. 社交情感：模仿表情，有不同情緒的區別與臉部表達。

(二) 思考問題

1. 娃娃和母親如何互相影響對方的情緒？

2. 這個互動之中，娃娃的經驗為何？媽媽如何豐富他的經驗？

3. 這對母子是否正在形成什麼型態的依附關係？

四、十個月

娃娃爬到媽媽旁邊，仰起他的頭說：「答、答、答」，媽媽笑著把娃娃抱起來說：「娃娃找爸爸嗎？晚一點他就回來了。」娃娃掙扎著不讓媽媽抱，媽媽把他放下來，娃娃馬上爬到玩具堆裡，兩隻手抓著不同的玩具：一本布書和一個積木。媽媽故作迷糊也拿了另一本布書和大積木，媽媽當著娃娃的面，把大積木放在布書的下面跟娃娃說：「糟糕了，大積木不見了。」娃娃掀起布書找到了積木，他好開心地將這個積木拿起來敲打手中握著的積木。媽媽拍起手跟娃娃唱起兒歌說：「娃娃好棒呀！找到積木還幫媽媽打拍子喔。」

(一) 主要發展任務

1. 粗動作：從臥姿轉換成坐姿、不靠外力支撐自己維持坐姿、爬行。

2. 精細動作：鑷子式抓握、敲打兩手抓握的物體。

3. 認知發展：物體恆存的概念。

4. 語言發展：姿態動作回應「接收式語言」（註10）、「主導式語言」以疊音的方式出現。

5. 社交情感：「陌生人焦慮」出現，就心理層面的成長而言，代表娃娃學會「區辨」主要照顧者和陌生人的不同，是日後建立人際關係的基礎。

註10：主導式語言指的是在互動中有目的、有意圖的口語表達，接收式語言指的是
當對方主動溝通時，是否理解對方的口語表達。

(二) 思考問題

1. 除了語言，娃娃如何運用姿態動作和母親溝通？
2. 如上述溫尼寇特的理論，媽媽如何創造距離，讓娃娃開始學習物體的現實？
3. 娃娃的認知呈現是否發展出「物體恆存」？
4. 這對母子是否正在形成什麼型態的依附關係？

五、一歲一個月

娃娃小心翼翼地扶著桌子走了幾步，媽媽開心地在旁邊大聲鼓掌，娃娃受了鼓勵，又邁出了一步，但是重心不穩地跌坐在地上，娃娃趕緊將身體轉成爬行的姿勢，一溜煙地爬到了樓梯口，爬上了樓梯，爬到第三階時，媽媽趕快跑過來說：「娃娃要爬樓梯要等媽媽呀！好不好？」娃娃努力發出了一個像「好」的音。媽媽有耐心地等他爬累時，將他抱下來說：「娃娃累了嗎？」媽媽拿了幾個「小饅頭」放在桌上讓娃娃當點心，娃娃看到小饅頭很興奮，伸出手就拿來吃，他現在已經會和大人一樣用拇指和食指一顆一顆將小饅頭拿起來。他舉小饅頭到媽媽嘴邊說：「媽媽。」媽媽笑著說：「娃娃好乖，要給媽媽吃嗎？謝謝。」媽媽把小饅頭吃掉，娃娃開心地笑了。

(一) 主要發展任務

1. 粗動作：學會運用不同方式來移動身體，例如四肢爬行、扶著站起來等。在大部分情況中，可以預先調節姿勢，預防失去平衡。
2. 精細動作：和成人一樣用食指和拇指夾起小物體。
3. 語言發展：疊字出現，例如爸爸、媽媽等。

4. 認知發展：開始建立心像、開始產生「社會參照」的能力（註11）。

5. 情緒發展：依附關係型態形成；內在工作模式的成立（註12）。

(二) 思考問題

1. 母親如何定義娃娃的行為與內心情感？
2. 娃娃新獲得的技能為何？
3. 這對母子的依附型態為何？

六、一歲半

　　一進門，媽媽把抱在手上的娃娃放下來，娃娃馬上自己走到鞋櫃旁，坐下來邊摸鞋子邊說：「椰椰」。媽媽說：「好，娃娃別急，媽媽關好門。」娃娃哭了起來說：「椰椰」、「椰椰」。媽媽有點不耐煩地說：「我知道妳要脫鞋鞋。」轉過身，媽媽彎下腰幫娃娃脫好鞋子。娃娃高興了起來，繞過脫下來的鞋子，在門邊拿起最喜歡的塑膠球用力丟向媽媽。媽媽板著臉說：「娃娃不可以那麼用力丟。」媽媽有點生氣地說：「用力丟人會痛痛，你再用力丟，媽媽就把球收起來。」娃娃又對著媽媽丟了一次，這次媽媽將球收起來放在櫃子裡。娃娃一看，哭了，跑到櫃子邊叫著「球球」，邊試著想扳開櫃子。

(一) 主要發展任務

1. 動作發展：自行走路，轉換姿勢的靈活度提升。

註11：「社會參照」指的是讀取照顧者面部的表情作為互動時的回應依據。

註12：「內在工作模式」指的是在依附關係中，孩子如何形成一個內在的評估模式來預期世界會如何給他們回應，進而影響到日後自我形象的建立。

2. 語言發展：約有六個字詞，多為疊字詞，但會用肢體語言來和世界溝通，傳達自我的意圖。

3. 認知發展：簡單的因果關係。

4. 情緒發展：能向世界表達不同的強烈情感，包括：快樂、悲傷、憤怒、害怕等。

(二) 思考問題

1. 母親的負面情緒對娃娃的心理與情緒發展有何貢獻？

2. 「足夠好」的母親如何不同於「完美」（從不發脾氣，永遠滿足嬰幼兒的需求）的母親？

七、兩歲

　　娃娃拿著大球跑到爸爸身邊：「玩球球。」爸爸說：「到院子裡玩吧！」娃娃很高興地跟著爸爸出去院子踢球。他伸出腳，學爸爸用力一踢，球踢歪了，撞到旁邊的花，娃娃跑過去把球撿起來，還跟花兒說：「對不起」。他再一次伸出腳，一邊說：「娃娃踢！」，一邊又把球踢出去。踢了幾次後，娃娃對爸爸說：「要進去」，拉著爸爸的手往家裡走。進到屋裡，洗完手，爸爸倒果汁給他喝，他自己舉著杯子小心地喝著，爸爸又拿了些小饅頭餅乾放在另一個紙杯裡，他用手捏起餅乾，一個接一個地吃，邊吃邊玩，一下子把餅乾拿出來又丟進去，一下子吃掉餅乾又拿另一個，吃到最後乾脆把紙杯裡的餅乾倒在桌上再拿起來吃。之後，他開始專心地疊起積木，爸爸坐在旁邊幫他加油，疊到第五個時，娃娃突然把積木柱撞倒，看著爸爸，咯咯地笑，他重複玩了好幾次，樂此不疲。

(一) 主要發展任務

1. 動作發展：跑步、扶著扶手上樓梯、能短暫維持身體的平衡、手眼協調能力增進。
2. 語言發展：詞彙大幅度躍進，可用語詞和他人溝通。
3. 遊戲模式：喜歡在重複的遊戲中有不同的嘗試。
4. 情緒發展：固執、情緒起伏大。
5. 心理發展：相當以自我為中心。

(二) 思考問題

1. 當娃娃踢球撞到花盆時，他的心理經歷了什麼？是否社會規範已逐漸內化？
2. 娃娃是否和爸爸建立起與媽媽不同關係？
3. 這對父子的依附型態為何？

八、兩歲半

　　娃娃從小椅子上跳下來，他一手拿著蠟筆，一手扶著樓梯的扶手，左右腳交替像大人一樣地走上樓找媽媽：「媽媽，畫一隻兔子。」娃娃邊走邊叫，媽媽在樓梯口看到娃娃自己上樓，還是有點緊張，對他說：「好，媽媽馬上下來。」媽媽趕緊拿了張紙走下樓梯牽住娃娃的手，媽媽說：「娃娃，要不要先畫畫看？」娃娃拿起蠟筆，很認真地盯著紙開始塗鴉，然後轉過來跟媽媽說：「我不會。」媽媽對娃娃說：「娃娃畫得很漂亮呀！兔子在做什麼？」娃娃說：「吃紅蘿蔔。」這個時候爸爸聽到了，對娃娃說：「娃娃，爸爸畫葡萄給你。」娃娃頭也不回地說：「不要，要媽媽畫。」爸爸嘆氣地說：「你只有在想出去玩的時候會找爸爸。」

(一) 主要發展任務

1. 動作發展：從低的地方雙腳往下跳，上樓梯時和大人一樣可以扶著扶手，左右腳交替一腳走一階上樓，動作的靈活度與協調度愈來愈高。
2. 語言發展：用句子與人溝通，語言能反映出自己的內在狀態與想法。
3. 情緒發展：衝動與固執，會堅持自己做，但又容易在做不好時感到挫折而發脾氣。

(二) 思考問題

1. 娃娃在獨立與依賴之間，如何轉換不同的角色（例如從大孩子又變成小寶寶？）
2. 娃娃如何區辨和母親與父親不同的關係？

九、三歲

　　娃娃早上起床後，心情特別好，吃完早餐就跟媽媽說：「我要去樓上玩。」他自己像大人一樣走樓梯，媽媽想牽他的手，他拒絕了，說：「我會自己走。」到了房間，媽媽放起兒歌來，娃娃跟著哼哼唱唱，聽到最喜歡的「小青蛙」還跳起舞來，他想起昨晚爸爸教他的「金雞獨立」，就要媽媽看他表演，他用單腳站立，左右腳都會，媽媽幫他鼓掌，並拿起娃娃昨晚串好的小珠鏈，對娃娃說：「娃娃好厲害，來戴第一名的項鍊。」娃娃好得意，戴著項鍊說：「我要蓋一個城堡。」說完他開始用積木建起城門，他小心地將積木一個個疊高，媽媽說：「娃娃，你建的是101，媽媽要建城門。」媽媽輕輕地將底下兩塊積木分開成一個門的樣子，娃娃有點生氣地說：「我要自己蓋城門。」他又在旁邊建了一個高塔，這一

次，他模仿媽媽留了個空隙讓小玩偶進出。他帶著項鍊對媽媽說：「這是娃娃的城堡喔！」

(一) 主要發展任務

1. 粗動作：可以單腳跳至少三步以上，這顯示幼兒的本體感與平衡感大有進步。
2. 精細動作：可以學用安全剪刀，表示在實際操作物體上，手部肌肉的協調性也漸趨成熟。
3. 自我照顧：一般都能自己擦臉、洗手，自己進食。
4. 社交情緒：更喜歡和其他孩子互動，渴望同儕經驗。

(二) 思考問題

1. 日益增多的同儕互動，對娃娃的發展產生哪些影響？
2. 在這個年紀，增加同儕互動的機會能帶來哪些益處？

十、三歲半

媽媽帶娃娃到公園玩溜滑梯，娃娃看到其他小朋友就好興奮，他問媽媽：「我可以和他們溜滑梯嗎？」媽媽笑著說：「可以啊！」娃娃衝向前去，跟著小朋友爬樓梯，其中有一個大哥哥插隊擠到娃娃，快哭出來的娃娃馬上跑回去媽媽身邊報告：「大哥哥擠我。」媽媽問：「大哥哥插隊嗎？」娃娃點點頭說：「對，他插隊。」媽媽說：「好，等一下我看到會告訴他。你去玩吧！」娃娃又高興地玩起來了，不一會兒，媽媽看到娃娃學其他的小朋友用單腳跳，幾個小朋友一會兒單腳跳、一會兒比賽跑步，娃娃是其中最小的，但是他也跟得興高采烈。

(一) 主要發展任務

1. 動作發展：除了逐漸提升的本體與平衡感外，手部的精細動作也大幅提升，例如串珠、疊十個以上的積木等。
2. 語言發展：已會運用語言來表達自己的欲求，會跟著哼唱兒歌。
3. 自我照顧：自行餵食或把腳套入鞋子裡、大小便控制等。
4. 認知發展：對性別開始產生興趣，會進行觀察或比較。
5. 情緒發展：細微的情緒逐漸發展出來，例如羞恥、愧咎等；和家中不同成員建立不同關係。

(二) 思考問題

1. 從觀察中，可以了解這個時期對娃娃最重要的是否維持建立自信？
2. 自信的形成，需要哪些內在與外在的準備與影響？

十一、四歲

媽媽帶娃娃去找朋友奇奇玩，娃娃好開心，他對媽媽說：「奇奇是我最好的朋友。」他們兩個一下子一起畫畫，一下子一起看書，很開心，過了一會兒，奇奇選了一個玩具要娃娃跟他一起玩，娃娃不想要，奇奇生氣了，把娃娃的書搶過來，娃娃好生氣，尖叫著說：「奇奇我討厭你，我不要和你當朋友了啦。」

(一) 主要發展任務

1. 認知發展：喜歡思考、問問題，對抽象概念有初步的瞭解。
2. 動作發展：騎四輪腳踏車、塗顏色、使用安全剪刀等。
3. 遊戲模式：開始瞭解「友誼」的意義。

4. 情緒發展：情緒仍然容易波動，可以用語言表達自己的感受。
5. 語言發展：語句、文法大有進步，可以自己講故事給自己聽。

(二) 思考問題

1. 從這個觀察中，是否看到娃娃逐漸建構出抽象的概念「朋友」？
2. 他是如何建立起抽象的概念？如何開始解決問題？

十二、五歲

　　五歲的孩子和四歲孩子最大的差別，大部分在於情緒的穩定度，四歲的孩子可能在情緒的起伏上有大的落差，但是，由於大部分的五歲孩子，已經進入團體生活，在面對互動下產生的衝突有較多的觀察與處理，對於調整自己的情緒會有進步。

　　對於五歲的孩子而言，最大的挑戰包括滿六歲時進入小學的團體生活和換乳牙等等。在認知方面，五歲的孩子在認知上開始學會分類，有些孩子在教導下，甚至學會看時鐘，瞭解時間的特性。但是，在邏輯的建立上，五歲的孩子仍然認為對和錯之間沒有所謂「灰色地帶」的彈性，因此在遊戲中壞人和好人的角色呈現是兩極的。一般的五歲孩子，發展呈現應該是有禮貌的社交應對，經常玩假扮性的遊戲，喜歡和同年齡的孩子玩團體遊戲，準備進入正式的學校經驗。

　　綜上所述，可以看到一個嬰幼兒的成長，需要環境不斷地提供刺激並與其他人以及同儕進行互動。但是，在這樣的成長過程中，是否有些保護因子與危險因子會影響到孩子的發展呢？

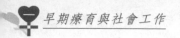

第三節　嬰幼兒發展的影響因素
▶▶▶▶▷

一、影響嬰幼兒發展的保護因子

　　父母親或是主要照顧者和嬰幼兒互動的方式會深深影響嬰幼兒的發展；換言之，越能夠敏銳覺察孩子需求而做出適當回應的母親或照顧者，將對嬰幼兒的發展形成重要的「保護因子」。在此要強調的是，這樣的敏感度並不和教育程度或是社經地位成正比，反而是和父母親過去的生長經驗以及自己對父母角色的看法有高度相關。

　　此外，父母親和自己的原生家庭、婚盟家庭（例如公公婆婆或妯娌）的關係，也有可能成為促進嬰幼兒發展的保護因子。育兒的過程是充滿挑戰性的，親職角色所帶來的限制也容易令人疲憊，因此在育兒過程中，父母親能否有足夠的社會支持系統提供協助或是短暫的托育，都會是間接支持嬰幼兒發展的保護因子。父母和自己原生家庭或婚盟家庭關係密切，自己的父母親或近親可以提供臨時托育，或是人生面臨危機或挑戰時，能有家庭支持，都會是間接提供嬰幼兒發展的保護因子。值得一提的是，美國已有研究顯示，支持系統的網絡無需龐大，品質夠好（意指能夠滿足父母親的需求）才是重點，換言之，即使只有一、二人，只要定位明確、關係交流的緊密度夠好，對於父母親而言就很足夠了。

二、影響嬰幼兒發展的危險因子

　　綜合上述之基本發展理論與嬰幼兒發展的大致特徵，可以得知

嬰幼兒的發展和環境以及照顧者的互動具有高度相關。嬰幼兒發展的危險因子，是否也包含在互動與環境的範疇呢？

(一) 嬰幼兒本身的生理狀態

若是嬰幼兒有先天的生理缺陷，對自身的發展本來就有限制。除此之外，在父母照顧上，也相對地容易有許多的壓力和焦慮的情緒，這些情緒都可能經由和幼兒互動當下被傳達出來，進而影響到依附關係的建立。

(二) 父母親本身的生理狀態

若是在懷孕時或嬰幼兒出生後，父母親本身有重大的生理疾病需要接受治療，對自己健康與未來的不確定性也會帶來許多的壓力與恐懼，相對於一般父母親全心全意投注在學習並享受當父母，自己生理狀態所帶來的負面情緒，也容易影響依附關係的品質。

(三) 父母親本身的心理狀態

■人生危機或重大失落

人生的重大失落包括懷孕、生產過程中是否曾面臨親人死亡；人生危機包括失業、離婚、家庭暴力的歷史等等。許多研究顯示，若是在第三期孕期時，母親面臨許多的壓力，這些壓力會影響體內賀爾蒙的分泌，影響到胎兒經歷的母體環境，日後嬰兒比較可能有強烈且負面的氣質產生，當然對於親子依附關係的建立就會有負面影響，因此所謂胎教中要孕婦多聽古典樂，保持心情輕鬆，從這個觀點來看是有其道理的。在這些失落或危機中，父母如何調適心情，學習接受這些人生議題，並整合隨之而來的育兒挑戰，都會是很重要的歷程。

■對父母角色的認同與期待

這個部分要探討兩個方向：其一是那些沒有準備好要當父母的心理層面，包括未婚懷孕、青少女懷孕，或甚至是在傳統文化壓力下必須生下子嗣的婦女。其二是對於父母角色缺乏「自我洞察」的父母親，包括兒童虐待的產生、或是長期將孩子隔代寄養，無法建立一個正常親子關係的情況等等。不可否認的，低社經地位或高風險家庭在這個方面因為經濟壓力的影響，比較容易產生這樣的家庭結構。

父母角色的心理層面也值得探討：為什麼在當下會做出這些伴隨著自身情緒的反應？父母有沒有辦法覺察到自身情緒如何影響回應的過程？父母是否有能力可以看到這樣的親子模式對孩子造成什麼影響，進而去理解這些負面模式對孩子的發展所產生的影響？甚至，近一步思考如何根據孩子的獨特性而調整自己的育兒方式。這些能力需要不斷地學習才能加強，與一般父母不同的是，缺乏自我洞察的父母沒有主動學習的意圖或是能力，因此一般父母可能會經由讀書或是和他人討論來增加自己對孩子發展的瞭解與相對的因應方式，這類的父母則是需要外在事件的發生，讓自己有機會學習（例如兒童虐待的個案通報）。

■心理或精神疾病

所有的心理或精神疾病都會嚴重影響到父母親如何看待孩子在自己生命中的意義。在所有精神疾病中，最值得一提的是和生產有高度相關的「產後憂鬱症」，在1990年代有一連串的研究顯示，母親的憂鬱症在建立親子關係時會影響與孩子的依附關係品質。有憂鬱症的母親因為自己本身情緒調節的障礙，有時無法對嬰兒的情緒狀態做出合理的判斷，因此容易影響到她們對嬰兒做出回應的方式。在產後憂鬱症和零到三歲發展研究中，最著名的就是「靜止臉

龐」（still face）的研究（註13），正常母親帶養的嬰兒，在母親做出不同表情時，很快能做出回應與模仿，但是在憂鬱母親帶養之下的嬰兒對於母親的反應或是非反應的行為都一律採取「避免」的方式來因應，這個結果可以呼應到依附關係的「排他型依附」，讓人不免臆測這些嬰幼兒日後的整體發展會受到何種程度的影響。

憂鬱的母親們因為自己低落的情緒，較難提供同理與適當回應，也有研究指出，這樣的情形會對孩子的情緒發展與情感韌性的培養造成很大的負面影響。因此，父親的角色在經歷產後憂鬱的母親與嬰兒中更為重要。研究顯示，這些嬰兒在和沒有憂鬱症的父親互動下能得到較多正面的情感回饋，因此若是擁有產後憂鬱症的母親為單親媽媽，缺乏此類的社會支持，對於嬰兒情感的發展會造成更大的影響。

■外在環境的影響

以巨視的觀點來看，外在的環境與文化價值觀也會影響父母親育兒的方式，德國一項有關依附理論的近期研究發現，「排他型依附」的嬰幼兒比例比其他國家還高，探究之下，發現德國育兒文化較注重培養孩子的獨立能力，因此父母較少提供干預或協助；反之，在以色列進行的依附研究中，發現嬰幼兒較常在與照顧者分開後出現「自我貶抑型依附」的反應模式，原來在猶太文化中，對於嬰幼兒照顧較傾向於不帶到外面接觸太多人，因此一旦接觸陌生人，嬰幼兒比較會產生許多情緒的焦慮。

比較台灣目前的現況，似乎有較多育兒代勞的模式：包括結合原生家庭的「隔代教養」，或是雙薪家庭的「全日托育」、「假日父母」等等。在外配家庭中，大部分的外籍配偶都是媽媽，因此評估依附關係時，包括外籍媽媽自己文化中的育兒特色；媽媽在家中

註13：要求母親和嬰兒正常互動，並做出不同的臉部表情，然後停止互動，接下來幾分鐘都面無表情。

的角色與被賦與的地位；以及媽媽們較缺乏的情緒支持系統都需要更深入地被瞭解。此外，爸爸參與育兒的程度與提供支持的角色逐漸在改變這些文化現象對於親子的關係建立，以及對依附品質的影響，都值得我們後續進一步的探討。

在探討嬰幼兒發展以及保護因子及危險因子對發展的影響時，可以看到早期療育針對滿六歲前的嬰幼兒服務應該整合並擴及到家庭，因為家庭與主要照顧者和嬰幼兒發展的關係是密不可分的，這也是促成本書呼籲並倡導社會工作在早療領域中扮演服務與家庭之連結的主要原因。

 ## 自我評量

1. 請敘述發展的特性。
2. 請敘述社交情感之兩大代表理論：包比（J. Bowlby）和葛林斯班（Greenspan SI.）。
3. 請簡單敘述一歲嬰兒的各項發展。
4. 請敘述嬰幼兒發展的保護因子與危險因子。

參考書目

一、中文部分

李美芳、黃立欣譯，林美珍審閱（2009）。《發展心理學：兒童發展》。台北：雙葉。

崔鮮泉譯，郭靖晃校閱（2002）。《幼兒發展概貌——受孕至八歲兒童的發展》。台北：洪葉。

薛絢譯，麗絲‧艾略特著（2006）。《打造黃金腦：探索0～5歲腦部發育地圖》。台北：新手父母。

二、外文部分

Ainsworth M., Blehar M., Waters, E. (1978), *Patterns of Attachment: A Psychological Study of the Strange Situation.* Hillsdale, NJ: Erlbaum.

Black el. (1989), "Effects of Complex Experience on Somatic Growth and Organ Development in Rats." *Developmental Psychobiology*, 22: 727-752.

Bretheton I. (1992), "The Origins of Attachment Theory: John Bowlby and Mary Ainsworth." *Developmental Psychology*, 28: 759-775.

Charles A. Nelson (2000), "The Neurobiological Bases of Early Intervention." In Jack P. Shonkoff, Sanuel J. Meisels (Eds.), *Handbook of Early Childhood Intervention.* Cambridge: Cambridge University Press.

Erikson (1980), *Identity and the Life Cycle.* New York: Norton & Co.

Freud S. (1940/46), "An Outline of psychoanalysis." In J. Strachey (Ed. and Trans.), *The Standard Edition of the Complete Psychoanalytic Works of Sigmund Freud*, 23. London: Hogarth Press.

Greenspan S. (2003), *The Functional Emotional Assessment Scale (FEAS) for Infancy and Early Childhood: Clinical and Research Applications.* Interdisciplinary Council on Developmental and Learning Disorders.

Kurtzweil P. (1999), *How Folate can Help Prevent Birth Defects.* US Department of Health and Human Service, Public Health Service, Food and Drug Administration.

 早期療育與社會工作

Macphee D., Fritz J., Miller-Heyl J. (1996), Ethinc Variations in Personal Social Networks and Parenting. *Child Development*, 67: 3278-3295.

Piaget J. (1954), *The Construction of Reality in the Child.* New York: Basics Books.

Santrock, John W. (1998), *Children.* New York: McGraw-Hill.

Vygotsky L. (1962), *Thought and Language.* Cambridge, MA: MIT Press.

Winnicott D.W. (1953), "Transitional Object and Transitional Phenomena." *International Journal of Psycho-analysis,* 34: 89-93.

第二章

發展遲緩與相關障礙

———— 孫明儀

第一節　如何定義「發展遲緩」

第二節　發展遲緩的分類

第三節　發展遲緩類別的簡介

學習目標

✔ 瞭解台灣如何定義「發展遲緩」。

✔ 認識「發展遲緩」的種類。

✔ 認識神經相關的發展遲緩問題。

✔ 認識感官知覺的發展遲緩問題。

✔ 認識遺傳先天的發展遲緩種類。

✔ 認識精神心智及其他重要狀況的發展遲緩問題。

本章摘要

「兒童福利法施行細則」將發展遲緩兒童定義為「係指認知發展、生理發展、語言及溝通發展、心理社會發展或生活自理技能等方面有異常或可預期會有發展異常之情形,而需要接受早期療育服務之未滿六歲之特殊兒童。」本章將發展遲緩分成六大種類,包括:(1) 神經相關疾病;(2) 感官知覺異常;(3) 語言發展遲緩;(4) 遺傳先天症候群;(5) 精神心智方面之診斷;(6) 其他影響依附關係重要發展之情況。目標在為各個類型之發展診斷與外顯症狀做簡單的介紹,期待社工師在早期療育中能瞭解嬰幼兒發展相關的發展障礙。

在神經相關疾病中,本章探討了腦性麻痺、脊柱裂與癲癇。在感官知覺方面,探討了視覺、聽覺及感官統合等發展特殊狀況。在遺傳先天方面,則簡單介紹了肌肉萎縮症、唐氏症與嬰兒酒精中毒症候群。在精神心智方面,本章參考了美國精神醫學會的診斷工具《精神疾患診斷統計手冊第四版》(*Diagnostic Statistical Manual of Mental Disorders*, 4th ed., DSM-IV),探討了廣泛性發展障礙(包括:自閉症、亞斯柏格症、雷特症、兒童期崩解症等五大類型)、注意力或行為發展障礙、重大創傷症候群。此外,根據筆者在美國早療界的工作經驗中,歸納出三個發展狀況,包括早產、發育不正常與兒童虐待,這三個狀況因為可能嚴重影響依附關係的建立,進而影響孩子的全面發展而相當受到美國早療界零到三歲嬰幼兒心理健康(infant mental health)服務的重視。

- ◆ 腦性麻痺（cerebral palsy, CP）
- ◆ 胎兒酒精中毒症候群（fetal alcohol spectrum disorder, FASD）
- ◆ 感官統合失調（sensory integration dysfunction, SID）
- ◆ 廣泛性發展障礙（pervasive developmental disorder, PDD）
- ◆ 注意力不集中與過動（attention-deficit/hyperactivity disorder, ADHD）
- ◆ 重大創傷症候群（posttraumatic stress disorder, PTSD）
- ◆ 發育不正常（failure to thrive）

　　在嬰幼兒發展的領域中，常常會聽到「發展遲緩」、「發展特殊狀況」這些名詞，但是「遲緩」是如何被定義出來的呢？其實，只要整體發展落在一個正常範圍內，只有一、兩個領域稍微慢一點，通常不會被定義為遲緩。對於父母親而言，要觀察的是這些緩慢發展的領域是否持續影響孩子的整體呈現，若是持續影響，就會是發展遲緩的警訊。

　　在嬰幼兒的發展中，有幾個大領域代表嬰幼兒不同方面的能力：

1. **粗動作**：指孩子如何使用大範圍的肌肉來執行身體的粗大動作，例如跑、跳、站立或是坐等等，因此保持平衡或是改變姿勢適應環境的動作都屬於這個範圍。
2. **精細動作**：使用小範圍的肌肉協調來達成精細的動作，例如用手寫字或畫畫等。
3. **語言**：如何用身體及姿態的前語言方式溝通，能夠運用語言來表達自己的意圖，讓這些溝通都是有意義的。
4. **認知**：包括學習、理解、問題解決、記憶等和腦部發展相關的發展。

5. **社交情緒**：如何與他人互動、建立合作關係，和不同的人建立親疏遠近的關係，針對他人的情緒做出適當的反應。

由於粗動作和精細動作這一類的發展大部分受基因的影響，對照顧者而言，比較能夠指認出能力獲得的時間點。語言與社交的部分牽涉到認知的層面：孩子如何理解周遭環境給他們的訊息，並且以口語或行為的方式回應世界。情緒的發展部分包含是否能因不同社會情境，表達自己不同的感受或閱讀他人的情緒等等。另外，學齡前孩子的遊戲能力也可以提供一些認知層面的觀察指標：一開始通常會較偏向身體感官和環境的經驗，接下來會出現模仿，然後是簡單的假扮遊戲，年紀愈長，在遊戲的過程中會有比較多的同儕互動，遊戲會愈來愈有彈性與創意，以象徵性的方式來呈現。因此，若孩子在以上幾個領域被觀察到停滯不前或持續性地影響整體呈現，就比較可能是發展遲緩的族群。

第一節　如何定義「發展遲緩」
▶▶▶▶▶

在台灣，「兒童福利法施行細則」將發展遲緩兒童定義為「係指認知發展、生理發展、語言及溝通發展、心理社會發展或生活自理技能等方面有異常或可預期會有發展異常之情形，而需要接受早期療育服務之未滿六歲之特殊兒童。」因此一般在嬰幼兒接種疫苗時，通常會請照顧者填寫發展檢核表，作為一個初次篩檢的依據。而「發展遲緩」的門檻由「兒童及青少年福利法施行細則」第6條中可看到：「我國發展遲緩兒童，指在認知發展、生理發展、語言及溝通發展、心理社會發展或生活自理技能等方面，有疑似異常或可預期有發展異常情形，並經衛生主管機關認可之醫院評估確認，發給證明之兒童。經評估為發展遲緩兒童，每年至少應再評估一次。」

在美國，從1980年代開始，就以百分比或平均數的標準差來定義發展遲緩。最常見的為：孩子的發展呈現至少25%的遲緩，或是在一個以上的發展領域低於平均數二個標準差的呈現。有些州認為，若孩子不只是在一個發展領域呈現遲緩，而是兩個以上的發展領域都令人擔心時，且評估有20%的遲緩，或低於平均數1.5個標準差，就可以讓孩子進入早期療育的領域。但是，在1990年代初期，有一些研究開始指出，由於生命前三年發展的巨大變化，這樣的標準應該隨著年齡而做調整，例如對於一歲的幼兒而言，發展慢了25%應該比三歲的幼兒（同樣是發展慢了25%）更值得關注，因此，在美國也已經發展出計算的矩陣來區分孩子年齡與發展遲緩的相對應關係。

第二節　發展遲緩的分類
▶▶▶▶▶

本章分類係參考國內早期療育聯合評估報告書中的診斷分類表，針對可能發生的發展遲緩作簡單的介紹。在這個診斷分類表中，包含第一大項「功能性診斷分類」：針對孩子的六大發展做一個統整的評估。此六大發展包含認知發展、語言發展、動作發展、社會情緒發展、非特定性發展與感官等六大項目讓家長明瞭自己的孩子在這六大部分有哪些發展上的遲緩。接下來是分析造成此六大發展遲緩的「可能病因」及「相關疾病」。在可能病因方面，分為確定病因、可能病因以及不明病因等三大部分。在這三大類中，評估者蒐集家族歷史、母親的懷孕及生產史，來幫助瞭解是否孩子在成長過程中，有任何的重要狀況影響到目前的發展遲緩，例如外傷、窒息或家族史等。接下來在相關疾病上細分為六個可能的診斷群，包括：神經肌肉疾病、眼部（感官知覺異常）、耳部（感官知

覺異常）、遺傳及染色體症候群、精神心智方面、其他身體疾病等，希望幫助早療的相關專業瞭解可能影響這個孩子發展遲緩現象的先天或後天成因。

　　參考上述診斷發展表的架構，由於篇幅的限制，本章將嬰幼兒時期就可能被發現的特殊狀況分為以下幾個大類：(1) 神經相關疾病；(2) 感官知覺異常；(3) 遺傳先天症候群；(4) 精神心智方面相關診斷；(5) 影響依附關係之重要狀況。其中，由於「語言發展異常或遲緩」的成因牽涉極為複雜，因此並不將之歸類於任一大類，而是單獨討論這個特殊發展的狀況。在這些發展遲緩類型中，包括神經相關以及遺傳先天症候群等類型，是在孩子出生時就已經擁有的症狀或診斷，在美國零到三歲的嬰幼兒療育服務中，將它們定義為「已確立的特殊診斷」（existing diagnoses）（註1），例如早產兒或是唐氏症等。由於這些孩子出生時的診斷可能影響接下來幾年內，甚至是日後長期的發展，因此，一生下來可以直接接受早期療育，無需再另行經過評估，可以縮短療育介入時間。

第三節　發展遲緩類別的簡介

一、神經相關的疾病

　　顧名思義，在這一類的疾病診斷和神經系統的發展都有高度相關，包括腦發育畸形、癲癇、水腦、腦性麻痺等。

註1：例如美國密西根州統整所有零到三歲嬰幼兒早療服務的聯邦級計劃 "Early On"，就將這些「已確立的特殊診斷」定義為可直接在出生時，由醫院馬上轉介其他療育資源的特殊情況。

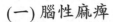

(一) 腦性麻痺

　　腦性麻痺（cerebral palsy, CP）可能的成因包括母親在孕期感染德國麻疹或經由其他病毒感染，或是在生產的過程或生產前後有缺氧的情況，都有可能導致嬰兒大腦中的中樞神經系統在發育過程中受到損傷甚至產生病變。但是這樣的腦傷不是漸進式的疾病，因此不會持續惡化。

　　CP孩子的大腦中樞系統由於損傷，在控制肌肉方面會有困難，造成CP的孩子粗大或精細動作都有發展上的限制，嚴重影響了他們的運動發展，造成運動障礙的產生。在語言發展方面，由於發音需要精細地控制數以百計的小肌肉，因此CP的孩子在學習語言上也會受影響。

　　CP按照孩子的情形分為輕度、中度及重度。輕度的孩子僅動作、外觀上有異常，可以做一般日常活動。中度的孩子需要復健治療或是運用輔具或支架；而重度的孩子就須依賴他人的照顧，無法自己步行，治療起來較為困難。若依神經肌肉被影響的部位來看，會有「單一肢體麻痺」、「雙側麻痺」、「半身麻痺」、「三肢麻痺」和「全癱」。若是依病徵形式分類的話，則包括「痙攣型」、「手足徐動型」、「運動失調型」、「無張力型」、「顫動型」、「僵直型」和「混合型」等七種類型。針對CP的孩子，目前療育發展方向是整合物理治療、職能治療、語言治療或是針灸等療法。

(二) 脊柱裂

　　所謂脊柱裂（spina bifida）或神經管閉鎖不全（neural tube defect），是指一般胚胎發育的第一個月，神經管會在第四周閉合，以進一步發育成更精密的組織，例如腦部，但脊柱裂的孩子因為神經管未癒合或脊柱出現先天裂痕或開口，會在腰部的脊椎節產生裂縫或開口，讓脊柱外露，對神經組織造成損害，而帶來多重發展障

礙，例如水腦、泌尿排便障礙等等。雖然腰部的裂口可以在孩子出生後用手術的方式縫合，但是對神經系統的傷害是永久的，手術並無法修復脊髓受損傷的部分。

雖然醫學上尚未釐清發病的主因，但是環境與遺傳都對此生理疾病有影響。目前已有許多研究顯示，在懷孕初期攝取足夠的葉酸（folic acid），可以有效防止神經管的發展缺陷。

脊柱裂孩子面臨的挑戰：由於發生的位置直接影響腰椎部位的神經系統，因此和下半身有關的部位及動作，都會受影響，例如腳部、臀部、大小便控制、甚至是男性日後的勃起能力。由於神經系統的傷害容易帶來動作上、語言上，或認知上的發展限制，因而有可能造成全面發展的多重障礙。

(三) 癲癇

癲癇（epilepsy）的發生是由於「腦部不定期的釋放強烈的電波，導致身體有不自主的動作異常；或是視覺、聽覺方面的感官異常」。嬰幼兒癲癇的成因有少部分為家族遺傳，其餘的主因可能包括：腦部先天感染、外傷或是在生產的過程中出血或缺氧等。由於癲癇的成因與腦部發育不良或外傷有關，所以有部分的孩子會有智能上的發展遲緩，影響他在學校的課業表現以及人際關係。值得區辨的是，「癲癇」並非影響智能不足的主因，主要是腦部的病變或發育不良造成這樣的結果。此外，擁有其他腦部相關發展診斷的孩子也可能出現癲癇的症狀，例如「自閉症」兒童。癲癇主要治療方式為服用「抗癲癇」的藥物，部分智力正常的癲癇孩子只要經診斷並服用藥物，學業表現和同儕關係則與一般學童並無太大差別。

症狀上，癲癇又分「局部發作」與「全身發作」。局部發作時，可能只有大腦的某個區塊產生電波，例如掌控手部活動的神經細胞放電時，可能導致對側的手不由自主的抽動。但是當全身發作時（也就是所有神經細胞都發電時），可能產生「失神」的現象。

　　兒童時期特有的癲癇症狀包括：熱性痙攣、兒童良性癲癇、嬰兒點頭症候群以及Lannox-Gastaut症候群等。其中熱性痙攣與兒童良性癲癇會隨著年齡增長逐漸消失，但是後兩者多半與腦部病變相關，因此症狀較嚴重，無法以藥物控制。

二、感官知覺異常

(一) 視覺發展異常

　　衛生署在2006年修正的視障定義為──「由於先天或後天原因，導致視覺器官（眼球、視覺神經、視覺徑路、大腦視覺中心）之構造或機能發生部分或全部之障礙，經治療仍對外界事物無法（或甚難）做視覺之辨視而言。」通常鑑定的標準會以「優眼」（也就是視力較好的那一眼）為準。障礙的程度可分為輕度、中度和重度。

　　視障孩子會面臨許多挑戰，包括手眼協調活動表現差、視線無法對準目標物、肢體動作可能因此受影響而容易受傷。所以視障的孩子在粗動作或精細動作的發展上都可能產生遲緩，因此情緒發展上易受其他方面的影響，因而可能產生過度謹慎小心或負面情緒等。這些狀況都有可能在進入學齡時，影響閱讀或注意力集中的能力，甚至影響到自信心與人際關係的建立。

(二) 聽覺發展異常

　　衛生署在「身心障礙者保護法」中將「聽覺障礙」定義為三級：輕度（優耳聽力損失在55到69分貝）、中度（70到89分貝）、重度（90分貝以上）。「優耳」指的是兩隻耳朵中聽力較好的那一隻，聽力的鑑定以優耳的聽力程度作為基準，因此若有一耳全聾，但另一耳聽力正常，個案並不適用身心障礙法。

聽覺障礙的產生可能是先天遺傳或是後天的系統病變。後天病變包括「傳音性聽力障礙」和「感覺神經性聽力障礙」，前者可以用手術或藥物治療，但是後者由於是聽神經病變造成的永久損害，並無藥物或手術可治癒。大部分先天性聽力障礙的嬰幼兒，雖然無法完全治癒，但是有可能保有殘餘的聽力，如果可以及早發現介入，藉由助聽器的幫助，對於日後語言或溝通能力的發展，能盡量減低因聽力異常而造成的傷害。

在嬰兒期，對於聲音無反應，不會轉向說話的人或方向，將連帶地影響語言發展與溝通能力，而溝通障礙又容易引發情緒調節問題或是社交上的發展。此外，因為聽覺障礙所影響的平衡感以及方向感，也可能對孩子們的動作發展造成影響。

(三) 感官統合失調

感官統合失調（sensory integration dysfunction, SID），又稱感官處理障礙（sensory processing disorder），是一種神經相關的發展障礙，主要是神經的生理狀況影響到孩子處理接收到的感官刺激（腦部如何定義並回應這些刺激），因此感官雖接收到訊息，神經生理的處理卻是異常的，進而影響到孩子的行為呈現。雖然在DSM-IV裡尚無SID的診斷指南，但是在美國零到三歲協會中，從1990年代末期便有大量研究，證實這個感覺統合失調的先天症狀對嬰幼兒發展的影響不容小覷。

此種發展障礙分為三大類：感官調整障礙（sensory modulation disorder）、感官相關之動作障礙（sensory based motor disorder）與感官區辨障礙（sensory discrimination disorder）。在第一大類中，針對感官刺激，孩子可能出現反應過高或反應過低的回應，包括中樞神經如何註冊感覺或是一個或多個感官系統的感覺防禦（sensory defensiveness）。第二大類中，可以觀察到孩子因為不正確的訊息處理，產生沒有組織的行為呈現。感官相關之動作障礙典型的呈現

是身體姿態的障礙（postural disorder），通常對稱式的平衡或動作在這類孩子身上會是較大挑戰，通常此類的障礙較容易呈現在反應過低的孩子身上。在第三大類中，可以觀察到孩子有身體或動作的控制問題，例如dyspraxia（註2），因此對於自願性的動作或是動作的協調上會有許多的挑戰（Kranowitz, 2005）。很多自閉兒、過動兒因為神經生理發展上的缺陷，也擁有感官處理障礙，需要職能治療的介入。

對於這一類的孩子，通常治療師會根據他們的感官處理模式來設計「感官餐」（sensory diet）：將一天之中應該做的活動設計好，讓這些活動可以將身體提升到一個有組織的狀態，增加孩子的學習能力。

三、語言發展遲緩

語言發展遲緩的可能成因相當複雜，語言的發展分為「接收式語言」與「主導式語言」，前者指的是對於語言的理解程度，著重在認知理解的能力；後者指的是主動以語言表達自我想法和世界溝通的能力。

提到語言發展遲緩，通常首要的檢查是「聽力」。在近二十年，歐美等國流行的「聽知覺」的概念，也值得提出來讓我們思考是否對於個案的語言發展有影響。「聽知覺」（auditory processing）包括：聽覺的注意力、分辨語音的能力、聽音辨位、雙耳整合、處理聲音的速度和品質、聽覺的短期記憶、聽覺的序列記憶、噪音中處理聲音及語音的能力等等，這些能力的缺失都有可能影響孩子聽聞、理解、回應的語言發展。

註2： dyspraxia 是職能治療中的一種診斷——「動作協調能力喪失症」，通常指的是身體無法執行想做的動作。

　　由於接收式語言比主導式語言發展較早，因此任何影響接收式語言的可能成因也須考慮，例如智力較低的孩子，針對語言中的抽象表徵可能無法進行歸納、判斷或推理等處理，因此自然在理解語言的進度上會受限制，進而影響語言的全面發展。

　　除此之外，其他類型的發展特殊兒可能因為大腦發育或神經上的缺失，也產生語言發展遲緩的現象。例如：自閉症可能因為情緒的障礙或是大腦的處理系統出問題，在口語表達上有缺陷；過動兒可能因為容易分心，而造成學習障礙，在語言的學習上也受影響；此外，腦性麻痺的孩子因為大腦的發育不良也可能產生智能或是語言發展的遲緩。需要注意的是，語言發展遲緩可能在各個特殊診斷中呈現，但是在診斷或治療時，主要還是以孩子的特殊診斷來搭配語言治療。

　　在「主導式語言」的發展中，下列幾項生理狀況可能影響孩子「說話」的能力：脣顎裂、口腔功能不良或是低肌肉張力等。因為口語的呈現和口腔動作有高度相關，因此脣顎裂或是舌頭不靈活等都會影響發音的困難，此外若是肌肉張力比較低的孩子在學習語言上也會有遲緩的現象產生，尤其是需要脣部周圍肌肉用力的發音。口腔功能不佳的孩子通常也會伴隨進食的困難，在臨床上容易觀察到這些孩子只吃某種觸感的食物（例如重口味食物，因為重口味的刺激比較高強度，容易感覺到在口腔裡的位置，再進行咀嚼或是攪拌）。

　　最後一項可能的成因是「缺乏環境刺激」。在低社經地位家庭中的孩子語言發展上較緩慢，大部分可能是文化刺激不足所導致。語言的發生其實和親子之間的互動息息相關，照顧者過於保護，沒有提供孩子機會來試著表達自己的想法，或是與孩子的互動太少，而剝奪了孩子學習語言的機會，都有可能造成語言發展遲緩的因素。在評估語言發展遲緩的成因時，不妨觀察一下親子間的互動，瞭解一下照顧者的溝通模式。

綜上所論，語言發展遲緩或障礙的成因不盡相同。台灣的「特殊教育法」將語言障礙分為四大類：構音異常（在發音上有代償性的發音行為，造成旁人的理解困難），此為出現率最高的語言障礙；聲音異常，指的是音調或音量與個人年齡不符合；語暢異常（例如口吃），語言表達的不流暢；語言發展遲緩，例如認知發展遲緩，孩子仍然停留在「前語言期」；另外，還有語意、語法以及語用上的發展遲緩。一般在早期療育的語言治療師都會建議，假如孩子語言發展落後差距超過半歲以上，父母應該將孩子帶到早療機構評估，才能依照不同的障礙，給予適當的治療。

語言發展遲緩的孩子因為溝通障礙容易影響到情緒調節的發展，例如無法表達挫折感而情緒失控。年紀愈大，對孩子的全面發展影響愈大，尤其是在學齡時開始進入充滿符號的抽象世界，同儕之間也開始以語言作為互動溝通的基礎時，若無法在學齡前做療育以提升語言或溝通上的發展，甚至容易影響日後的學習障礙以及人格養成（容易缺乏自信或造成社交上的孤立）。

四、遺傳先天症候群

遺傳先天的診斷很多，但是因為篇幅有限，在此選擇了三個診斷，但是除了這裡的三個診斷之外，還包括：小胖威力症候群、愛德華氏症、X染色體脆折症、先天性代謝障礙（例如蠶豆症）等等基因遺傳或是染色體異常所造成的特殊診斷。

(一) 肌肉萎縮症

肌肉萎縮症（muscular dystrophy）是指骨骼肌本身發生進行性的病變，導致肌肉漸漸地退化、萎縮，是一種漸進式的生理疾患。可能成因：一半以上的案例是經由性染色體隱性遺傳而來，此異

常的基因是位於性染色體X上，由於男孩為XY，不像女孩有兩個XX，因此外顯出此異常基因所造成肌肉細胞膜的不正常，通常媽媽為隱姓帶原者。另外，基因的突變也是一項主因。

在肌肉萎縮症當中，裘馨式肌肉萎縮症（Duchenne muscular dystrophy, DMD）是較常見的一種，因為發病的時間相當早而且惡化程度迅速，患者幾乎都是男孩，患者在生命前幾年動作發展上正常，但在三歲到五歲左右會發病，走路容易跌倒，跑步搖晃，額頭和膝蓋容易因跌倒而傷痕累累，大腿部位會假性肥大，因為萎縮的肌肉被脂肪組織所替代。通常此類患者的壽命很難超過30歲，因為最終DMD會影響自主性肌肉的運作，因此由開始的粗動作或精細動作到最終包括呼吸、心跳等等功能都會被削弱。

在此類發病後會逐漸退化的遺傳疾病中，特別要注意案家和案主的「失落」問題，如何支持案家瞭解案童退化的發展以及如何利用遊戲治療的技巧來幫助案童增加對自己逐漸退化的瞭解是相當重要的。

(二) 唐氏症

大多數的唐氏症（Down syndrome）是因為細胞分裂時，染色體分離不完全所造成的異常，只有極少數的部分是家族遺傳。大部分的唐寶寶是在第21對染色體多出了一條，由於這一對染色體較小，所傳遞的遺傳因子相對較少，因此胎兒仍然能持續生長並順利產出。唐氏症的發生約是八百分之一到一千分之一，還要取決於母親的生育年齡（通常超過三十五歲以上的高齡產婦懷唐寶寶的機率較一般產婦高），但是在第二孕期時，母親可以經由「羊膜穿刺」的程序來瞭解胎兒的染色體排列，進而得知孩子是否為唐寶寶。現今醫學並無方法來治療唐氏症，因此有些國家讓父母親決定是否保留唐氏症的胎兒，但是以人權或衛道的角度來看，這無異是扼殺唐寶寶的生存權，因此這仍是受爭議的話題。

　　唐寶寶面臨的挑戰：唐寶寶由於第21對染色體的重複，導致他們的長相不分國籍或種族都很相像，例如雙眼距離會較開，鼻子嘴巴相較下比較小，耳朵的形狀可能和一般人不太一樣。唐寶寶最大的挑戰是智力的限制，智商都是中到低的範圍（IQ30-70）；除此以外，他們還可能有低肌肉張力的問題。症狀因人而異，有些唐寶寶們還可能有心臟方面的疾病、消化系統、睡眠障礙（例如：在睡夢中呼吸不規律等）或是甲狀腺相關的問題。總而言之，唐寶寶們在粗或精細動作上、認知上或是語言發展上都可能出現發展遲緩的現象。

(三) 胎兒酒精中毒症候群

　　胎兒酒精中毒症候群（fetal alcohol spectrum disorder, FASD）的可能成因包括母親在懷孕時期持續地酗酒，或是母親本身長期地抽煙或吸毒，進而染有嚴重煙癮或藥物癮而影響胎兒的發育。在酗酒部分，雖然不是每個喝酒的孕婦都會生下酒精中毒的寶寶，但由統計數字可發現，約有三分之一酗酒孕婦會產出FASD的嬰兒。雖然尚無研究可以定義一個安全的酒精量，醫師仍然建議孕婦遠離酒精。在煙癮的部分，尼古丁會影響胎兒中樞神經的發展，造成神經突觸異常的發展，進而造成細胞損失甚至神經方面的損害。

　　胎兒酒精中毒症候群：胎兒的酒精中毒會影響一生的發展，範圍深遠，包括智能發展、行為發展、過度衝動無法克制等等。較典型的影響包括：身形較同齡的孩子小、臉部長相異常，例如眼睛過小，智商低、協調性差、過動的傾向、學習障礙、在嬰兒時期會有睡眠困難及吸吮的問題產生等等，但是也有近期研究顯示，即使外觀無出現任何異狀，嬰兒們還是在諸多的神經傳導方面的行為上產生了負面影響（Lester B. el., 2004）。由於這些先天不足的條件，有追蹤報告指出，患有FASD的孩子，日後有較高的比例會有偏差行為而造成社會問題，但是另有研究指出，若早期療育及早介入，這些

孩子的家庭可以及時得到幫助，提升孩子的發展並不是不可能。相較於其他發展遲緩，這個症候群的預防其實是最簡單的——只要孕婦們不要喝酒。

在藥癮方面，孕婦會因為持續地用藥而容易產生前置胎盤、持續出血或是早產，甚至是胎兒死亡等狀況。在胎兒部分，早產、生長停滯，以及其他神經生理方面受的損害都會是一生的影響。值得一提的是，患有FASD診斷的嬰兒，在出生後由於母體切斷藥物或酒精的來源，嬰兒們都會經歷一段痛苦的「戒斷」時期：就像是戒酒或戒毒的成人一樣，當酒癮或毒癮發作時，身體上的痛苦與不舒服會嚴重影響嬰兒們發展自我調節的技巧，哭鬧情形會特別嚴重，也很難被大人安撫，因此在和照顧者建立關係上無異是更加困難的。

五、精神心智方面

(一) 智能發展遲緩

評估智能不足通常會考慮兩大方向：一為智商的高低；二是社會適應行為。根據美國精神醫學會的診斷工具《精神疾患診斷統計手冊第四版》診斷書將智能發展遲緩（mental retardation）分為四大類：輕度智能不足、中度智能不足、重度智能不足與極重度智能不足。智能不足的成因相當複雜，先天基因遺傳、懷孕或生產時的特殊醫療狀況，甚至是教養環境或文化，都可能造成孩子的智能遲緩。

在此四個分類中，輕度的孩子占此族群的大多數，他們的智商大約在50-70之間，在良好的督導與學習下，學習程度大約可以達到小學六年級左右，成年後幾乎可以學習自我獨立。中度智能不足的孩子智商約在35-50之間，這類的孩子可以被訓練增進工作技巧，但是學業上的成就較無法突破小學二年級以上的程度。重度智能不足

的孩子約占3%左右，在早期發展上，幾乎沒有語言發展，學習上可能只能達到念注音與數數字，智商約在20-35之間，需要復健或特殊教育的資源協助。極重度的孩子約為1%左右，通常極重度智能不足的孩子都因為其他的生理診斷而影響神經生理方面的功能，可能終生都需要旁人協助。

(二) 廣泛性發展障礙

在DSM-IV中，廣泛性發展障礙（pervasive developmental disorder, PDD）是一個包含五種特殊診斷的統稱。在這個統稱中的五種特殊診斷都有以下的症狀：對於語言的瞭解與使用有相對的困難、對於和人與物體或是事物無法建立關係、遊戲的模式異於一般孩子、對於周遭或日常環境改變會有適應的困難、身體動作或是行為上有明顯的重複性等。

PDD中的五種特殊診斷分述如下。

■其他廣泛性發展障礙（pervasive developmental disorder not otherwise specified）

這是最常見的診斷，若是孩子的症狀無法清楚歸類在下列四個特殊診斷時，就會被歸納在這個診斷中。

■自閉症（autism）

這是在PDD統稱中最被熟知的診斷，自閉症的孩子在溝通上、社交互動上、甚至自己與他人情緒的表達與理解，都產生相當的困難。此外，自閉症的孩子也可能有固著或是重複的行為，較典型的呈現包括：(1) 將玩具排成一列；(2) 在日常的常規上堅持遵守一定的儀式；(3) 只願意看某本特定的書或卡通等。

關於自閉症的引發原因，至今尚無完整的解答，由於自閉症是腦部發展相關的特殊狀況，因此可能與先天的基因遺傳相關，但是

至今尚無任何發現顯示為某個特定染色體的異常。其他環境因素，例如環境中的重金屬污染（譬如鉛或廢氣等），研究學者認為都有可能是引發自閉症的原因（Arndt T., 2005）。

幾乎三分之一到二分之一的自閉症兒童，語言無法發展到足以進行日常生活的溝通。在生命第一年時，自閉症的嬰兒就可能出現無回應、較一般嬰兒晚的牙牙學語，甚至在發出聲音時，並非針對照顧者產生回應。在兩歲和三歲時，說話的聲音並不若其他一般孩子多元。此外，他們的姿態動作較少和語言整合在一起，例如「指著」某個物體時，一般的幼兒會順著手指的方向看著物體，自閉症的孩子卻比較可能將視線的焦點放在指著物體的手上。因此對於自閉症的兒童而言，「共同興趣」（joint attention）所牽涉包括對他人意圖的瞭解，以及身體語言可以呈現出來的內在想法，對自閉症的孩子而言都是具有挑戰性的。此外，針對他人意圖瞭解的限制甚至可能影響自閉兒語言的發展。

■亞斯柏格症（Asperger's disorder, AD/AS）

亞斯柏格症的孩子在PDD的族群中有幾個較顯著的特徵：(1) 語言的發展較好，但是無法在符合社會情境的情況下使用恰當的語言；(2) 認知的能力較高。此外，在動作協調上的笨拙性以及異常使用語言的模式也是這個族群的特徵。AD的孩子在臨床上的症狀很接近自閉症的孩子，所以在社交互動上，容易只對偏一的主題感到興趣，而缺乏眼神交會、缺乏表情或是姿態動作來表達自己的社交意思等，這些都是AD的症狀。亞斯柏格症發生的起源至今仍無確定的研究，但是已有證據顯示，若是家族成員有類似亞斯伯格的症狀，會大幅提升孩子得到亞斯柏格症的機率。另外，還有些研究指出，亞斯柏格症的形成可能起源於受精後的八週內被畸胎形成劑影響，因此有可能形成極早（McPartland, 2006）。

對AD的孩子而言，最大的挑戰是理解他人的想法及感受，也

就是建立「同理心」的部分，這樣的挑戰關係到孩子與同儕之間的交流與社交情境的理解，進而影響孩子無法和他人進行社交互動上的互惠。和其他自閉症的孩子不一樣的是，即使過程是充滿笨拙的，AD的孩子會主動接近人群。例如一個AD的孩子對著同學說他最喜歡的恐龍種類以及恐龍的相關知識，但是他無法覺察同學對此話題的不感興趣，而不知適時地停止或是轉換話題。此外，AD的孩子對於幽默或是玩笑較難理解，雖然語言發展的能力不像其他自閉症的孩子有遲緩現象，但是對於語言中的隱喻或是社會規範中的含意，AD的孩子會較難掌握，例如若有人和AD的孩子說：「待會兒見」，孩子就照字面上的意思一直詢問說話的人何時回來。

■雷特症（Rett's disorder）

1960年代被提出，DSM-IV將之歸納在PDD的分類下，但是雷特症是屬於神經發展的特殊狀況，在臨床上可觀察到生長曲線的減緩，尤其是頭圍的部分，有些孩子手腳顯得特別小。在這個族群裡，許多孩子有消化系統的問題，甚至有約80%的孩子會有痙攣的症狀產生。通常雷特症的孩子在一歲半前的發展是正常的，但是在一歲半之後，語言發展與動作上已經達到的里程碑開始退化，有意圖性的姿態動作與手部的精細動作也逐漸消失，伴隨著頭圍成長的趨緩，有些孩子甚至在後來形成小頭症。

在一開始，雷特症的症狀和自閉症是相似的，例如無法被安撫的大哭、避免眼神接觸、無法和他人有社交情感上的交流、無法用姿態或動作來進行社會互動、喪失語言、身體動作的協調性很差等，此外，雷特症的孩子一般都有智能高度遲緩的情況產生。

不同於自閉症或亞斯柏格症，雷特症的發生是由於XY性別染色體中的X產生變異， 因此對男的胚胎而言，只剩一個正常的Y染色體是無法存活的，女生由於還有另外一個X染色體，因此可以存活下來，因此，雷特症幾乎只發生在女孩了的身上，除非男孩的性

別染色體為XXY（有另外一個正常的X）才有可能存活下來。因為知道雷特症的發生原因，所以已經有一些研究以老鼠為實驗對象，進行染色體相關的實驗，希望為雷特症的病患找出一道曙光。

■ 兒童期崩解症（childhood disintegrative disorder, CDD）

CDD是一個晚發的疾病，一般而言，孩子發病的年齡均大於三歲，通常患者在動作技能、社交功能或是語言上都有發展上的障礙，至今仍找不到原因。通常患者在兩歲以前的發展都是良好，或是無明顯的發展遲緩，但是發病後到滿十歲以前，孩子通常會在以下五個發展領域中失掉至少兩個能力：(1) 接收與主導式語言；(2) 社交技巧與自我調適行為；(3) 大小便的控制；(4) 遊戲的技巧；(5) 動作的技巧。

遺憾的是，至今仍無有效的藥物或治療方法來幫助CDD的孩子與家庭。當原本發展正常的孩子慢慢退化，無疑對孩子及家庭而言都是一大挑戰，社會工作者更須敏銳覺察到他們心理層面的失落。

(三) 注意力或行為發展障礙

注意力不集中與過動（attention-deficit/hyperactivity disorder, ADHD），指的是孩子持續被觀察到注意力不集中與衝動型反應過高的行為模式。根據統計數字，3%-5%的全球孩童是過動人口，ADHD的成因至今尚未明朗，但研究已知和腦部各個區塊發展有相關。通常ADHD在四歲以下的嬰幼兒較難被診斷出來，原因是因為嬰幼兒的注意力無法長時間持續，但是針對一個兩、三歲的幼兒，應該已經有能力坐下來和大人一起看故事書。

ADHD會影響腦部的功能，例如問題解決、動作計畫、瞭解他人意圖與控制自我衝動等。在ADHD的診斷型態中，可以分為三個副型態：(1) 注意力不集中與過動的混合型；(2) 注意力不集中型；(3) 衝動型的過動。

注意力不集中的症狀可能包括：(1) 無法注意細節，總是犯錯；(2) 在遊戲中無法持續注意力；(3) 和他人對話時無法專心聆聽；(4) 非常容易分心；(5) 逃避組織性的遊戲等。

衝動型的過動症狀包括：(1) 常離席；(2) 超乎尋常地跑來跑去，無法玩安靜的遊戲；(3) 無法等待輪流；(4) 經常打斷他人等。

根據美國兒童青少年精神科協會的定義，除了上述的症狀外，還須觀察下列所有情形，才能診斷孩子為ADHD：(1) 行為必須在七歲以前出現；(2) 症狀必須持續六個月以上；(3) 至少在以下兩個情境中，造成兒童的發展障礙：教室、遊戲場、家中以及在社區裡或是其他社交場所。必須要有兩個情境以上都觀察到孩子的行為呈現，因為可能有其他因素造成孩子不專心和過動的反應，例如智力較低的孩子無法跟上教學進度或無法理解老師的指令；智商高、能力強的孩子在一般程度的環境內，感到無聊、挑戰性不夠等等，因此在斷定孩子是否為過動時，應該謹慎收集資料。

注意力不集中的孩子由於容易分心，在接續動作、認知學習、問題解決等方面都可能對有這類孩子的家庭造成困擾，進而影響父母和孩子間的關係品質或是孩子其他的人際關係。

(四) 重大創傷症候群

重大創傷症候群（posttraumatic stress disorder, PTSD）發生在經歷過一個或多個心理層面重大創傷的兒童身上。這個創傷很可能包括目睹死亡或重傷、性侵害，或是任何威脅到自己生命的重大事件（例如天災——例如南台灣八八水災；或是人禍——例如美國九一一的恐怖攻擊等）。臨床上的症狀包括：重複經驗，以惡夢或是片段影像的方式讓自己重複經驗，孩子會迴避任何與創傷經驗相關的刺激，對於所有感官刺激都保持高度的警戒，伴隨許多強烈的情緒等。通常這些症狀持續超過六個月以上，並且嚴重影響了日常生活的功能時，孩子應該被診斷為PTSD。對於幼兒們而言，在經驗

PTSD的高度警戒症狀時，常會出現類似像感官反應過高的孩子們所表現出來的行為，例如容易分心，對於不相干的外在刺激有劇烈的反應等。這樣的狀況若沒有得到協助，孩子的焦慮容易反應在日常生活的狀態中，形成某些發展方面的退化，例如開始尿床、同儕關係衝突等。綜而言之，有PTSD症狀的幼兒們應該要接受心理層面的遊戲治療。

六、影響依附關係的重要狀況

在美國零到三歲的嬰幼兒心理健康服務中，以密西根的社區衛生局（Michigan Department of Community Health）的定義為例，特別重視下列情況，例如未成年母親、早產、出生體重過輕、貧窮、高風險家庭等，因為篇幅關係，僅選出下列三個通常可能在時間上立即會影響依附關係的建立，或是可能產生不安全依附關係的情況。希望幫助台灣的早療界開始重視這三種發展的特殊狀況。

(一) 早產

醫學上所定義的早產（prematurity）指的是若胎兒在母親孕期滿三十七週前即產出，此嬰兒就是早產兒。早產兒會面臨許多發展上的挑戰，有的甚至會有伴隨一生的殘障狀況。主要是因為在孕期三十四到三十七週之間，有一些重要器官（例如肺部）是在此時發展成熟，因此許多的早產兒會有在保溫箱用呼吸輔助器的早期經驗。早產的原因十分複雜，懷孕與生產過程中，母親與胎兒本身牽涉到的狀況可能性非常多，例如母體受感染，或是胎兒過於早熟的神經內分泌所引起等，不在這裡一一討論。但是，在早期療育的專業裡，通常會給嬰兒兩年的時間來趕上各方面的發展，也就是說，在幼兒滿兩歲以前，並不用他們的出生日期來計算發展年齡，而是

用他們的預產日期來計算，藉由這樣的計算方式讓幼兒們有較大的時間趕上發展。

　　早產兒由於出生時的特殊狀況需要許多醫療體系上的支援與協助，根據提早生產的時間長短，還可能造成生命頭幾年的發展遲緩，因此在美國，只要早產兒離開醫院返家後，就會有早療資源到府服務，例如公共衛生護士或是早療專業的家訪人員（譬如嬰幼兒心理健康師），以確保父母親在養育早產兒時，能隨時隨地獲得需要的協助。

(二) 發育不正常

　　發育不正常（failure to thrive, FTT）的定義為「嬰幼兒的身高體重無法達到3%」，亦即若有100個同年齡的孩子，這個孩子的身高體重排在第97名之後。FTT分為身體因素和非身體因素或混合型三種形態。身體因素指的是因為生理急性或慢性的癥狀而影響到進食或食物營養的吸收（例如小腸發育不良）。非身體因素的FTT占將近80%，非身體因素指的是食物缺乏、親職技巧不足或照顧上的忽略，因而造成孩子的生長過於趨緩。

　　餵食與嬰兒進食情況對第一年的母嬰關係建立有深遠的影響，有研究顯示，FTT的嬰兒和經歷憂鬱的嬰兒在發展上受到類似的影響。在這個族群中，母親承受的壓力、缺乏親職技巧或是現實生活貧窮的限制雖然可能是主因，但嬰兒天生的氣質仍然可能對母親產生不同影響。特別將這個情況提出來是因為FTT牽涉到較多的心理與關係建立的層面，對於日後依附關係的建立有相當大的影響，甚至成為青少年發展出厭食或暴食症的可能成因之一（Sameroff et al., 2000）。

(三) 兒童虐待

　　兒童虐待（child abuse or neglect）包括四種類型：兒童忽略、

身體上的虐待、心理上或情緒上的虐待，以及性虐待。值得台灣早療界重視的是，近幾年來，嬰幼兒受虐待的事件頻繁，而且幾乎都是極嚴重，甚至到虐死的地步，若僥倖存活，對嬰幼兒往後的發展都產生無法磨滅的影響，因此筆者認為應該強化家暴防治體系以及早療資源的結合。

舉2007年的美國為例，每100名一歲以下的幼兒就有2.1個遭到兒童虐待。數據顯示，在受虐幼兒中，女童較男童容易被虐；有困難氣質的幼兒（持續大哭無法被安撫）較容易受虐；低收入的家庭發生虐童的比例較收入高的家庭高，在這一年中，美國大約有1,800名嬰幼兒因為兒童虐待死亡，其中60%是因為兒童忽略。值得注意的是，所有受虐死亡的孩童中，有75.5%是四歲以下的嬰幼兒，而在加害者的調查中，發現將近90%都是家長（*Child Maltreatment*, 2007）。由這樣的對照數據，我們可以看到社會工作者盡早介入家庭提供服務的重要性。

在兒童虐待的四大種類中，身體上的虐待可能造成生理功能的永久殘疾；忽略和心理上的虐待可能影響日後孩子的自我形象與人格養成；性虐待則可能讓孩子在兩性方面的親密感建立方面產生偏差的價值觀等等，這些明顯的不良後果都可能對孩子日後持續的發展造成一生的重大影響。但是近期研究顯示，很少個案只被單一種方式虐待的，若施虐者為親近的照顧者或親人（在嬰幼兒族群中有極高的比例），更會直接衝擊到孩子依附關係的形態與日後內在的工作模式等。長期受虐的幼兒們甚至會出現心理方面的癥狀，例如PTSD，因此值得早療界伸出觸角為這個族群的孩子提供服務。

由於篇幅的關係，無法逐一介紹各個發展遲緩的診斷，但是經由本章簡短的介紹，可以預見因為孩子發展遲緩的狀況帶來了多少全面性的發展挑戰，也讓父母親從中經驗到比一般父母更多的焦慮、壓力與失落。社工師需要提醒自己，在提供支持或諮商等多元服務給案家時，其實也間接幫助了案童。此外，由於孩子的全面性

發展障礙很少只有單一的症狀，因此，在早期療育領域中所提供的服務應該是跨專業的整合，針對同一個孩子介入的專業服務應該彼此有對話的機會，以期共同合作，為案家提供最恰當的療育服務。

 自我評量

1. 在台灣如何定義「發展遲緩」，其他國家有哪些不同的定義方式？
2. 發展遲緩可以粗略地被歸為幾個種類？
3. 請列舉三個與神經系統相關的診斷？
4. 請列舉三個遺傳先天的發展遲緩診斷？
5. 語言發展遲緩的成因可能有哪些？
6. 為什麼FASD會被歸類為發展遲緩的族群？其和高風險家庭是否有高度相關？
7. 在精神心智方面有哪些發展診斷會影響孩子的社交情緒發展？
8. 何謂重大創傷症候群（PTSD）？

參考書目

一、中文部分

白玉玲、王雅貞譯，辛曼玲審閱（2006）。《兒童發展》。台北：雙葉書廊。

早療聯合評估報告書內容（台灣地區兒童發展聯合評估報告書格式，2008年新版）。

陳文德（2003）。《學習困難兒童指導手冊：感覺統合積極療法》。台北：遠流。

陳麗如（2001）。《特殊兒童鑑定與評量》。台北：心理。

張嘉獻等（2007）。《腦性麻痺兒照顧指南》。台北：健康世界。

劉瓊瑛老師授課大綱。

二、外文部分

Diagnostic and Statistical Manual of Mental Disorders (DSM-IV) (2000). American Psychiatric Association.

Diagnostic Classification of Mental Health and Development Disorders Of Infancy and Early Childhood: DC: 0-3R (2005). Zero to Three.

International Statistical Classification of Diseases and Health Related Problems (The ICD-10), Second Edition (2004). World Health Organization.

Arndt T., Stodgell C., Rodier P. (2005), "The Teratology of Autism." *International Journal Developmental Neuroscience 23* (2-3): 189-199.

Kranowitz C. (2005), *The Out-of-Sync Child*, Penguin Books Ltd. pp. 13-22.

Lester B. el, (2004), "Substance Use During Pregnancy: Time for Policy to Catch Up with Research." *Harm Reduction Journal*, 1: 5.

McPartland J., Klin A. (2006), "Asperger's Syndrome." *Adolescent Medicine Clinics of North America*, pp. 771-778

Sameroff A., Michael Lewis, and Suzanne M., Miller (2000), *Handbook of Developmental Psychopathology*. New York: Kluwer Academic / Plenum Publishers.

Schaaf R. C., Miller L. J. (2005), "Occupational Therapy Using a Sensory Integrative

Approach for Children with Developmental Disabilities." *Ment Retard Dev Disabil Res Rev*, 11(2): 143-148.

U.S. Department of Health and Human Services (2007), Table of Contents Child Maltreatment 2007, from http://www.acf.hhs.gov/programs/cb/pubs/cm07/index.htm.

第三章

早期療育

——— 林惠芳

第一節　早期療育的意義與重要性

第二節　早期療育服務

第三節　各國早期療育服務經驗

學習目標

- ✔ 認識早期療育的意義與重要性。
- ✔ 認識早期療育服務工作方法。
- ✔ 認識各國早期療育服務經驗。

本章摘要

　　本章主要在介紹早期療育的重要性與價值，接著介紹早期療育服務的不同分類以及不同型態中的服務內涵、重點與限制，以及社會工作專業在早期療育的角色與服務實況。

　　早期療育主要是針對未滿六歲之發展遲緩兒童及其家庭的個別需求，提供含括必要的治療、教育、諮詢、轉介、安置與其他照顧的服務，讓孩子的發展得到促進，並協助家庭調適因應發展遲緩孩童的需要與生活改變，進而及早預防障礙的形成，減輕整體社會未來的負荷，讓發展遲緩兒童及其家庭都能獲得有尊嚴的生活。

　　人類生命早期是發展的重要關鍵時期，及早發現、及早介入，提供孩子多元且整體性的療育服務，排除發展的不利因素影響，促進生心理發展，以利孩子成功適應生活的各項挑戰，可以預防障礙的形成及二次障礙的發生，減輕家庭及社會未來的照顧負荷，協助家庭成功適應，促成社會國家政策體制有效回應特殊需求國民，是早期療育的重要價值。

　　透過各國執行的經驗來看，早期療育的制度設計需要考量如何預防、如何及早有效的發現、鑑定評估、有效的提供必要且合宜的療育服務，使家庭有能力回應孩子發展上的需要。而此一目標的達成，必須藉由政府完整的制度規劃與立法保障，以及財政的支持與服務資源的投入才能達成。

關鍵字

- ◆ 早期療育
- ◆ 早期療育社會工作
- ◆ 家庭本位
- ◆ 中心本位
- ◆ 專業團隊合作模式
- ◆ 各國早期療育

第一節 早期療育的意義與重要性
▶▶▶▶▶

一、早期療育的定義

　　Jodan於1988年提出，早期療育是掌握最早、最有利的時機以提供多元協助的服務。早期療育是指為了讓有發展遲緩或是有可能發展障礙的孩子能夠盡早克服發展遲滯的現象，以減少日後生活產生障礙的機會所提供的整體性服務。透過早期療育的提供，期使兒童的潛能得到發揮，各項機能得到充分的發展協助，減少未來家庭的負擔及社會成本的支應（林惠芳，1997）。國內許多學者專家亦紛紛指出，早期療育可以增進發展遲緩兒童的智能成就及自尊與自信、激發兒童的潛能，增進其在生理及心理的發展、協助習得社會能力及自理能力，並可避免二次障礙的發生，有助於未來獨立生活能力的提升，因此，早期療育的目標在於預防缺陷情形的發生、改善現存的障礙、促進幼兒在生理、認知、社會、情緒及自我照顧等方面的發展（傅秀媚等，2009；何華國，2006）

　　早期療育是一整體性的服務，除了包括針對個案本身的發展，促進各項服務提供之外，對於家庭的服務也是同樣的重要。因此在早期療育服務中可以包括：醫療復健的協助、特殊教育的訓練、親職教育的提供、家庭心理情緒的支持、福利服務的諮詢等等服務。學者Bailey（2009）亦指出，家有身心障礙的兒童，使得家庭在生活的各個層面都必須做改變或是調整，而早期療育的終極目標應該是協助家長成功的調適。

　　依據我國「兒童及少年福利法施行細則」（2004）的規定，本國所指稱的早期療育是指「由社會福利、衛生、教育等專業人員以團隊合作方式，依未滿六歲之發展遲緩兒童及其家庭之個別需求，提供必要之治療、教育、諮詢、轉介、安置與其他服務及照顧。」

　　早期療育除了強調增進發展遲緩兒童的發展以外，也強調環境的改變，以去除發展遲緩兒童在發展過程中的不利因素，更視早期療育為一公民權的實踐（張秀玉，2003）。

二、早期療育的價值

　　從環境生態觀點來看，早期療育的實施對於個人發展、家庭調適乃至國家層次，均有不同的意義與價值。從個人發展觀點而言，兒童早期乃人生發展之關鍵時期。許多針對嬰幼兒腦部發展之研究更是支持「有品質」的早期經驗和環境是未來發展之重要根基（陳淑娟，1999）。

　　學者Smith（1989）也指出，早期介入至少有增進部分案主的智力功能；促進心理、認知、語言、溝通、人際社會及自我照顧能力的發展；預防二次障礙條件的發生；減輕家庭壓力；減少依賴人口及機構化安置的個案數；降低學齡特殊教育需要性；減低國家與社會健康照護及教育的成本等功效。（林惠芳，1993）

　　人類發展中最重要且最為快速的時期是嬰幼兒時期。早期發展影響著一個人未來人格及各方面的發展（例如認知、語言、情緒等）。同時這個時期也是幼兒發展潛力最大的時期。因此，有人說三歲定終生，皆是強調此時期對於幼兒早期發展的重要性。由於這個因素，如何及早提供各項刺激以促使幼兒在黃金階段得到適當的協助就益顯重要。特別是對於有先天殘疾者或是高危險群的孩子來說，及早提供診斷與發展必要的協助，對於所有先天殘疾或是高危險群的孩子來說是十分重要的。除了國外研究證明的成效之外，幾乎所有的教育與復健實務工作人員，均會表示早期的介入與服務提供是有效的。它所代表的價值不只是每年每位孩子幾百元至數萬元治療及教養負擔的減輕，更是生而為人存在意義的改變（林惠芳，1998）。

　　早期療育的成效是多數人最關注的焦點，自1980年代末，美國猶他州的Tingey教授即整理猶他州2,000份不同服務成本與效果的報告資料，他指出，投入早期療育的費用從每人1,000美元到11,000美元以上的差距不等；服務的方式包括以家庭為本位、以中心為本位的方式；從單一專業介入到跨專業服務介入等等不同，雖然服務設計不同，投入也不同，但卻都一致提及正向結果。他更進一步指出，早期療育是否有成效已不是各界關注的焦點，取而代之的是，到底哪一種服務模式對發展遲緩兒童最好（Tingey, 1989）。而美國從1965年的"Head Start"到1990年制定的「擴展提早教育與品質改進方案」等也皆由實際的研究結果證實早期發現、早期介入之早期療育的明顯成效（陳淑娟，1999）。

　　國內學者及實務工作者也多指出，如果可以在三歲以前及早發現發展遲緩兒童並給予適當之療育，將有助於其障礙程度的減輕或能力的發揮，同時降低未來生活與學習的困擾，提升獨立生活的能力（黃榮真、盧台華，2003；林麗英，1998）。傅秀媚教授等人

近期的研究結果也指出，家長認為接受早期療育服務對其在獲得相關訊息、教養知能、紓解壓力及解決問題上有幫助（傅秀媚、林巾凱、張秀玉、郭素菁，2009）。

概括來說，由於人類生命早期是發展的重要關鍵時期，及早發現、及早介入提供孩子多元且整體性的療育服務，排除發展的不利因素影響，促進生心理發展，以利孩子成功適應生活的各項挑戰，可以預防障礙的形成及二次障礙的發生，減輕家庭及社會未來的照顧負荷，協助家庭成功適應，促成社會國家政策體制有效回應特殊需求國民，是早期療育的重要價值。

第二節　早期療育服務

一、早期療育服務模式

(一) 早期療育的服務對象與內涵

早期療育服務的對象及內涵在我國已有立法的規定，「兒童及少年福利法施行細則」（2004）中指出，早期療育係指由社會福利、衛生、教育等專業人員以團隊合作方式，依未滿六歲之發展遲緩兒童及其家庭之個別需求，提供必要之治療、教育、諮詢、轉介、安置與其他服務及照顧。而發展遲緩兒童，指的是在認知發展、生理發展、語言及溝通發展、心理社會發展或生活自理技能等方面，有疑似異常或可預期有發展異常情形，並經衛生主管機關認可之醫院評估確認，發給證明之兒童。抑或只要是在六歲以下的兒童，領有發展遲緩證明者均為早期療育服務提供的對象；只要領有發展遲緩證明就可以申請接受社福、衛生、教育等相關專業人員以團隊方式所提供的療育服務。

　　美國也是以公法來界定早期療育服務的內涵，其規定早期療育服務是發展性服務，設計用來滿足殘障嬰幼兒的發展需要，並配合個別家庭服務計畫來提供，包括家庭訓練、諮詢、訪視、特別指導、各項治療及心理服務等。而家庭是孩子成長的第一個重要系統，因此特別強調我們可以運用以家庭為中心的原則做為服務的基石，並透過參與促進家庭成效的各種活動安排來協助發展遲緩兒童家庭成功的調適（Bailey, 2009）。

(二) 早期療育的服務模式

　　早期療育服務模式依照服務提供的專業團隊合作方式、場域及主要介入問題，而有不同的分類。早期療育服務的目的在促成個人發展及協助家庭成功調適，而個人發展與家庭調適均涉及多項專業的介入，因此早期療育服務須依據專業合作原則來提供，無論服務提供單位是隸屬於社政福利機構、醫療機構或是教育機構。

二、專業合作服務模式的分類

　　早期療育專業合作服務模式大致上可分為以下三類（郭逸玲等，2004；張秀玉，2003；廖靜芝，2002；廖華芳，1998；林惠芳，1998）。

(一) 多專業合作模式

　　多專業合作模式（multi-disciplinary model）是指各類專業人員均為獨立作業，個別提供其所專長的專業服務給發展遲緩兒童及其家庭成員，彼此之間並不會進行服務的意見交換與討論，資料也不會開放分享，成員之間並沒有機會可以對所提供的服務建立與凝聚共識，因此可能出現不同的專業人員提供重複或是衝突的服務，服

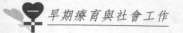

務使用者需獨自面對不同專業意見的抉擇。此種模式的整合性低，服務使用者需自行整合相關意見。

(二) 專業間合作模式

專業間合作模式（inter-disciplinary model）是指提供發展遲緩兒童及其家庭成員服務者就其專業領域進行相關的評估工作，專業人員彼此知道對方的存在，會針對服務的目標進行資料或意見的分享，但只負責自己專業目標的執行，就個別的特殊性進行個案研討，分享服務的執行經驗，不會涉及其他專業的執行，且各自對服務使用者負責。此種模式仍需依賴服務使用者自行整合專業意見，但因專業間的意見有交流的機會，重複或不一致的情形可以降低。

(三) 跨專業合作模式

跨專業合作模式（trans-disciplinary model）是指家長也會被視為專業團隊討論的一員，各類專業人員釋放專業知識與技術，共同進行評估工作，一起訂定服務目標，整個專業團隊會指定一人為主要的計畫負責執行者，執行團隊決定的服務目標，但由專業團隊共同面對與承擔服務執行的成效；專業團隊之間會定期進行會議討論問題並交換資訊與分享專業技巧。此一模式最大特色是團隊成員共同進行評估、共同擬定服務目標、支持一位執行者進行服務提供，並分享專業知識與技術，非常適用在有發展遲緩嬰幼兒的家庭當中，且因為家長可以被納為評估及執行服務的團隊，也可獲得協助家庭調適的增能。但是因為專業團隊需要經常性的討論，因此較適合運用在設有專屬專業團隊的服務提供單位當中。

三、服務場域的分類

早期療育服務除了從專業合作的方式來區分之外，早期療育服

務的型態也可以依服務提供的場域做如下的區分（張秀玉，2003；林惠芳1998；柯平順，1997）。

(一) 以家庭為本位

　　以家庭為本位（home-based）是指服務主要提供的場域是在家庭當中提供，由受過專業訓練的治療師、特教教師、社工師等定期或不定期到宅提供必要的諮詢、訪視、示範等服務。服務提供的協助除了促進兒童發展的治療或訓練指導工作之外，更重要的重點在於協助家庭主要照顧者利用家中的環境及設施設備執行照顧與回應孩子發展需要的任務，協助家庭成員瞭解孩子發展的狀況與需要，及討論因應各項改變所面臨的問題解決與情緒支持。

　　以家庭為本位的優點在於服務直接到家，在兒童最自然的環境之下進行療育與指導的提供，家庭成員較有機會透過服機會瞭解發展遲緩兒童的發展狀況與需求，也較有機會介入家庭調適的歷程。但是以家庭為本位的服務無法提供大量的同儕互動、無法解決類化及學習遷移到其他情境的問題、家庭成員參與的動機及能力對孩子的發展影響甚大。因此，此類型服務較適用於家中剛發現有發展遲緩兒童者或是發展遲緩兒童為嬰幼兒者。

(二) 以中心為本位

　　以中心為本位（center-based）的服務模式是指服務的提供是在特定的早期療育發展中心、身心障礙福利機構、醫院、幼兒園所等處進行。發展遲緩兒童由照顧者送到機構當中接受早期療育服務。此種方式提供的服務主要是以兒童為中心思考服務的提供內容。主要是以促進兒童的發展，預防二次障礙形成為主要目的。服務人力及設施設備的使用以使用機構內及機構所在社區可以提供的為主。隨著服務的發展愈來愈強調社區融合，機構使用所在社區可結合的療育資源也愈來愈普遍，例如配合個別化服務需要，由社區復健診

所之復健治療師到中心提供治療服務，或是依據服務使用者需要，結合特殊牙科醫師到中心提供口腔診療服務等。

以中心為本位的服務模式，優點在於專業服務集中在一個地點提供，免去家長為服務奔波之苦；設備設施依中心服務目的配置，較家庭多元且豐富；中心內有其他兒童，可提供同儕互動的機會與學習，人際社會技能的發展較為有利；主要照顧者可以認識其他的照顧者，有發展支持網絡的機會。唯具有需增加交通及接送的時間成本，家庭偶爾會需要配合中心調整工作時間等限制。較適合進入幼兒期後的發展遲緩兒童以及家長均必須工作的家庭。

■混合式

指的是兼具有家庭本位及中心本位的服務提供。多半是服務提供單位兼具提供兩種服務型態，可配合家庭的需要調整服務的提供，或作為服務階段性銜接的利用。並具兩種服務的功能與限制，但對部分需要銜接準備的服務使用者來說，正可以配合運用。

再者，早期療育服務型態可以依工作的對象重點來區分（張秀玉，2003；蔣明珊、沈慶盈，2000；林惠芳，1998；王國羽，1996）。

■以兒童為焦點

以兒童為焦點，強調以兒童發展為導向，透過各式不同的治療及教育訓練理論技術，針對發展遲緩兒童遲緩部分領域進行改善。此種型態忽視家庭環境及社區環境之間的動態影響，較無協助家長調適改變的作用。

■以家庭為焦點

以家庭為焦點，強調介入的重點在家庭與孩子之間的互動關係、家庭成員對孩子的認識與瞭解、家庭成員對孩子的接納度及建立適切的互動關係。家長參與的態度與動機影響了服務的提供與進

行。重點在累積家庭面對發展遲緩兒童的各項問題的解決能力,及發展家庭對環境及生活因素掌握的程度。

■ 以照顧者和幼兒互動為焦點

以照顧者與幼兒互動為焦點的服務型態主要強調的不是家庭的關係與對家庭的影響,而是針對照顧者(母親、褓姆、其他照顧者)與孩子之間的互動對兒童發展的影響。

四、早期療育服務的供給與輸送

張秀玉(2003)整理國內早期療育的服務特色,指出國內早期療育具有以學齡前發展遲緩兒童與家庭為對象並採取預防觀點、以專業團隊的方式提供服務、掌握六歲以前兒童發展的黃金期、將家庭視為處置重點,以及重視案主與案家的個別化服務等特色。

依據我國97年8月最新修訂的兒童及少年福利法指出,「各類兒童及少年福利、教育及醫療機構,發現有疑似發展遲緩兒童或身心障礙兒童及少年,應通報直轄市、縣(市)主管機關。直轄市、縣(市)主管機關應將接獲資料,建立檔案管理,並視其需要提供、轉介適當之服務」。目前在各縣市政府均已成立發展遲緩兒童通報轉介窗口,予以回應。

「政府對發展遲緩兒童,應按其需要,給予早期療育、醫療、就學方面之特殊照顧。父母、監護人或其他實際照顧兒童之人,應配合政府對發展遲緩兒童所提供之各項特殊照顧。對於經早期療育後仍不能改善者,政府應輔導其依身心障礙者保護法相關規定申請身心障礙鑑定。」目前各縣市早期療育服務的供給,主要由醫療機構(含診所)、發展遲緩兒童早期療育中心、身心障礙機構兼辦早期療育服務、幼托園所兼收計畫,提供針對就醫就學等相關特殊服務。唯對於家庭服務除資源運用之外未有具體回應及發展,部分依

賴縣市委託早期療育個案管理服務，提供資源協調與連結服務，唯對於回應協助家庭調適改變的目的尚未見有具體的服務規劃。

「早期療育所需之篩檢、通報、評估、治療、教育等各項服務之銜接及協調機制，由中央主管機關會同衛生、教育主管機關規劃辦理」。目前具體的做法包括透過辦理身心發展篩檢活動、兒童健康手冊跟進、入學交驗發展篩檢表等策略進行；對於轉銜進入幼托及轉銜進入國小階段，則有轉銜實施方案以為因應。

第三節　各國早期療育服務經驗
▶▶▶▶▶

從台灣發展遲緩早期療育的發展沿革來看，受國外經驗影響甚深，從家長在美國的親身體驗開始，到前往香港、日本、德國等地的參訪，不同地區的服務思維不同，也展現出不出的風貌，茲整理分述如下（邱吳麗端，2000；林惠芳，2000）：

一、香港的早期介入經驗

香港從清末受英國統治以後，醫藥衛生、社會福利等制度大多沿襲英國體制，直到1997年回歸中國統治後，在過去奠定的基礎上開始新的調整，但是總體的規畫與服務仍與英國統治時代相去不遠。除了依照需求人口規劃增加的服務數量之外，主要的改變在於因應需求推估不足而提出的服務增值、社會福利服務整體資助制度與服務監察制度的變遷、隨著新住民的增加調整服務據點等。

(一) 沿革

1960年代的香港，經濟初步發展，幼兒問題普遍未受到重視，只有四至六歲的盲童、聾童、肢體障礙特殊學校預備班的設置；

1970年代特殊幼兒中心成立，全港有八所，工作者均為熱心人士但未受過專業訓練者，零至二歲的嬰幼兒只有醫療機構提供服務。

1977年，香港康復服務白皮書提出，首次揭示學前服務的需要，通過提供零至五歲綜合兒童體能智力觀察計畫，並成立幼兒中心兼收計畫；1978年成立第一所兒童體能智力測驗中心，特殊幼兒中心開始大量設立。

1984年提出教育及訓練小組報告書，首次有系統地討論幼兒特殊教育制度，並開始關注弱能兒童學前照顧服務。1987年學前中央轉介系統成立，並於1988年開始運作，香港政府開始全面補助各項措施，鼓勵志願組織及非政府組織投入學前服務工作；同時實驗幼兒園兼收計畫，每所幼兒園100名服務量中有6個名額提供特殊需要兒童。

1991年香港醫管局成立，正式接管公立醫院所有服務管理及監察工作；1994年起，學校系統增加復健治療人力、強調家長參與，提供家長津貼並支持家長資源中心的設立。1995年發展康復政策白皮書，鑑定評估、治療與康復工作被視為一體，帶動學前服務量能大增，服務品質需求增高，服務設置朝多元化及社區化發展，服務方式從以兒童為本位轉為以家庭為本位，同時爭取弱能人士的平等參與及反歧視，1996年發展康復計畫書，開啟依需求成長推估計畫增設服務單位的做法。

1997年後服務量持續增加，政府補助機構改變，執行機構增加籌款的需要，機構在量的增加無法趕上需求時，開始服務增值計畫，以現有服務單位擴展外展服務或增加服務量的方式滿足社區需求。至2006年已有7家兒童體能智力測驗中心提供全面發展診斷評估服務、30家早期教育訓練中心提供零至六歲（零至二歲為主）的早期介入服務、208家幼兒中心參與兼收計畫、28家特殊幼兒中心提供二至六歲發展遲緩兒童發展促進服務，以及5家附有住宿服務的特殊幼兒中心提供六歲以上兒童住宿服務。

(二) 香港早期介入服務的實踐

香港早期介入服務有三階段：預防、鑑定、康復服務。在預防階段中主要的目標是在減低弱能的發生率並確保缺損不致惡化至更具限制性的情形發生。主要的策略與做法如下：

1. **實施健康檢查**：婚前檢查、產前教學、兒童發展監察計畫。
2. **檢查服務提供**：新生兒篩檢（G6PD、甲狀腺、新陳代謝）、產前護理、嬰幼兒綜合觀察服務。
3. **推行免疫注射**：結核、麻疹、腮腺炎、風疹、B型肝炎、白喉、百日咳、小兒麻痺、破傷風、預防注射。
4. **意外傷害避免**。
5. **醫藥諮詢**。

在鑑定階段，主要的目標是及早發現及早處置。從新生兒的篩檢開始，銜接零至五歲的綜合兒童體能智力觀察計畫，在第十週、九個月大及三歲時各進行一次，如在過程中有異常發生，則轉介至兒童體能智力測驗中心或是特殊教育服務中心進行進一步的鑑定。教育署也在1985年成立聯合鑑別服務，與特殊教育中心及兒童體能智力測驗中心相互連結，提供必要的鑑定評估。評估的項目除兒童體能智力測驗中心的完整評估之外，也提供有單項如眼科、聽力、語言能力、心理等評估；另也針對高危險群兒童，如高血壓、血友病等主動提供評估，公立醫院部分的評估主要由醫務社工人員擔任評估服務提供者之間的連結者，非醫療單位的鑑定評估則由社會福利署家庭服務中心擔任整合的工作。鑑定結果均會通報至學前中央轉介系統，提供後續主動康復服務。

香港學前康復服務提供是針對零至六歲者提供的，對象包括弱能兒童及高危險群兒童。服務提供的信念是「早期介入將會減低發展遲緩的程度，增強弱能人士有公平參與日常活動的機會，並且能

協助他們的家庭正視他們的特殊需要」。學前服務包括四大類：鑑定、醫療處置、醫院與教養服務、照顧、教育與訓練。學前服務的目的在於讓弱能人士獲得幸福感以及發展潛能。在香港學前康復服務均可透過學前中央轉介系統確保服務的提供，但仍有輪候的問題存在。

康復服務的項目包括有：早期教育訓練中心、日間特殊幼兒中心、特殊幼兒中心暫住服務、自閉症兒童就讀特殊幼兒中心特別計畫、幼兒園兼收計畫、特殊學校預備班、聽障兒童學前輔助訓練服務、醫院班級指導、學前中心巡迴支持服務、暫時照顧服務、居家訓練、家長資源中心等。

二、日本的早期療育經驗

日本的早期療育服務有法定的基礎，同時亦含括從預防到鑑定評估、療育與支持的提供，茲分述如下。

(一) 日本發展遲緩兒童療育服務法令規定

日本發展遲緩兒童法定名稱為「發達障害者」，除了在兒童福祉法有相關的保障之外，另有兩項主要的法案提供相關服務的基礎：一是母子保健法；二是發達障害者支援法。其要意分述如下。

■母子保健法

昭和四十年，日本頒佈母子保健法、母子保健法施行法等規範了人口品質監測的相關機制。其中有關產前的諮詢相談服務、產婦的保健服務及新生兒定期的預防篩檢等工作與後來的發達障害者支援法及日本健康21政策共同構築了預防與早期發現的服務機制。

母子保健法中載明了對於產婦的保健指導、出生廿八日內的新生兒訪問指導服務、滿一歲六個月到二歲未滿者之健康檢查及滿三

歲未滿四歲的健康檢查、對低體重及早產兒童的主動關注、養育醫療給付、特定障害者特別給付費、特例特定障害者特別給付費、療養介護醫療費等協助。

■發達障害者支援法

平成17年（2005年）4月1日通過實施發達障害者支援法，全法案共25條條文，內容主要規範了本法案的立法要旨目的、發達障害者之定義、所需援助、中央與地方公共團體的責任、國民的社會連帶責任、早期發現、早期發展的支援、保育、教育、課後育成、就業、社區生活支援、家庭支援、支援中心設置、保密義務、服務報告、民間團體的支援等項。

在發達障害者支援法中範定的對象指的是：在日常生活中有社會活動限制之十八歲以下，有腦部發展機能障礙者，並包含在幼年期早期就已有相關症狀之自閉症、亞斯伯格症等廣泛性發展障礙及學習障礙、注意力缺陷過動症候群及其他腦部發展機能障礙者。

在法案中並規定，中央及地方政府對於發展障礙者之早期發現、早期發展所需之各項支援服務應予設立服務機構並提供服務，同時服務應尊重當事人及其保護者的意願。全體國民也應對發展障礙者的福祉有深入的認識與瞭解，並且致力協助發展障礙者的各項社會參與協力。

(二) 日本發展障礙者早期療育服務

早期發現是日本對發達障害者支援政策訂定最被國人及利害相關人最為關切的重點。日本早期療育服務從預防到發現制度到早期介入福利服務資源網均可見社區化設計的精神，以達服務可近性的目標。中央與地方的分工明確、各司其職，確保了服務的有效提供。

■預防

1. **婚前健康檢查**：由特定醫療院所針對高危險群家庭提供。

2. **產前諮詢**：提供母子健康手冊，所有相關檢查或是諮詢服務提供建議均記載其中，由市町村保健所或地方醫療院所提供必要的諮詢服務。在母子健康手冊當中主要包含六大類資訊：一是孕婦日常生活上應注意的各項細節的提醒、健康檢查結果、營養攝取注意事項、孕婦健康管理注意事項；二是新生兒育兒相關的資訊，包含新生兒疾病預防、營養攝取等育兒情報；三是嬰幼兒育兒相關資訊，包含疾病預防、營養攝取、牙齒保健等育兒情報；四是預防接種情報，含接種時間、種類及接種注意事項等；五是母子保健相關政策法令及制度概要；六是健康手冊使用方式注意事項等。

3. **產婦保健訪問指導**：由市町村成立的母子健康中心為主要提供服務的據點，專業成員包括醫師、助產師、保健師，提供懷孕母親在準備育兒工作及母體營養、胎兒監測等到宅的訪問指導。

4. **新生兒篩檢**（出生五到七日內完成）：由出生醫療院所提供，針對新生兒進行新陳代謝異常等項目的檢測。

5. **健康檢查**：兒童健康檢查有二個主要的時間點，一是年滿一歲六個月二歲未滿；另一個時間點為年滿三歲未滿四歲者。在年滿一歲六個月時要進行的健康檢查項目包括有：身體發育狀況、營養狀況、有無脊柱及胸部疾病異常狀況、有無皮膚疾病、有無牙齒口腔疾病或異常、有無四肢運動障礙、心智及精神發展狀況、有無言語障礙、預防接種情形、育兒問題狀況及有無其他疾病或異常等項目。滿三歲未滿四歲者要進行的項目，除了前一次檢查的所有項目之外，另外加上有無眼部疾病或異常及耳鼻喉部位的疾病或是異常。

6. **高危險群追蹤**：低體重（出生未滿2500公克）及成熟不足（未足月生產）兒童畫定特別區，於都道府縣保健所提供嬰幼兒追蹤服務及到宅的照顧指導（含營養及日常生活照顧指導）。

■鑑定、評估

市町村依母子保健法提供一歲六個月及三歲時的全面健康檢查。市町村教育委員會依學校教育法對入學學生提供健康診斷。市町村經健康檢查發現疑似發展遲緩兒童時，需要確保提供必要的諮詢服務、必要時轉介醫學及心理學判定機關、發達障害者支援中心或其他都道府縣級的醫療相關單位、發展遲緩兒童保護者必要之諮詢服務等。

市町村對於提供發展遲緩兒童相關服務應尊重兒童及其保護者的意見，必要時須提供協助保護者釐清各項疑慮。而都道府縣政府對於市町村在發展遲緩兒童早期發現相關技術上應依市町村之請求提供必要的協助，並協助連結與其他市町村的療育技術支援。

都道府縣政府則確保地區內可以有提供發展遲緩診斷以及療育服務提供的專門醫療和其他援助服務單位。

■發展支援

市町村要提供發展遲緩兒童早期發展支持協助，轉介發達障害者支援中心、提供保護者必要的諮詢服務及其他適切服務。都道府縣政府對發展遲緩兒童應有整體服務整備的責任，要設立專門支援發展遲緩兒童的相關機構，例如保健中心親子教室、母子遊戲廣場（玩具圖書館）、保育所、母子通園及通園設施、融合收托、教育諮詢等。

發達障害者支援中心由都道府縣政府或社會福祉法人經營，提供發展遲緩兒童及家庭專門的諮詢服務及代言服務、提供醫療、保

健、福祉、教育等相關業務，同時也辦理相關專業人員的在職教育服務能力研修及資訊提供、並提供與相關醫療院所與服務提供單位之間的連結服務。

■保育服務

市町村在規劃及提供保育服務時應考量提供適切的保育服務機構，同時應盡可能使發展遲緩兒童可以在正常融合的環境中取得適切的保育服務。

■教育

國家及地方公共團體均應提供適切的教育資源及提供整備的教育系統，協助發展遲緩兒童滿足教育的需求。各普通學校或特殊教育學校均應提供教學的援助措施，提供適性教育。學校應對校內其他學生提供認識發展遲緩兒童的教育。

■課後照顧

市町村要確保發展遲緩兒童可以利用課後育成事業提供的服務機會，並得到適切的協助。

■社區生活支援

市町村要確保發展遲緩兒童可以在社區中生活，並得到在社區中生活適應相關必要的訓練機會，與其他在社區生活所需要的支持服務。

■權益維護

國家與地方公共團體要關注發展遲緩兒童的權利維護，並提供相關的支持服務。

■家庭支持

結合家庭兒童諮商室（兒童相談所）提供發展遲緩家庭成員

必要的諮詢或諮商服務、兒童扶養津貼、障礙兒福利津貼、早產兒養育給付等減輕家庭療育經濟負擔。在養育給付部分，主要是由照顧者向居住所在地的都道府縣知事提出申請，給付以療育券方式提供，由照顧者持向指定養育醫療機構支付發展遲緩兒童所需的服務。

三、美國早期介入經驗

美國早期介入服務在政府的權責分工上各州具有不同的做法，但是因為聯邦法案的規定而有一定的共通原則。

(一) 美國早期介入的相關立法依據

美國早期介入的立法源自1960年代Head Start Program，以消弭貧窮為口號，為低收入戶兒童提供早期介入；1968年P.L.90-538（Handicapped Children's Early Education Program, HCEEP）協助零到八歲身心障礙兒童教育；1975年P.L.94-142規定提供五到二十一歲身心障礙兒童免費教育，並需在最少限制環境中提供免費教育，同時規範需依個別需要實施個別化教育計畫；1986年P.L.99-457規定提供零到二十一歲特殊需要兒童及其家庭必要之協助及教育機會；1990年P.L.101-476（IDEA法案）強調除免費教育之外，需提供全面性及協調整合的早期介入服務。奠定美國提供發展遲緩兒童整合性服務的精神。

(二) 各州經驗

■以科羅拉多州為例

科州發展遲緩兒童早期療育工作開始於廿年前。1983年研究計畫的發現，使得聯邦政府瞭解到早期介入的重要性，並且促成法案

的通過，讓三到五歲特殊需要兒童均能受到完整完善早期療育服務的保障。該州更於1988年通過州立法，將高危險群兒童同時列入保障範圍，使受益的兒童不只包括殘障兒童，亦包含了邊緣地帶的孩子，例如貧童、早產兒、外來移民兒童等。因為他們認為美國本身就是一個多種族的地區，不同的文化應獲得保障發展的空間，且對於特殊需要的孩子來說，如果不及早提供協助，則社會未來的成本將會更為嚴重。所以在服務上十分強調如何幫助孩童本身需要的滿足、支持家庭的功能正常化、回歸主流及發揮社區功能。

早期介入系統化的服務，在美國是從學區中的Child Find Center進行早期鑑定評估的工作，進而開始提供各項必要的服務。這些服務包括：來自醫院、家庭、社區的通報、融合於正常環境中的團隊評估、整合各方協助的訓練方案，並誘使家長參加計畫，提高自己孩子的生活及教育品質等。以科州為例，建立此工作步驟及服務指標之後，接受服務人數由1988年的2,000名，增加至目前的8,500名，由此可知早期介入方案的成效。

無論是在州政府或是聯邦政府中，均有組織委員會來協調各項工作的執行。在立法的保障之下，任何一位特殊需要的孩童都會得到一個服務協調整合人員的協助。然而對於所有地區的早期介入服務來看，目前最大的挑戰都是在於如何將所有的資源整合，一起提供給需要的孩童。台灣的情形如此，美國也是一樣。所不同的是，台灣在服務系統化的過程仍有待提昇。

服務經費可說是最令人關心的，因為服務的落實程度絕對與經費脫不了干係。在美國早期介入的經費來源方面，所有的補助是以人頭計算。仕學前早期介入需要的經費中有二個主要的來源；一個來源是州政府依據財政法規辦法提撥的預算，以科州為例，1997年特殊需要兒童教育（五歲到廿一歲）補助每年每人4,800美元，學前教育（五歲以前）補助每年每人2,400美元；二是專款補助，專款補

助貼補超出每年每人固定經費部分，超額的75%是由聯邦政府及州政府來負擔，25%是由學校或學區來負擔；在超額的75%中，聯邦政府負擔的比例約為9%-20%，州政府負擔的比例約33%-80%，補助的額度與金額每年會有所調動，但是所有的家長無需負擔任何費用，且會視家庭的經濟狀況再協助尋找資源。

■ 以南卡羅萊納州為例

法源的主要依據是IDEA法案，Part C，政府有責任須提供以全州為系統的整合性早期介入服務。南卡羅來納州的系統稱為 "Baby Net"，在ICC的監督之下執行遍及全州的早期介入服務。由州政府的Department of Health and Environment Control（DHEC）主責，並成立機構間合作委員會（State Interagency Coordinating Council, ICC）。

ICC的主要宗旨是為促進發展障礙與發展遲緩兒童及家庭之發展，以提供協助與支持發展以家庭為中心、以社區為本位、尊重文化差異、科際整合服務、機構間合作等服務為主要任務。ICC的組成成員有20%為家長，20%為公私立早期介入服務機構代表，至少1位議員、1位人事部門人員、1位財政單位代表、1位教育部門代表、1位保險部門代表、1位啟蒙方案代表、1位兒童照顧機構代表及其他政府首長邀請人士。ICC的運作是透過委員會往下設置不同的工作小組，以提供支持與協助給結合baby net中的服務單位及發展遲緩或發展障礙之零至三歲兒童與家庭。目前ICC有執行小組提供服務標準及服務品質管理相關協助；有法制委員會提供相關立法協助；服務委員會提供服務及方案執行與設計的支持；人事委員會提供有關人力相關問題的協助；政府部門間協調委員會提供baby net及ICC以及其他十三個地區性兒童照顧相關委員會之間的協調。

每年透過baby net而形成家庭服務計畫的人數逐漸升高，1994年為2,184人，至1998年已達到3,216人。Baby net服務的個案以零至

三歲為主，三歲以後則由教育部門銜接提供服務。以1998年為例，在個案的年齡分布上，零至十二個月占16.5%、十二至廿四個月占35.5%、廿四至三十六個月占最高，達48%。進入baby net的來源，主要是由醫生通報，次為地區衛生所通報，再次為門診醫院通報，其次為家長主動通報及小兒加護病房通報。經過發展評估而進入者有59.2%，經診斷進入者占39.2%，經醫師建議進入者有1.6%。進入baby net的個案中，超過90%有可能發生發展遲緩現象，30%是遲緩情形低於平均數2個標準差，有22%至少在二個以上領域有遲緩或可能遲緩的現象。從baby net提供的早期介入服務來看，使用最高的是特殊知能，次為物理治療、再次為語言治療、再次依序為營養協助、職能治療、其他經濟或心理情緒支持、視覺訓練、聽覺訓練、居家訓練及一般醫療服務。有超過60.3%的服務是在家中執行，36.4%在門診中執行，3.3%為其他場所。

(三) 美國早期介入服務的特色

　　從上述兩州的執行經驗來看，美國早期介入服務包括發現、評估及療育服務介入，服務提供的法源是由聯邦公法來訂定最低執行的標準，並確保及早介入與以家庭為核心的精神，但由各州依據州內生態來自行規劃相關服務的進行，主責的行政部門雖可能各州視工作權責分工不一，但是主要財源由州內支應，服務的提供則由政府部門委託或自辦的輸送系統結合民間服務提供部門，共同提供服務遍及於所有需要早期介入服務的孩子與家庭。

四、澳洲早期介入經驗

　　Kemp與Hayes（2005）指出，澳洲的早期介入服務受到美國的研究、政策及實務運作執行影響很深，目前澳洲積極的發展早期介

入服務系統模式包括篩檢與轉介、接案、評估、管理、介入、轉銜計畫與服務成效評估等程序,這樣的模式主要是確保服務可以滿足個別的需求。

澳洲是聯邦制的國家,聯邦掌握多數的稅收並支持各州可以保障教育、健康與社區服務的提供。澳洲並沒有早期介入服務的專門立法,但是在健康與失能反歧視法中支持障礙者接受服務與設施協助的權利。而有關早期介入服務在各州的落實是由教育、健康或社區行政部門,透過社區為本位服務提供(Guralnick, 2005)。

澳洲是從1990年代開始才更為強調早期介入與預防工作,也因此早期介入服務對象從障礙或遲緩兒童擴及更多面臨高風險高危機威脅的人口。因此服務對象包括有學習困難、心智健康問題者、兒童虐待等等,在介入的重點上也更強調家庭與兒童的早期照顧,政府也因此提出強化家庭及社區的策略運用,透過經費補助發展各項服務來支持家有發展遲緩或身心障礙的家庭,例如家庭訪視方案,運用受過訓練的志願服務者支持家有發展遲緩者,特別是在他們的家庭陷入壓力情境的時候。至2002年,全澳已有超過38個類似的方案提供給需要的家庭。此外,州與區政府也支持以家庭為關注焦點的密集性服務,如「家庭為優先」(Families First)方案,支持家庭排除不利條件,使早期介入服務與家庭支持之間達成平衡,政府與非政府部門機構均參與提供該項服務,以增進家庭親職技巧、支持家庭能發展,並掌握相關的服務網絡(Guralnick, 2005)。

從各國的經驗來看,早期療育的制度設計需要考量如何預防、如何及早有效的發現、鑑定評估、有效的提供必要且合宜的療育服務,使家庭有能力回應孩子發展上的需要。而此一目標的達成,必須藉由政府完整的制度規劃與立法保障,以及財政的支持與服務資源的投入才能達成。

自我評量

1. 早期療育的定義與重要性為何？
2. 早期療育服務的內涵為何？
3. 試述不同專業合作模式的特色及限制。
4. 試比較各國早期療育服務制度的異同。

參考書目

一、中文部分

中華民國智障者家長總會（2001）。《發展遲緩兒童親職教育手冊》。台北：中華民國智障者家長總會。

王國羽（1996）。〈身心障礙兒童早期療育政策的相關理論模式與台灣法令之解析〉。《東吳社會工作學報》，第2期，頁333-350。台北：東吳大學社會工作學系。

日本厚生勞働省（2006）。「母子保健法、母子保健施行法、母子保健法施行細則」。http://wwwhourei.mhlw.go.jp/hourei/html/hourei/search1.html。

日本厚生勞働省（2006）。《日本發達障害者支援法概要》。http://www.mhlw.go.jp/shingi/2005/01/s0118-7b.html。

何華國（2006）。《特殊幼兒早期療育》。台北：五南。

柯平順（1997）。《嬰幼兒特殊教育》。台北：心理

林惠芳（1993）。《智障兒童家庭福利服務供需性研究——以台北市為例》。中國文化大學兒童福利研究所碩士論文。

林惠芳（1997）。〈早期療育服務模式介紹〉。《發展遲緩兒童早期療育研討會大會手冊》，頁40-45。

林惠芳（1998）。〈認識早期療育〉。《台北市媬姆人員職前訓練講義》。台北市褓姆協會。

林惠芳（2000）。〈各國早期療育服務淺介〉，《89年度早期療育工作人員共同課程授課講義》，頁34-47。

林麗英（1998）。〈發展障礙需及早治療〉。《社會福利》，134期，頁62-64。台灣省政府社會處。

邱吳麗端（2000）。〈香港早療教育過去現在與未來〉。《中外早期療育服務經驗交流研討會研習手冊》，頁1-7。台北：中華民國智障者家長總會。

香港社會福利署（2004）。《康復服務手冊》。社會福利署康復及醫療社會服務科印行。

香港社會福利署（2005）。《康復服務社區資源手冊》。社會福利署康復及醫療社會服務科印行。

張秀玉（2003）。《早期療育社會工作》。台北：揚智。

傅秀媚、林巾凱、張秀玉、郭素菁（2009）。〈台灣早期療育服務現況及對主要照顧者之影響調查研究〉，《兒童及少年福利期刊》，第15期，頁69-99。台中市：內政部兒童局。

郭逸玲、卓妙如（2004）。〈發展遲緩兒早期療育之概念與模式〉，《身心障礙研究》，第2卷，第2期，頁68-76。台北：財團法人中華啟能基金會附設台灣智能障礙研究中心。

陳淑娟（1999）。〈認識早期療育的重要性〉，《媬姆職前訓練課程教材》。台北：彭婉如基金會。

黃榮真、盧台華（2003）。〈自編「發展遲緩幼兒課程」之實證性研究〉，《東台灣特殊教育學報》，第5期，頁1-23。花蓮：國立花蓮教育大學。

廖華芳（1998）。〈發展遲緩兒早期療育專業團隊合作模式〉，《中華物療誌》，第23期，頁55-67。台北：中華民國物理治療學會。

廖靜芝（2002）。〈台灣發展遲緩兒童早期療育服務的專業團隊合作模式的發展與困境〉，《2002兩岸四地社會福利學術研討會》，頁115-132。

蔣明珊、沈慶盈，林寶貴主編（2000）。〈早期介入〉，《特殊教育理論與實務》，頁651-711。台北：心理。

二、外文部分

Don Bailey (2009), "Supporting Family Adaptation Through Early Intervention." 《第十屆國際發展遲緩兒童早期療育論文發表大會手冊》，頁46-51。中華民國發展遲緩兒童早期療育協會。

Tingey (Ed.) (1989), *Implementing Early Intervention.* Utah State University Early Intervention Research Institute. Baltimore: Paul H. Brookes Publishing Co.

Guralnick (2005), *The Developmental System Approach to Early Intervention.* Baltimore: Paul H. Brookes Publishing Co.

第四章

台閩地區早期療育的實施

———— 林惠芳

第一節　早期療育相關政策與立法沿革

第二節　早期療育服務實施的發展歷程與現況

第三節　早期療育未來政策的發展

學習目標

- ✔ 認識我國早期療育相關政策與立法的背景及沿革。
- ✔ 瞭解我國早期療育服務推動以來的服務與政策發展。

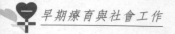

本章摘要

　　本章從介紹台灣發展遲緩兒童早期療育相關立法的歷程及沿革談起，並分別介紹主要的立法與相關法令規定之現行辦法與措施。再以編年方式說明我國早期療育服務發展的過程及過程中的檢討，再回應到未來政策的發展。

　　我國早期療育相關法規依各行政體系分工進行發展，從篩檢、通報、建檔管理、需求評估、轉介適切服務，再透過轉銜服務實施方案予以做橫向連繫，構成法治基礎，作為執行依據。

　　我國發展遲緩兒童早期療育服務需要不同服務提供單位之間的攜手合作，才能構築一個完整全面的保護與促進服務，針對目前服務現況中發現的資源有限性、專業知能不足、專業間溝通、財源、人力等等問題，擬定明確的政策及因應規劃。發展遲緩兒童早期療育服務實施方案是目前跨行政部門間重要的共識規劃，在未來應加強定期工作的檢視與討論，以因應社會變化進行修正，才能使資源跟得上需要。

　　早期療育未來政策的發展應從國內執行的經驗與研究基礎再出發，逐項檢視在法制面的不充足處、改善業務辦理模式及內容的不一致性、掌握需要規劃資源配置、發展偏遠地區創新服務模式、加強預防工作的規劃與推動、鼓勵跨專業之間的培訓與交流、深化專業基礎養成教育的質量、提升服務品質、強化系統之間的轉銜。

關 鍵 字

- ◆ 兒童及少年福利法
- ◆ 早期療育政策
- ◆ 早期療育服務流程

第一節　早期療育相關政策與立法沿革
▶▶▶▶▷

　　中華民國智障者家長總會（以下簡稱智總）為我國倡導早期療育相關立法與制度的重要推手，1992至1996年是我國早期療育從立法到制度建立的啟航時代，在這以前，並不代表早期療育服務不存在台灣地區，而是國家整體立法與政策規劃尚未正式回應。

　　在「兒童福利法」將早期療育納入法制規定之前，民間的學前殘障兒童的照顧與訓練機構得到教會慈善組織的支持，得以在部分的縣市展開少量的服務。當時，國內對於特殊教育的發展也只限於在學齡階段提供特殊班級的協助，而國內對於特殊教育的師資培訓，亦只有在職進修的形式（周文麗、鄭麗珍、林惠芳，2000）。在當時影響福利服務機構甚鉅的是，1980年代前後，由國外留學回國的特殊教育專業人員的投入學前機構的服務工作，讓身心障礙學前發展中心開始提供專業的特殊教育訓練工作，讓民間的服務發展超前政府的設計。同時在醫療院所中開始有少數醫院發展復健醫學及兒童心智科，開始提供部分的醫療復健服務。讓早期療育在台灣萌芽發展的主要關鍵人物，大致可區分為特殊教育、醫療領域與家長團體等三類（陳嬿如，2003）。

　　若以家長的觀點來看，在立法以前的時代中，許多的家長甚至對於早期療育是完全沒有概念的，而各專業之間也只有少數的單位

開始有不同的專業人員提供服務，許多想解決問題的家長，多半要長途跋涉到大都會地區來尋覓可能提供的服務。家長團體的成立及發展影響了早期療育服務的推動，家長團體在透過與國外家長團體學習的過程及親身的經驗分享中，明顯的看到及感受到學前有專業介入與沒有專業服務協助的孩子之間發展的不同；同時也看到先進國家的制度對於特殊需要兒童的關注是有規劃的。因此，在智障者家長總會成立之後，便以倡導台灣應對發展遲緩兒童有更明確及完整的照顧及協助政策為首要的倡導工作重點（林惠芳，2000）。

一、從立法到制度的建立

1992年至1996年是我國早期療育服務從立法到服務建制的啟航時期，智總在民國81年成立之後，第一項推動的法案就是將發展遲緩兒童早期介入相關保障推入「兒童福利法」的規範當中，讓「兒童福利法」增加了有關發展遲緩兒童的相關條文（當時「兒童福利法」的第十三條、二十三條、四十二條；「兒童福利法施行細則」第十一、十二、十三條）。從此，讓中央與地方縣市政府在發展遲緩兒童早期療育服務的提供中，有了角色與職責的範定。同時，也首度訂定發展遲緩者的定義及早期療育服務的內涵及服務的提供方式和服務提供的原則。而且也規定了縣市政府應提供必要的協助，且針對服務的提供，社政、教育及衛生單位應相互配合提供並與身心障礙福利服務相銜接。服務的提供方式應結合不同的專業人員，同時考量個別的需要來提供。奠定了發展遲緩兒童早期療育服務推展的基石（林惠芳，2000）。

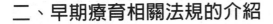

二、早期療育相關法規的介紹

(一) 「兒童福利法」相關沿革與現行規定

　　「兒童福利法」於民國82年首次修法時，由民間團體運用政治動員力將發展遲緩兒童應受早期療育的相關條文納入「兒童福利法」中，雖然只有簡單三項條文，但卻是國內首次針對發展遲緩兒童、早期療育、發現通報的立法依據。民國92年「兒童福利法」與「少年福利法」整併為「兒童及少年福利法」，民國97年再次修正，至目前為止，有關發展遲緩兒童相關之規定除定義之外，已擴及主管機關與各目的主管機關的規定、發現通報、療育服務提供、執行方式、專業人員資格、反歧視等等相關規定（詳如表4-1）。

表4-1　我國早期療育相關立法現況——兒童及少年福利法

法規名稱	兒童及少年福利法
最新通過日期	民國97年8月6日修法
相關條文規範重點	**社政衛政教育主管機關主管事項規範** 第九條第一款　主管機關 主管兒童及少年福利法規、政策、福利工作、福利事業、專業人員訓練、兒童及少年保護、親職教育、福利機構設置等相關事宜。 第九條第二款　衛生主管機關 主管婦幼衛生、優生保健、發展遲緩兒童早期醫療、兒童及少年心理保健、醫療、復健及健康保險等相關事宜。 第九條第三款　教育主管機關 主管兒童及少年教育及其經費之補助、特殊教育、幼稚教育、兒童及少年就學、家庭教育、社會教育、兒童課後照顧服務等相關事宜。

（續）表4-1　我國早期療育相關立法現況──兒童及少年福利法

相關條文規範重點	地方政府（直轄市、縣市政府）權責
	第十九條第一款 建立發展遲緩兒童早期通報系統，並提供早期療育服務。 **第十九條第七款** 早產兒、重病兒童及少年與發展遲緩兒童之扶養義務人無力支付醫療費用之補助。 **防走失指紋建檔** **第二十一條** 疑似發展遲緩兒童或身心障礙兒童及少年之父母或監護人，得申請警政主管機關建立疑似發展遲緩兒童或身心障礙兒童及少年之指紋資料。 **主動服務提供** **第二十二條** 各類兒童及少年福利、教育及醫療機構，發現有疑似發展遲緩兒童或身心障礙兒童及少年，應通報直轄市、縣（市）主管機關。直轄市、縣（市）主管機關應將接獲資料，建立檔案管理，並視其需要提供、轉介適當之服務。 **早期療育相關服務與轉銜** **第二十三條** 政府對發展遲緩兒童，應按其需要，給予早期療育、醫療、就學方面之特殊照顧。 父母、監護人或其他實際照顧兒童之人，應配合前項政府對發展遲緩兒童所提供之各項特殊照顧。 早期療育所需之篩檢、通報、評估、治療、教育等各項服務之銜接及協調機制，由中央主管機關會同衛生、教育主管機關規劃辦理。

（續）表4-1　我國早期療育相關立法現況——兒童及少年福利法

法規名稱	兒童及少年福利法施行細則
最新通過日期	民國93年6月3日訂定
相關條文規範重點	**早期療育定義與執行方式** 第五條 本法所稱早期療育，指由社會福利、衛生、教育等專業人員以團隊合作方式，依未滿六歲之發展遲緩兒童及其家庭之個別需求，提供必要之治療、教育、諮詢、轉介、安置與其他服務及照顧。 經早期療育後仍不能改善者，輔導其依身心障礙者保護法相關規定申請身心障礙鑑定。 **發展遲緩定義及評估** 第六條 本法所稱發展遲緩兒童，指在認知發展、生理發展、語言及溝通發展、心理社會發展或生活自理技能等方面，有疑似異常或可預期有發展異常情形，並經衛生主管機關認可之醫院評估確認，發給證明之兒童。 經評估為發展遲緩兒童，每年至少應再評估一次。 **篩檢／個案建檔／轉介服務** 第七條 直轄市、縣（市）政府為及早發現發展遲緩兒童，必要時，得辦理兒童身心發展篩檢；發現有疑似發展遲緩兒童時，應依本法第廿二條規定建立檔案管理，並視其需要提供、轉介適當之服務。

（續）表4-1　我國早期療育相關立法現況——兒童及少年福利法

法規名稱	兒童及少年福利機構設置標準
最新通過日期	民國96年12月23日修正
相關條文規範重點	第二條　早期療育機構定義 第十二條　反歧視條款 第十三條　早期療育機構服務內容 第十四條　早療機構服務方式 第十五條　早療機構設施規定 第十六條　早療機構面積規定 第十七條　早療機構人力規定
法規名稱	兒童及少年福利機構專業人員資格及訓練辦法
最新通過日期	民國98年2月19日修正
相關條文規範重點	第二條第三款及第七款　早期療育專業人員定義 第六條　早期療育教保人員資格 第七條　早期療育助理教保人員資格 第十五條　早期療育機構主管人員資格 第十九條　兒少機構專業人員核心課程規定

資料來源：整理自全國法規資料庫入口網站，http://law.moj.gov.tw/。

(二) 身心障礙者保護法與身心障礙者權益保障法早期療育相關沿革與現行規定

　　身心障礙者保護法於民國86年修正通過，規範了相關目的事業主管機關的責任，確立了篩檢及聯合評估服務職責應由衛生主管機關負擔。民國96年7月身心障礙者保護法更名為身心障礙者權益保障法，原醫療復健專章改為保健醫療專章，納入預防保健服務的項目及內容，並確認特別門診的建置，加強縣市通報系統及通報應在30天內限期處理的相關保障。目前衛生署已逐步建立發展遲緩特別門診（詳見表4-2）。

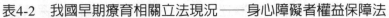

表4-2　我國早期療育相關立法現況——身心障礙者權益保障法

法規名稱	身心障礙者權益保障法
最新通過日期	民國98年7月8日修正
相關條文規範重點	**縣市通報系統建置及限時處理回覆機制** 第十八條 直轄市、縣（市）主管機關應建立通報系統，並由下列各級相關目的事業主管機關負責彙送資訊，以掌握身心障礙者之情況，適時提供服務或轉介： 一、衛生主管機關：疑似身心障礙者、發展遲緩或異常兒童資訊。 二、教育主管機關：疑似身心障礙學生資訊。 三、勞工主管機關：職業傷害資訊。 四、警政主管機關：交通事故資訊。 五、戶政主管機關：身心障礙者人口異動資訊。 直轄市、縣（市）主管機關受理通報後，應即進行初步需求評估，並於三十日內主動提供協助服務或轉介相關目的事業主管機關。 **特別門診規定** 第二十四條 直轄市、縣（市）衛生主管機關應依據身心障礙者人口數及就醫需求，指定醫院設立身心障礙者特別門診。 前項設立身心障礙者特別門診之醫院資格條件、診療科別、人員配置、醫療服務設施與督導考核及獎勵辦法，由中央衛生主管機關定之。 **醫療補助** 第二十六條 身心障礙者醫療復健所需之醫療費用及醫療輔具，尚未納入全民健康保險給付範圍者，直轄市、縣（市）主管機關應依需求評估結果補助之。 前項補助辦法，由中央衛生主管機關會同中央主管機關定之。

（續）表4-2　我國早期療育相關立法現況——身心障礙者權益保障法

法規名稱	身心障礙者權益保障法施行細則
最新通過日期	民國98年7月7日修正
相關條文規範重點	**生涯轉銜** 第十九條 直轄市、縣（市）主管機關依本法第四十八條規定制定生涯轉銜計畫時，應由社會福利、教育、衛生及勞工等專業人員以團隊方式，會同身心障礙者或其家屬，對身心障礙者人生階段定之。 前項轉銜計畫內容如下： 一、身心障礙者基本資料。 二、各階段專業服務資料。 三、家庭輔導計畫。 四、身心狀況評估。 五、未來安置協助建議方案。 六、轉銜準備服務事項。 **機構綜合設立定義** 第二十一條第二項 本法第六十二條第五項所稱得綜合設立，指身心障礙福利機構得依各目的事業主管機關相關法規規定辦理身心障礙者職業訓練、就業服務、庇護工場、早期療育、醫療復健及照護等業務。
法規名稱	身心障礙者特別門診管理辦法
最新通過日期	民國98年7月27日發布
	特別門診 第三條 指定醫院，應設身心障礙服務窗口，並置適當之人員，提供引導、溝通、協助就醫等服務。 指定醫院應至少設置獨立之牙科及發展遲緩診療特別門診。 指定醫院應考量前項特別門診跨醫療科別會診之必要，訂定便利之會診流程。

資料來源：整理自全國法規資料庫入口網站，http://law.moj.gov.tw/ 。

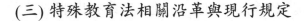

(三) 特殊教育法相關沿革與現行規定

　　特殊教育法於民國73年首次立法，至民國86年修法才通過要將學前教育逐步下降到三歲，至民國92年起依規定特殊需要兒童在三歲就能進入教育系統接受教育服務。民國98年10月23日通過修訂，揭示學前特殊教育應盡可能採取在一般環境融合的方式辦理、專業團隊服務原則、家長參與原則、相關輔具及支持服務提供（詳見表4-3）。

表4-3　我國早期療育相關立法現況──特殊教育法相關條文

法規名稱	特殊教育法
最新通過日期	98年10月23日立法院通過
相關條文規範重點	**確認發展遲緩為身心障礙教育之服務對象** 第三條 本法所稱身心障礙，指因生理或心理之障礙，經專業評估及鑑定具學習特殊需求，須特殊教育及相關服務措施之協助者；其分類如下： 一、智能障礙。 二、視覺障礙。 三、聽覺障礙。 四、語言障礙。 五、肢體障礙。 六、身體病弱。 七、情緒行為障礙。 八、學習障礙。 九、多重障礙。 十、自閉症。 十一、發展遲緩。 十二、其他障礙。 **學前特殊教育實施場所** 第十條第一項第一款 在醫院、家庭、幼稚園、托兒所、社會福利機構、特殊教育學校幼稚部或其他適當場所辦理。

（續）表4-3　我國早期療育相關立法現況——特殊教育法相關條文

法規名稱	特殊教育法
最新通過日期	98年10月23日立法院通過
相關條文規範重點	**特殊教育學生以就近入學爲原則** 第十條第二項 特殊教育學生以就近入學爲原則。但國民教育階段學區學校無適當場所提供特殊教育者，得經主管機關安置於其他適當特殊教育場所。 **主動服務** 第十七條 托兒所、幼稚園及各級學校應主動或依申請發掘具特殊教育需求之學生，經監護人或法定代理人同意者，依前條規定鑑定後予以安置，並提供特殊教育及相關服務措施。 各主管機關應每年重新評估前項安置之適當性。 監護人或法定代理人不同意進行鑑定安置程序時，托兒所、幼稚園及高級中等以下學校應通報主管機關。 主管機關爲保障身心障礙學生權益，必要時得要求監護人或法定代理人配合鑑定後安置及特殊教育相關服務。 **依評估提供服務／早期療育三歲開始** 第二十三條 身心障礙教育之實施，各級主管機關應依專業評估之結果，結合醫療相關資源，對身心障礙學生進行有關復健、訓練治療。 爲推展身心障礙兒童之早期療育，其特殊教育之實施，應自三歲開始。 **團隊服務／家長參與原則** 第二十八條 高級中等以下各教育階段學校，應以團隊合作方式對身心障礙學生訂定個別化教育計畫，訂定時應邀請身心障礙學生家長參與，必要時家長得邀請相關人員陪同參與。

（續）表4-3　我國早期療育相關立法現況——特殊教育法相關條文

法規名稱	特殊教育法
最新通過日期	98年10月23日立法院通過
相關條文規範重點	**轉銜服務** 第三十一條 為使各教育階段身心障礙學生服務需求得以銜接，各級學校應提供整體性與持續性轉銜輔導及服務；其轉銜輔導及服務之辦法，由中央主管機關定之。 **教育補助與減免規定** 第三十二條第一項 各級主管機關應依身心障礙學生之家庭經濟條件，減免其就學費用；對於就讀學前私立幼稚園、托兒所或社會福利機構之身心障礙幼兒，得發給教育補助費，並獎助其招收單位。 **輔具與支持服務** 第三十三條第一項 學校、幼稚園、托兒所及社會福利機構應依身心障礙學生在校（園、所）學習及生活需求，提供必要之教育輔助器材及相關支持服務；其辦法由中央主管機關定之。
法規名稱	特殊教育法施行細則
最新通過日期	民國92年8月7日修正
相關條文規範重點	**向下延伸服務規定** 第六條 為辦理本法第九條第一項身心障礙學生入學年齡向下延伸至三歲事項，直轄市、縣（市）政府應普設學前特殊教育設施，提供適當之相關服務。 直轄市、縣（市）政府對於前項接受學前特殊教育之身心障礙學生，應視實際需要提供教育補助費。 第一項所稱學前特殊教育設施，指在本法第七條第一項第一款所定場所設置之設備或提供之措施。

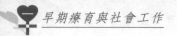

（續）表4-3　我國早期療育相關立法現況——特殊教育法相關條文

法規名稱	特殊教育法施行細則
最新通過日期	民國92年8月7日修正
相關條文規範重點	**融合原則** 第七條 學前教育階段身心障礙兒童，應以與普通兒童一起就學為原則。 **個別化計畫內涵與執行** 第十八條 本法第二十七條所稱個別化教育計畫，指運用專業團隊合作方式，針對身心障礙學生個別特性所擬定之特殊教育及相關服務計畫，其內容應包括下列事項： 一、學生認知能力、溝通能力、行動能力、情緒、人際關係、感官功能、健康狀況、生活自理能力、國文、數學等學業能力之現況。 二、學生家庭狀況。 三、學生身心障礙狀況對其在普通班上課及生活之影響。 四、適合學生之評量方式。 五、學生因行為問題影響學習者，其行政支援及處理方式。 六、學年教育目標及學期教育目標。 七、學生所需要之特殊教育及相關專業服務。 八、學生能參與普通學校（班）之時間及項目。 九、學期教育目標是否達成之評量日期及標準。 十、學前教育大班、國小六年級、國中三年級及高中（職）三年級學生之轉銜服務內容。 前項第十款所稱轉銜服務，應依據各教育階段之需要，包括升學輔導、生活、就業、心理輔導、福利服務及其他相關專業服務等項目。 參與擬定個別化教育計畫之人員，應包括學校行政人員、教師、學生家長、相關專業人員等，並得邀請學生參與；必要時，學生家長得邀請相關人員陪同。

（續）表4-3　我國早期療育相關立法現況──特殊教育法相關條文

法規名稱	身心障礙及資賦優異學生鑑定標準
最新通過日期	民國95年9月29日修正
相關條文規範重點	**發展遲緩定義** 第十三條 本法第三條第二項第十一款所稱發展遲緩，指未滿六歲之兒童，因生理、心理或社會環境因素，在知覺、認知、動作、溝通、社會情緒或自理能力等方面之發展較同年齡顯著遲緩，且其障礙類別無法確定者；其鑑定依兒童發展及養育環境評估等資料，綜合研判之。

資料來源：整理自全國法規資料庫入口網站，http://law.moj.gov.tw/。

　　綜上，目前我國早期療育相關法規依各行政體系分工進行發展，從篩檢、通報、建檔管理、需求評估、轉介適切服務，再透過轉銜服務實施方案予以做橫向連繫，構成法治基礎，作為執行依據。

第二節　早期療育服務實施的發展歷程與現況
▶▶▶▶▶

一、我國早期療育服務實施發展歷程與沿革

　　參考行政院衛生署、教育部特教小組及內政部兒童局網站及智障者家長總會歷史紀錄與相關研究者文獻，依編年方式將早期療育在我國推動與實施的發展沿革整理如表4-4（內政部兒童局網站，2009；衛生署網站，2009；教育部特教小組網站，2009；中華民國智障者家長總會，2008；陳嬿如，2003；張秀玉，2003；廖靜芝，2002；周文麗、鄭麗珍、林惠芳，2000；林惠芳，2000）。

表4-4 我國早期療育服務的發展沿革

1980

· 特殊教育領域工作者由國外回台帶入早療概念。
· 醫療領域及特殊教育從事早期相關服務與研究。

1992

· 智總推動於立法院召開第一次兒童福利法公聽會（1992）。

1993

· 促成兒童福利法修正，加入發展遲緩兒童早期療育條文。
· 內政部召集「發展遲緩兒童早期療育」第一次籌備會議，研擬「兒童福利法中有關發展遲緩及早期通報之定義」。
· 智總將早期療育議題推入行政院科技顧問會議「人口品質提升計畫」中討論。

1994

· 兒童福利法施行細則修訂，定義發展遲緩與早期療育。
· 內政部委託學者進行「我國早期療育制度規劃」研究案。
· 智總自費辦理香港考察發展遲緩兒童「早期發現及早期療育」的過程及做法。
· 內政部補助智總舉辦「發展遲緩嬰幼兒之早期發現早期療育國際研討會」後，中央各部會開始關注規劃早療政策議題。

1995

· 舉辦國內首度「發展遲緩兒童早期療育」研討會，促成中央跨部會的對話，隨後並成立跨部會發展遲緩兒童早期療育推動小組。
· 內政部委託智總辦理「發展遲緩兒童早期療育轉介中心實驗計畫」，以台北市及花蓮縣為研究場域，為期三年。
· 內政部辦理赴日考察早期療育，首創各縣市第一線業務負責人員參與考察。
· 全民健康保險開辦，提供零至四歲幼兒六次預防保健服務。
· 台北市開地方先例，成立早期療育規劃工作小組。

1996

· 推動台北市成立早期療育推動委員會。
· 內政部辦理全國「發展遲緩兒童早期療育服務研討會」發表實驗計劃成果，並整理工作方法與策略。
· 內政部委託智總協助辦理赴香港觀摩早期療育評鑑中心及學前服務，各縣市第一線業務承辦人員參與。

（續）表4-4　我國早期療育服務的發展沿革

1997

- 內政部辦理赴美考察早期療育制度，拜會美國教育部。
- 內政部社會司訂定發展遲緩兒童早期療育服務實施方案，訂定服務流程與內容。
- 早期療育從實驗進入正式服務辦理階段，內政部辦理早期療育研討說明會，補助台北市、台中縣、台南市、高雄縣及花蓮縣辦理「發展遲緩兒童通報轉介及個案管理服務計畫」。
- 智總出版「寶寶你一切都好嗎？——早期療育手冊」。
- 衛生署擇北（市立婦幼醫院）、中（台中榮民總醫院）、南（成大附設醫院、高雄醫學院附設醫院）、東區（花蓮慈濟綜合醫院）成立區域性發展遲緩兒童聯合評估中心。
- 特殊教育法修法學前教育向下延伸至三歲，六年內完成。
- 身心障礙者保護法通過與早期療育相關款文修訂。
- 學界進行「轉介中心鑑定中心合作模式之規劃」研究案。

1998

- 內政部成立早期療育推動委員會。
- 衛生署持續推動發展遲緩兒童聯合評估中心。
- 開辦早期療育親職教育講座。
- 台北市早期療育綜合服務中心啟用，「北市發展遲緩兒童早期療育近中程計畫」研究案成果報告。

1999

- 內政部兒童局成立，社政早期療育業務從社會司移交兒童局。
- 衛生署已成立十家聯合評估中心。
- 智總協助地方家長組織遊說各縣市開辦早期療育服務。

2000

- 國內21縣市政府已成立發展遲緩兒童通報轉介中心。
- 內政部兒童局修訂發展遲緩兒童早期療育服務實施方案。
- 內政部兒童局辦理「台閩地區發展遲緩兒童通報轉介中心暨聯合評估中心訪視計劃」為期兩年。
- 智總出版發展遲緩兒童早期療育個案管理實務工作手冊。
- 內政部補助中華民國發展遲緩兒童早期療育基金會編印《發展遲緩兒童早期療育工作手冊》。
- 內政部補助辦理中外早期療育交流研討會，邀請美國及香港機構來台交流。

（續）表4-4　我國早期療育服務的發展沿革

2001

- 跨專業團隊合作模式及個案管理確立在早期療育實務上的運用。
- 內政部兒童局委託學者進行「早期療育中心角色與定位」研究案。
- 衛生署國民健康局出版《0-6歲兒童發展成長量表》提供發展篩檢參考。
- 內政部兒童局開發「發展遲緩兒童早期療育服務個案管理系統」提供通報轉介中心掌握服務人口與特質。
- 衛生署委託中華民國發展遲緩兒童早期療育基金會辦理聯合評估中心訪查計畫，查訪十家聯評中心。
- 教育部訂定補助直轄市縣（市）政府推動學前及國民教育階段特殊教育工作實施要點。

2002

- 全國二十五縣市完成設立「發展遲緩兒童通報轉介中心」。
- 全國除澎湖外，均設立發展遲緩兒童個案管理中心。
- 內政部兒童局委外辦理「早期療育通報轉介工作指標」研討會。
- 衛生署設立十八所發展遲緩兒童聯合評估中心，建立醫療模式聯合評估服務。
- 教育部修訂補助直轄市縣（市）政府推動學前及國民教育階段特殊教育工作實施要點。
- 學前特殊教育自三歲開始實施。
- 內政部兒童局委託中華民國發展遲緩兒童早期療育協會進行「台灣發展遲緩兒童需求調查報告」。

2003

- 兒童福利法與少年福利法整併成兒童及少年福利法。
- 內政部兒童局修訂發展遲緩兒童早期療育服務實施方案。
- 內政部兒童局訂定發展遲緩兒童早期療育費用補助實施計畫。
- 內政部兒童局訂定發展遲緩兒童早期療育資源整合實施計畫。
- 教育部修訂補助直轄市縣（市）政府推動學前及國民教育階段特殊教育工作實施要點。

2004

- 內政部兒童局修訂發展遲緩兒童早期療育服務實施方案。
- 內政部兒童局訂定托育機構收托發展遲緩兒童實施計畫。
- 內政部兒童局訂定發展遲緩兒童到宅服務實施計畫。
- 內政部兒童局訂定收托發展遲緩兒童巡迴輔導實施計畫。
- 內政部兒童局修訂發展遲緩兒童早期療育費用補助實施計畫。
- 內政部兒童局修訂發展遲緩兒童早期療育資源整合實施計畫。

（續）表4-4　我國早期療育服務的發展沿革

- 內政部兒童局委託中華民國發展遲緩兒童早期療育協會辦理「台灣發展遲緩兒童需求調查」提出第二年完整報告。
- 全民健保幼兒預防保健服務對象延長至七歲，次數增爲九次。
- 衛生署辦理兒童發展篩檢及疑似個案追蹤管理計畫。
- 衛生署完成兒童發展聯合評估中心訪查報告。
- 衛生署訂定兒童發展聯合評估報告書操作手冊。
- 教育部修訂補助直轄市縣（市）政府推動學前及國民教育階段特殊教育工作實施要點。

2005

- 內政部兒童局修訂發展遲緩兒童早期療育費用補助實施計畫。
- 內政部兒童局修訂發展遲緩兒童到宅服務實施計畫。
- 內政部兒童局修訂收托發展遲緩兒童巡迴輔導實施計畫。
- 內政部兒童局修訂托育機構收托發展遲緩兒童實施計畫。
- 教育部修訂補助直轄市縣（市）政府推動學前及國民教育階段特殊教育工作實施要點。

2006

- 內政部兒童局修訂發展遲緩兒童早期療育服務實施方案。
- 內政部兒童局修訂發展遲緩兒童早期療育費用補助實施計畫。
- 內政部兒童局修訂發展遲緩兒童到宅服務實施計畫。
- 內政部兒童局修訂收托發展遲緩兒童巡迴輔導實施計畫。
- 內政部兒童局修訂托育機構收托發展遲緩兒童實施計畫。
- 衛生署委託建立兒童發展聯合評估中心運作成效之系統整體評鑑指標計畫報告完成。
- 教育部修訂補助直轄市縣（市）政府推動學前及國民教育階段特殊教育工作實施要點。

2007

- 衛生署配合全民健保轉診制度擴展聯合評估中心至二十六家，並增設七十五家評估醫院。
- 衛生署修訂早期療育諮詢委員會設置要點。
- 衛生署訂定「兒童發展聯合評估中心訪查考核實施要點」，規定每年至少查訪一次。
- 台塑王詹樣基金會投入資助身心障礙福利機構兼辦發展遲緩兒童早期療育服務，爲企業指定投入公益特定服務持續支持的開始。
- 教育部修訂補助直轄市縣（市）政府推動學前及國民教育階段特殊教育工作實施要點。

（續）表4-4　我國早期療育服務的發展沿革

2008

- 內政部兒童局修訂發展遲緩兒童早期療育費用補助實施計畫。
- 內政部兒童局修訂托育機構收托發展遲緩兒童實施計畫。
- 內政部兒童局修訂收托發展遲緩兒童巡迴輔導實施計畫。
- 內政部兒童局修訂發展遲緩兒童到宅服務實施計畫。
- 衛生署修訂兒童發展聯合評估報告書操作手冊。
- 台塑王詹樣基金會運用長庚大學早期療育研究所及長庚醫院資源，提供身心障礙兼辦早期療育服務機構專業人才養成及代訓。

2009

- 內政部兒童局修訂發展遲緩兒童早期療育服務實施方案。
- 內政部兒童局提出發展遲緩兒童早期療育機構評鑑實施計畫範例及評鑑指標範例。
- 內政部兒童局訂定發展遲緩兒童到宅服務及社區療育據點試辦計畫。
- 衛生署委託台中教育大學早期療育研究所辦理聯合評估中心訪視計畫。
- 衛生署將早期療育評估規劃及輔導業務由長期照護科轉由國民健康局負責執行。
- 教育部修訂補助直轄市縣（市）政府推動學前及國民教育階段特殊教育工作實施要點。
- 教育部將自98學年度（98年8月1日）起針對四足歲以上未滿五足歲（93年9月2日至94年9月1日出生）經鑑輔會安置就讀於公私立幼托園所（機構）的身心障礙幼兒，提高其教育補助費用，以滿足身心障礙幼兒就學需求。
- 台塑王詹樣基金會繼續以每年2000餘萬的規模資助受機構評鑑優甲等以上單位提供的早期療育服務；並開始思考做更多公益投入，協助部分乙等機構改善服務。

資料來源：內政部兒童局網站（2009）、衛生署網站（2009）、教育部特教小組網
　　　　　站（2009）、中華民國智障者家長總會（2008）、陳嬿如（2003）、
　　　　　張秀玉（2003）、廖靜芝（2002）。

　　發展遲緩兒童早期療育服務在醫療專業人員、特殊教育專家投入研究及家長團體運用政治動員力的推動之下，台灣很快的從政策形成與制訂走入政策執行的過程，當中對於家長團體的主導各界

存在不一致的聲音，質疑家長組織專業性的固然有，當然對家長團體的熱情推動感到肯定的也有。專業導向與本位主義的觀念也讓台灣在早期療育運用專業團隊工作概念的發展多有困難（陳嬿如，2003）。

　　民國84年之後成立跨部會早期療育推動工作小組，衛政、社政開始分工，針對通報轉介及發現與鑑定工作進行相關的研討。莊凰如（1996）針對轉介中心實驗計畫進行評估研究，發現「受理電話諮詢的人力需要增加」、「評估鑑定表格工具使用的一致性未有共識」、「評鑑時間過長影響計畫時程」、「在資源有限、無法有效掌握的情形下，適當地安置個案在其最需要的服務狀態下是較困難的」、「資源不願意開放及轉介中心未能將資源調查的資料納入媒合參考是可惜的」、「時間掌握的適當性、等待期的服務思考」（莊凰如，1996），都成為後續服務規劃重要的參考。

　　萬育維、吳肖琪（1997）在接受內政部委託進行轉介中心鑑定中心合作模式的規劃中指出，「轉介中心及鑑定中心除人力與經費的限制之外，缺乏系統分階段的人員培訓計畫使得專業知能不足、跨專業整合困難、轉介後送不足，服務不夠及時，都是目前面臨的困難；不同專業達到一致共識的是：轉介中心應包括接受通報個案並建檔、安排鑑定與安置、個案管理及定期追蹤；鑑定中心應包括評估兒童生長及遲緩現象並分析結果、確立診斷及障礙程度、療育建議」等，以成為未來通報轉介、個案管理服務及聯合評估服務的基礎。

　　同時，該合作模式研究提出的幾項建議，例如政府內部合作關係仍須透過簽約方式作為共識之後行動的第一步、重新思考政府委託業務的適當性、政府與民間委託關係應在相互承諾的前提下彼此監督與輔導、通報來源的多元性與轉介中心資訊處理的一致性、民間團體應拓展與其他機構之合作空間、培養更多種子機構與醫院、

降低政策的搖擺不定，以增強民間投入的誘因，成為未來推動委託服務的參考。同年，殘障福利法更名為身心障礙者保護法，特殊教育法亦進行大幅的修法，將六歲以下發展遲緩相關所需的就醫、就學等服務列入修正的考量重點。通過特殊教育向下逐年延伸到三歲提供。衛生署也在這一年度開始委託北、中、南、東醫學中心成立五所區域性的聯合評估中心。內政部訂定發展遲緩兒童早期療育服務實施方案，訂定服務流程與內容，規劃了以發現與初篩、通報與轉介、聯合評估、療育與相關服務及宣導為主要工作重點的三年計畫，並進行行政部門分工。

1999年，內政部兒童局成立，原社會司負責業務移轉至兒童局繼續規劃辦理，各縣市陸續成立發展遲緩兒童早期療育通報中心；衛生署也持續推動拓展評估中心的設置。2000年兒童局著手重新修訂發展遲緩兒童早期療育服務實施方案，為業務移轉後的首次修訂。

2001年，內政部兒童局就早期療育中心角色與定位委託萬育維教授進行研究，該研究建議早期療育中心工作重點應依發展遲緩兒童早期療育服務三年計畫為準，以發現與初篩、通報與轉介、聯合評估、療育與相關服務及宣導為主要工作重點。至於六歲以下安置需求則建議由身心障礙教養機構進行收托照顧或是以專業團隊至育幼機構提供相關服務的方式進行。早療中心如定位在發現與初篩、通報與轉介、聯合評估、療育與相關服務及宣導則不必然要以機構的型態設立，主要的功能是連結與網絡（萬育維，2001）。同年，個案管理系統完成建制，教育部訂定補助縣市政府執行學前療育補助及專業團隊工作。

2002年，衛生署確立聯合評估醫療模式，全國已成立十八所兒童發展聯合評估中心、全國二十五縣市也完成通報中心的設立，個管服務除澎湖外也幾乎全面提供；教育部學前療育補助及專業支

持確立持續提供。兒童局委託中華民國發展遲緩兒童早期療育協會郭煌宗醫師進行台灣地區發展遲緩兒童需求調查報告。該項調查嘗試了三種調查方法，包括遊戲檢測、普查、評估中心／通報轉介中心，其中以在評估中心進行完成率最高，研究發現：群眾對於發展遲緩早期療育的認知有一定的水準，但仍要努力，在宣導推廣時要考量地區差異及民眾的認知水平；專業人員與家長對需求的呈現都屬高需求。研究中提出的幾項建議也成為日後服務推動有益的參考，例如民眾大多不會運用公衛護士，除建議加強家長的警覺性外，也可以加強公衛護士與第一線醫療工作人員在發展遲緩療育工作上的專業角色，並進行訓練與宣導；提醒關注雙薪家庭兒童照顧模式對發展的影響；瞭解民眾對政策制訂及宣傳資訊的迫切性；提升家長能力，提供足夠的資訊與普通的諮詢管道是可以優先著力之處（郭煌宗，2002）。

　　2003年後，各行政部門依發展遲緩兒童早期療育服務實施方案分工，逐步發展各項細步執行服務計畫，例如從2003年起，開辦早期療育費用補助實施計畫、早期療育資源整合實施計畫、2004年起辦理托育機構收托發展遲緩兒童實施計畫、巡迴輔導計畫、到宅服務計畫；衛生署針對發現篩檢的落實執行與評估工具以及評估報告書的一致性也展開系列計畫，例如從2004年起，辦理兒童發展篩檢及疑似個案追蹤管理計畫、兒童發展聯合評估中心訪查報告、訂定兒童發展聯合評估報告書操作手冊；教育部的學前補助與通報工作的落實與研究發展工作等。另外，也開始關注服務品質提升的工作，譬如2006年建立兒童發展聯合評估中心運作成效之系統整體評鑑指標、2007年訂定「兒童發展聯合評估中心訪查考核實施要點」，規定每年至少查訪一次；兒童局提出發展遲緩兒童早期療育機構評鑑實施計畫範例及評鑑指標範例，供直轄市縣市政府參考。同時為拓展服務普及化，2004年全民健保幼兒預防保健服務對象延

長至七歲，次數增為9次、2007年配合全民健保轉診制度擴展聯合評估中心至二十六家，並增設七十五家評估醫院、2009年訂定發展遲緩兒童到宅服務及社區療育據點試辦計畫等。此外，自2007年開始，也有企業以早期療育為公益投入的主要關注重點，開始提供經費、專業育成及輔導等相關服務投入。

二、我國早期療育服務實施現況

內政部社會司自1997年研擬發展遲緩兒童早期療育實施三年計畫後，至少每三年屆期前均會進行檢討與修正，並提出新年度的實施方案。發展遲緩兒童早期療育實施方案雖由內政部負責幕僚作業，但卻是跨部會及地方政府共同執行的方案，主要的目標在結合社政、衛生、教育、警政等相關單位資源，具體確實推動發展遲緩兒童早期發現、早期介入，並促進早期療育各服務流程功能的發揮，以提供發展遲緩兒童及其家庭完善的服務。實施方案包括六大工作項目，分別為：綜合規劃、發現與篩檢、通報與轉介、聯合評估、療育與服務及宣導與訓練。每一項目均訂定採行的措施，並且規劃主辦與協助單位（內政部，2009）。

依96年7月新修的發展遲緩兒童早期療育服務流程來看，發展遲緩兒童早期療育服務流程可分為：發現通報、通報轉介、聯合評估及療育安置等四大流程，茲分述如下（內政部，2009；張秀玉，2003）。

(一) 發現通報

發現通報是掌握發展遲緩兒童是否可被及早介入提供服務的關鍵，醫療機構、幼兒教育機構、托育機構、早期療育機構、社福機構、家長或監護人及其他如褓姆、村里長、村里幹事、警政單位等

均為可能的通報來源，上述對象只要透過篩檢或觀察等途徑發現疑似發展遲緩兒童，即可向各縣市成立的通報轉介中心進行通報。民國91年起，全國二十五個縣市均已成立發展遲緩兒童早期療育通報轉介中心，依98年兒童局統計，97年共有15,033人接受通報，98年上半年通報人數亦達7,317人。

(二) 通報轉介

　　各縣市由通報轉介中心擔任接受通報的窗口，主要由社政單位負責，各地政府因為人口、行政區域與資源的不同，因此辦理方式不盡相同，部分縣市由社會局自行辦理，部分縣市委託民間單位協助辦理，委託的民間單位性質也不一，或為社團法人或為機構、基金會及醫院等。主要的任務為負責受理個案通報並依發展遲緩兒童及其家庭轉介適當的服務資源，包括安排聯合評估服務轉介、療育服務轉介及其他必要資源連結之轉介。最常見的工作項目為受理通報、個案諮詢、資源轉介與宣導服務。

　　在通報轉介階段，主要運用個案管理工作方法來提供必要的協助，各縣市政府為達成提供予發展遲緩兒童及其家庭完整適切的服務，多選擇委託民間單位協助個案管理服務工作，運用訪視、陪同、轉介、親職增能等策略，協助服務需求評估與服務計畫的擬定及資源連結，目前各縣市亦均已有個案管理負責窗口。當通報轉介中心接獲通報後，會進行初步調查以確認需求，如僅需簡單服務，則由通報轉介中心直接執行服務提供。如遇發展遲緩兒童及其家庭陷入多重問題時，便由通報轉介中心派案予個案管理中心進行服務。如接受通報時尚未接受聯合評估，則會轉介評估服務以確認療育服務需要，如受通報時已完成聯合評估，則依評估及需求調查結果擬定個別化家庭服務計畫以為執行。根據兒童局全球資訊網資料顯示，民國97年新增通報服務人數有15,033人，在案接受個案管理服務者有19,590人。

　　據張淑美調查通報轉介中心工作人員工作績效指出，影響社工人員工作績效的主要因素，包括個人處置能力、使用公權力、組織管理等限制，其中以個人處置限制為主（張淑美，2004）。另外，個案管理者常會面臨外在資源問題、家庭問題、個管者能力知識問題與機構間合作等四大類問題（楊玲芳，2000），均指出未來社工專業處遇知能的提升是不容忽視的課題。

(三) 聯合評估

　　衛生署在2002年確立兒童發展評估醫療模式，2007年配合健保轉診，由二十六家兒童發展聯合評估中心與七十五家醫療院所提供聯合評估服務。一般來說，聯合評估可由評估醫院或聯合評估中心來提供服務，但通常先由區域級或地區教學醫院來負責，必要時才轉診至兒童發展聯合評估中心。行政院衛生署於2004年統一聯合評估報告書內容格式並提出操作手冊，2007年重新修訂聯合評估報告書操作手冊。聯合評估中心應配置方案管理人員一名，另規定組成醫師、物理治療師、職能治療師、語言治療師、心理師、社工師等專業人員的評估團隊，視發展遲緩兒童狀況決定評估團隊的成員。唯目前各醫院兒童發展評估流程及團隊運作模式並不完全相同，通常有聯合門診及特別門診方式的差別。聯合門診是由評估團隊採聯合會診的方式進行，需要哪些評估乃視孩子的狀況決定。特別門診的方式則是以小兒心智科、小兒科、小兒神經科或小兒復健科其中任一科為主，每週有固定門診時間，專門提供發展遲緩兒童評估服務，再視需要轉介給其他科別進行診斷與評估（內政部兒童局，2009）。

(四) 療育安置

　　療育服務指的是依聯合評估完成之報告書、兒童及家庭需求評估結果，由通報轉介中心或個案管理中心管理師邀請專家、服務使

用者，家長共同參與療育會議，討論擬定個別化家庭服務計畫，再由個管師依計畫內容提供或轉介適切的療育服務。

目前我國療育安置指的是包括醫療院所復健、教育托育安置、早期療育機構安置、安排療育計畫等服務。目前療育安置的型態多元，包括由醫療院所提供的療育、到宅療育、日間療育、時段療育、定點療育及其他。據兒童局統計，民國97年共有21,232人次接受療育服務，接受專業團隊到宅服務者有1,501人、接受托育機構收托有12,823人，此外，運用專業團隊至收托發展遲緩兒童園所進行托育機構巡迴輔導者共有一千六百一十七所之多。

除服務流程（參見圖4-1）所指主要任務之外，預防工作也是近來愈加重視的工作，根據2002年及2004年針對台灣發展遲緩兒童需求調查顯示，孩子產後問題最為常見，其次是母親生產中的問題，孩子出生後一個月的問題與孩子生產中的問題為重點，研究者建議預防醫學的資源分配應予以重視（郭煌宗，2002；郭煌宗，2004）。另外，兒童局同時也指出預防的重點在於健康促進及特殊保護，加強全民相關知識的宣導，例如婚前健康檢查、優生保健，並在母親生產前、中、後積極宣導與預防可能造成兒童發展遲緩的因素。

綜上所述，我國發展遲緩兒童早期療育服務需要不同服務提供單位之間的攜手合作，才能構築一個完整全面的保護與促進服務，針對目前服務現況中發現的資源有限性、專業知能不足、專業間溝通、財源、人力等等問題均需有明確的政策及因應規劃。發展遲緩兒童早期療育服務實施方案是目前跨行政部門間重要的共識規劃，在未來應加強定期工作的檢視與討論，以因應社會變化進行修正，才能使資源跟得上需要。

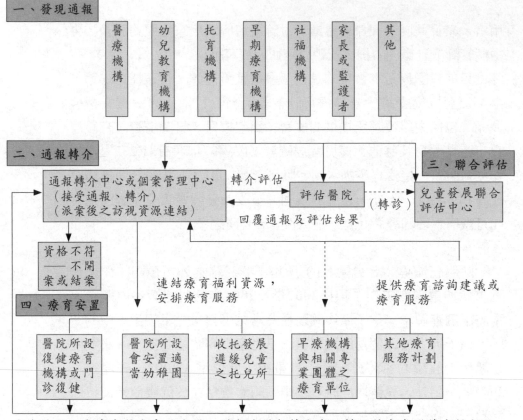

一、發現通報

醫療機構　幼兒教育機構　托育機構　早期療育機構　社福機構　家長或監護者　其他

二、通報轉介

通報轉介中心或個案管理中心
（接受通報、轉介）
（派案後之訪視資源連結）

轉介評估 →　評估醫院　（轉診）→

三、聯合評估

兒童發展聯合評估中心

回覆通報及評估結果

資格不符
──不開案或結案

四、療育安置

連結療育福利資源，
安排療育服務

提供療育諮詢建議或療育服務

醫院所設復健療育機構或門診復健　醫院所設會安置適當幼稚園　收托發展遲緩兒童之托兒所　早療機構與相關專業團體之療育單位　其他療育服務計劃

定期檢視個案療育計畫實施成果，並報告通報轉介中心辦理結案或繼續安排評估

說明：
1. 本流程按發現通報、通報轉介、聯合評估、療育安置之順序進行，其中：
　(1)「發現通報」：包含醫療機構、幼兒教育機構、托育機構、早期療育機構、社福機構、家長或監護人與其他，其他則包含保母、村里長、村里幹事、警政單位等通報來源。
　(2)「通報轉介」：通報轉介中心（含個案管理中心）由社政單位負責，負責受理個案通報及為適當之轉介，包含安排聯合評估之轉介工作及療育服務及資源連結之轉介工作。
　(3)「聯合評估」：評估醫院由區域級或地區教學醫院負責，必要時轉診至兒童發展聯合評估中心，進行團隊評估（含小兒神經科、小兒復健科、小兒心智科、職能治療師、語言治療師、物理治療師、臨床心理師、聽力師、社工師等）提供個案療育計畫建議方向。
　(4)「療育安置」：包含醫療院所復健、教育托育安置、早療機構安置、安排療育計畫等。
2. 本流程服務對象為未進入學齡階段之疑似發展遲緩或發展遲緩、身心障礙兒童，或經鑑輔會緩讀申請通過之學齡兒童。

圖4-1　發展遲緩兒童早期療育服務流程

資料來源：內政部兒童局（民國98年10月）。兒童局全球資訊網，http://www.cbi.gov.tw/
CBI%5F2/internet/main/index.aspx。

第三節　早期療育未來政策的發展
▶▶▶▶▶

　　早期療育在我國從啟蒙發展至今不過短短不到二十年的時間，從零星的醫療與特殊教育研究與臨床試辦服務到全國各縣市建立二十六家兒童發展聯合評估中心及七十五家評估醫院、全國二十五個縣市成立通報轉介窗口，並提供個案管理服務、每年提供2萬多人次療育服務，是所有專業人員、行政團隊、服務使用者倡導組織共同推動的成果。

　　檢討過去，陳嬿如（2003）曾指出台灣早期療育政策產生的初期過程充滿非理性政策制訂模型的特質。家長團體是造就台灣早期療育政策形成制訂的最大關鍵因素，但在實際執行方面證明其過程的匆促。雖然台灣早期療育政策的形成與制訂的途徑十分有效，但執行時仍暴露出當時政策制訂時，政府在缺乏知識背景、社會背景及政策背景等條件下即匆促通過立法的缺失。

　　然而，從歷經五次發展遲緩兒童早期療育實施計畫修正之後，無論行政部門或是服務提供單位對於發展遲緩兒童早期療育服務已逐漸累積出屬於本土的經驗基礎，服務從無到有，並開始討論與關注服務品質的提升、民眾從對發展遲緩毫無認知到有普遍的認知，並會關注孩子的成長發展等。但是，透過各研究者的眼光，仍看到許多需要努力的方向，例如專業工作者早療相關專業知識能力的提升（楊玲芳，2000；張淑美，2004；林怡嘉，2004；蘇映伊，2005；楊伊芳，2008）、宣導的加強、系統間的銜接、通報年齡的再降低、專業團隊人力及經費需要再增加（兒童局，2009）、通報轉介中心統一的業務辦理模式與服務內容、服務資源的充實、簡化行政管理體制，完善法令（施冠婷，2008）、預防醫學的資源配置（郭煌宗，2004）等。

綜合上述，早期療育未來政策的發展應從國內執行的經驗與研究基礎再出發，逐項檢視在法制面的不充足處、改善業務辦理模式及內容的不一致性、掌握需要規劃資源配置、發展偏遠地區創新服務模式、加強預防工作的規劃與推動、鼓勵跨專業之間的培訓與交流、深化專業基礎養成教育的質量、提升服務品質、強化系統之間的轉銜。

 ## 自我評量

1. 我國早期療育服務政策發展的助力為何？其又造成什麼樣的影響？

2. 試說明「兒童及少年福利法」、「身心障礙者權益保障法」及「特殊教育法」對發展遲緩兒童所提供的立法保障？

3. 請簡述發展遲緩兒童早期療育服務實施方案的重要性。

4. 試說明發展遲緩兒童早期療育服務流程的重點。

5. 試論述早期療育服務未來發展應關注的重點。

參考書目

中華民國智障者家長總會（2008）。《家長團體在台灣身心障礙發展史的歷程足跡》。台北：中華民國智障者家長總會。

內政部兒童局（2009）。兒童局全球資訊網，http://www.cbi.gov.tw/CBI%5F2/internet/main/index.aspx.

行政院衛生署（2008）。《聯合評估報告書操作手冊》。

行政院衛生署（2009）。衛生署入口網站，http://www.doh.gov.tw/cht2006/index_populace.aspx.

周文麗、鄭麗珍、林惠芳（2000）。〈台灣早期療育的發展與未來展望〉。《文教新潮》，第5期，頁7-12。北美華人教育研究及策劃協會。

林怡嘉（2004）。《「從無到有，佔個好位置」——我的早療社工師之路在慈濟》。東吳大學社會工作學系碩士論文。

林惠芳（2000）。〈民間療育機構與政府單位的分工與合作——以台灣為例〉。《中外早期療育交流研討會》。台北：中華民國智障者家長總會。

施冠婷（2008）。《從工作人員角度看臺灣早期療育通報轉介中心功能與政策議題》。台北醫學大學醫務管理研究所碩士論文。

莊凰如（1996）。《發展遲緩兒童早期療育轉介中心實驗計畫評估》。國立陽明大學衛生福利研究所碩士論文。

張秀玉（2003）。《早期療育社會工作》。台北：揚智。

張淑美（2004）。《早期療育通報轉介中心社工人員的工作限制與工作績效關係之研究》。東海大學社會工作學系碩士論文。

教育部（2009）。特殊教育小組網站：http://www.edu.tw/special。

郭煌宗（2002）。《台灣發展遲緩兒童需求調查報告》。內政部兒童局委託研究。

郭煌宗（2004）。《台灣發展遲緩兒童需求調查第二年完整報告》。內政部兒童局委託研究。

陳嬿如（2003）。《我國早期療育政策過程研究：以倡議團體之角色分析》。國立中正大學社會福利研究所碩士論文。

萬育維、吳肖琪（1997）。《發展遲緩兒童早期療育之研究——轉介中心鑑定中心合作模式之規劃》。內政部兒童局委託研究。

萬育維（2001）。《早期療育中心角色與定位之研究》。內政部兒童局委託研究。

楊依芳（2008）。《早期療育機構社會工作者角色壓力之研究》。國立台中教育大學早期療育研究所碩士論文。

楊玲芳（2000）。《早期療育服務個案管理者執行工作內涵與困境相關因素之研究》。東海大學社會工作學系碩士論文。

廖靜芝（2002）。〈台灣發展遲緩兒童早期療育服務的專業團隊合作模式的發展與困境〉，《2002兩岸四地社會福利學術研討會》，頁115-132。

蘇映伊（2005）。《早期療育社會工作者工作阻礙與工作成就感相關性之研究》。東海大學社會工作學系碩士論文。

第五章

早期療育社會工作
的內涵與角色功能

———— 林幸君

第一節 啓動社會工作在早期療育服務系統的思維
開端

第二節 早期療育社會工作者的專業實踐歷程

第三節 社會工作者在早期療育服務中的角色功能

第四節 社會工作專業面臨的實務挑戰

學習目標

- ✔ 認識社會工作專業運用於早期療育服務中的知識、技術與價值理念，作爲探討專業實踐的準備基礎。
- ✔ 認識早期療育社會工作者的執行任務與角色功能，學習應用於實務服務的才能展現。
- ✔ 瞭解在早期療育服務體系下，社會工作所面臨的實務挑戰，提供檢視專業角色發揮的省思機會。

本章摘要

　　隨著早期療育專業發展脈絡從個人本位進展到家庭中心的理念思潮引領，加上醫療模式觀點轉換成社會模式的服務取向脈動下，社會工作專業向來奉行的「人在情境中」生態觀點成為了早期療育服務體系中的優勢專業，也突顯出社會工作者在專業團隊中的關鍵角色。

　　本章主要針對社會工作專業在早期療育服務體系的理念發展背景與實務運用原則加以介紹，並從系統觀點分別就個人、家庭、社區與國家層面探討社會工作專業運用在早期療育服務中的考量面向以及所重視的家庭支持、服務管理與權益倡議三大工作重點。此外，從相關法規與實務執掌中歸納出早期療育社會工作者在專業團隊合作的任務特色包括：落實家庭參與主動性、提供社區支持基礎長遠性、掌握服務運作協調性、達成資源連結便利性、重視家庭需求主體性、發揮療育運作優勢性、熟悉政策運作合法性以及強調使用權益主導性。

　　早期療育是一套強調專業整合支持建構以及奠基在家庭、專業與服務體系交互作用所產生的服務成果，因此當早期療育社會工作者在不同體系、不同服務階段中必須盡力發揮起媒合者、協調者、使能者、倡導者與服務管理者的基礎角色功能，此外也必須回應政策規劃、通報轉介、家庭服務、療育機構的執掌分工，扮演起福利資源的資訊與忠告者、業務推動的行政者與規劃參與者、充權家庭的支持者與使能者、跨專業整合的協調者與倡導者、家庭福利的評估者與權益把關者等多元角色。當助人專業善盡職能，在提供綜融性服務的過程中，早期療育社會工作者也面臨了專業層面與系統層面的挑戰，有待更多服務體系、倫理抉擇、家庭參與和專業發展議題的檢視，以落實信賴聯盟關係的經營與延伸。

關 鍵 字

- ◆ 社會工作專業才能（social work competence）
- ◆ 專業團隊合作關係（term work partnership）
- ◆ 以家庭為中心的服務取向（family-centered services）
- ◆ 生態系統觀點（ecological perspective）

　　投入早期療育工作的經驗中，我們常常在面對不同對象的生活情境以及尋求問題解決之道的過程中，面臨了許多的掙扎抉擇，尤其多數和我們一起努力的家庭正處於尋找解答心中疑惑的複雜情緒，以及調整生活步調的混亂過程中，此時如果又面臨了必須和許多陌生的專業人員對話或尋求不同管道的協助時，家庭所面臨的挑戰與辛勞是可想而知的。因此，早期療育是一項強調專業整合的服務，其關注的焦點從兒童個人延伸到家庭成員的關注，而為了因應家庭的多元需求，有效發揮所有專業人員的角色以及資源系統則成為專業人員和家庭展開合作的重要職責。

　　站在社會工作者的立場，「人在情境中」的生態觀點是從事實務工作的重要座右銘，當我們進入服務對象的生命歷程時所觸動的理念與想法，將引導我們自己從專業關係過程來看待自我專業生涯的發展任務。因此相較於其他專業治療人員，社工員的視野更有機會看到家庭與外在社會環境間的互動實況，以巧妙促成支持系統的連結，達到「集結所有人力量，達成服務適切性、可近性與有效性」的目標，使家庭與專業人員都成為服務體系中不可或缺的重要人物（林幸君，2000）。本章首先就社會工作專業在早期療育服務中的理念價值加以介紹，其次再針對實務工作中所執行的服務項目與角色功能說明，並探討早期療育服務中社工專業所面臨的倫理議題、服務處境以及有待討論的議題。

第一節　啓動社會工作在早期療育服務
▶▶▶▶▶　系統的思維開端

> 雖然需要一點時間的等待與學習，但看著孩子因著專業團
> 隊以及家長的努力而成長，這如陽光般亮眼的笑屬是多棒
> 的禮讚啊！
> （摘自「中華民國智障者家長總會十週年紀念宣導海
> 報──早期療育篇」）

　　家庭、專業人員與服務體系是早期療育服務建構重要的基礎，當任何專業踏入服務對象生活世界的那一刻起，彼此便產生了生命交集的交互影響。而究竟社會工作專業在早期療育服務的發展脈絡中累積了哪些服務理念？如何運用在實務工作的思維架構中？以下將分為兩大主題加以介紹，以作為認識社會工作專業在早期療育服務體系的入門參考。

一、社會工作運用在早期療育服務的重要性

(一) 從兒童本位到以家庭為中心服務的理念演進

　　1980年代開始盛行的美國第二代早期療育方案（Second-Generation of Early Intervention）改變了過去只從兒童個人身心發展角度來看待早期介入的成效，逐漸將服務對象焦點擴大為整個家庭，在這種強調重視家庭與外在環境互動的系統觀點思潮影響下，相關早期介入服務不約而同發現：預防多重風險（multi-risk family）及弱勢家庭免於身心健康威脅，必須從初級健康篩檢落實

（primary prevention）、次級通報系統強化（secondary prevention）
與三級家庭支持系統建立（tertiary prevention）著手，聚焦在支持
親子互動品質、提供適切物理性成長環境與照顧兒童健康發展三項
重點工作上建構服務系統（行政院衛生署國家衛生研究院，2008；
Jay B., Jacqueline B., & Edward M., 2007; Landy S., & Menna R., 2006;
Guralnick, 1997）。

　　另外，相關研究與實務方案（例如 "Sure Start Local Programe" ，
SSLP）也指出早期療育成效的影響因素，包括兒童發展、家庭支持
與社會效益層面（傅秀媚、林巾凱，2007；Jay B., Jacqueline B., &
Edward M., 2007; Landy S., & Menna R., 2006; Dunst, 2002; Philip F.,
2001; Simpson R., 1996; Peterson, 1987）。此外，在規劃早期療育政
策制度時，也同時關注兒童與家庭因素，透過給予正向介入，有助
於提升生活福祉，包括了從社會投資報酬觀點（例如三歲以前的一
年療育成效勝過往後十年的成效）、兒童個人發展受惠觀點（例如
增進兒童智能、發展能力、學科成就、自尊與自信心，減少進入特
教安置的機會、降低未來生活照顧依賴性）以及全家受益觀點（例
如減少照顧者情緒失落，協助父母成功扮演角色得以自由安排生
活，降低手足被迫早熟獨立所致解決問題能力不足下的挫折無助，
營造健康的家庭互動關係，使家庭發揮應有功能，整體減輕家庭壓
力）來作為擬訂早期療育服務目標的重要依據。

(二) 從個人醫療模式至生態社會模式的觀點進展

　　隨著國際趨勢強調障礙者的發生乃社會限制所導致而非個人因
素的觀點衝擊下，任福利服務系統中使用者的自我倡議意見表達以
及社會參與權益的保障則提醒了從人與環境的交互作用作為服務建
構的出發（中華殘障聯盟，2007；葉琇珊、陳汝君譯，2004；Simi
L., & Alexandra E., 2001）。當早期療育服務的發展趨勢改變過去
只重視兒童個人損傷治療的醫療模式（medical model），移轉到關

切環境因素的社會模式（social model），與社會工作者所重視的人與環境互動關係以及改變社會環境的倡議職責理念相同（黃劍峰，2008；周月清、許昭瑜，2004；葉琇珊、陳汝君譯，2004）。黃劍峰（2008）針對台灣早期療育社工專業實踐的研究過程中發現：社會工作專業可以從系統、生態觀以及對於家庭的全人關注面來凸顯專業角色的發揮。王篤強等（2004）則從檢視縣市政府早期療育服務制度的落實成效指出：「早期療育社會工作必須同時以微視（兒童、家庭）與鉅視（環境、制度）角度進行專業處遇，此點與其他專業人員所著重的孩子焦點是不一樣的，社會工作者針對兒童及家庭提供全面性、支持性的關心與介入」。張秀玉（2003）在《早期療育社會工作》一書中，則定義早期療育社會工作為：「運用社會工作專業知識協助發展遲緩兒童及家庭，使其可以在資源的協助下，具備完成生活上任務的能力；並藉由社會工作者在政策倡導與服務方案的設計，協助其參與政治與選擇服務的機會，以透過社會行動改善不合理的社會情境，維護其應得的服務與權利；進而增強發展遲緩兒童與其家庭處理日常生活事物的權力與能力。」因此，當早期療育強調了從生態觀點（ecological perspective）引進資源以支持家庭問題的解決時，除了關切個人適應資源系統的需求外，也對於改善不合理的環境條件需要有所著力。相較於其他專業人員在兒童個人發展能力上的具體治療成效而言，社會工作者則更具備了宏觀的視野去發掘出家庭的潛在需求，巧妙連結服務以搭起家庭與資源間的溝通橋樑，使早期療育的介入有更多元的面向與觸角。

二、運用社會工作在早期療育服務的關注焦點

隨著專業發展方向不斷強調家庭議題及資源整合的重要性，以家庭為中心（family-centered）的處遇模式已成為早期療育服務的

重要共識。許多的實證研究也強調必須採取生態系統觀點從家庭日常活動脈絡中找出家庭多元化但又個別性的需求,以作為建構支持系統的目標(Landy S., & Menna R., 2006;中華民國智障者家長總會,2006;周月清,2004;許昭瑜,2002;黃淑文,2000;Philip F., 2001; Guralnick, 1997; Bailey, Blasco, & Simeonsson, 1992;引自鄭期緯,2004)。因此,身為和家庭一起合作的夥伴,社會工作者不再只是提供情緒支持協助照顧者接受難以承受的事實,而是要實際提供協助與資源幫助他們找到在個人、家庭、社區與國家制度下的資源,此外,還要減少冷酷無情官僚制度所帶來的負面影響(Oliver M., & Sapey B., 1999,引自葉琇珊、陳汝君譯,2004)。以下以生態系統觀點介紹社會工作專業服務介入時的考量面向與工作重點。

(一) 個人層面

從發現障礙的那一刻起,一直到面對生活挑戰所關切的一連串事項,多數家庭會將焦點放在找出兒童障礙事實的診斷結果與發生原因(例如身心障礙手冊鑑定、發展評估),另外有關兒童的健康、發展、學習成就或學業表現也成為重要觀察評估的指標(Jay B., Jacqueline B., & Edward M., 2007; Landy S., & Menna R., 2006)。

(二) 家庭層面

家人關心的事項包括:想知道更多福利資訊、學習更佳的照顧方法、擔心孩子的社會適應接納度、順利取得服務,有人手支援、有時間處理家事,有體力維持照顧、期待恢復家庭生活狀況、維持家人關係等攸關每天食衣住行育樂的基本生活需求。此外,照顧品質的敏感度(例如餵食方式、營養攝取)、心理調適歷程或情緒狀態(例如沮喪感、自尊心)、家庭對障礙的想法信念、家庭互動型態、親子互動品質、父母壓力處理經驗與策略、家中環境安排、

家務分工、生活秩序與習慣、家人健康狀態以及社會支持運用經驗等，則為提供家庭服務常關切的檢視項目之一（Jay B., Jacqueline B., & Edward M., 2007; Landy S., & Menna R., 2006；劉瓊瑛譯，2002；Guralnick, 1997; Farran, Metzger, & Sparling, 1986，引自廖華芳譯，2005；Duvall, 1977，引自陳清惠，2003）。

(三) 社區層面

當服務對象開始進行療育服務的選擇時，有關療育資源的型態、交通便利性、服務收費情形、接送人手、鄰里互動關係、資訊取得管道等話題則是與家庭討論的重要事項，另外中華民國智障者家長總會（2006）所進行的心智障礙者家庭支持試辦計畫成果也發現：社區中的自然助人者或家長互助團體的資源運用情形也必須納入作為服務計畫介入的參考。

(四) 國家層面

相關文獻（Bailey & Powell, 2005：引自傅秀媚、林巾凱，2007；Hazel R., Barber P., Roberts S., Behr S., Helmstetter E., & Guess D., 1998）提出：社會系統的考量因素廣義上包括了社會政治因素的脈動（例如失業潮、托兒津貼發放、政黨政治）、歷史文化的改變（例如新移民制度、種族文化）、公共衛生及人口遺傳品質的重視（例如腸病毒大流行、優生保健法），即對於影響現行早期療育政策與制度措施的因素必須有所認識，並重視服務使用者在服務過程中的服務申訴與權益維護議題。

整體來看，早期療育社會工作者與家庭以及資源系統所共同建構的支持系統網絡中，必須考量到兒童需求、社區資源、社會群眾與政策環境之間的交互作用，因此無論是政策規劃部門或第一線服務提供的專業人員都有職責達成服務過程中社會宣導教育、服務連結、服務創新發展與政策改革的合作目標。

第二節　早期療育社會工作者的專業實
▶▶▶▶▶　踐歷程

　　投入早期療育工作的這幾年，我常常有機會陪伴家長展開和專業人員間的對話，也長期周旋於和各專業尋求共識的溝通互動中。雖然並非每一次的期待結果都令人滿意，但是彼此透過交流脈動所累積出的合作經驗，也促成了信賴聯盟基礎的形成。以下分別從社會工作者、專業系統、服務家庭之間的合作特性加以介紹。

一、早期療育社會工作的專業實踐基礎

　　當我們滿懷熱情加入專業團隊的合作時，常常會因為求好心切而急著想提供各自認為最好的建議與看法，而容易忽略了不同專業間啟動合作關係所需要的相互尊重與雙向溝通態度。為了使每一位積極為服務對象努力的專業之間能相互合作以達到事半功倍的效果，以整體性建構出發展遲緩兒童家庭的支持網絡就成為首要的重要任務。以下分別就社會工作者在實務過程中的三大重點工作介紹如后。

(一) 家庭支持服務

　　當社會工作者投入實務場域時，首當其衝須面對使用者的需求評估，實務工作中對於發展遲緩兒童家庭所提供的家庭支持關切面向包括了照顧者、家庭成員以及整體家庭生活三大主軸：

1. 對照顧者而言，需要提供因應照顧過程中生理健康的變化、
對工作的影響、體能的承受力等所需支持。

2. 對家庭成員需要關切家庭內各次系統界線拿捏、家人互動關係的變化、家人心理狀況的變化、家庭溝通模式與溝通方式、情感親密程度、角色定位、做決定自主性、家庭凝聚力、壓力處理習慣、態度與作法彈性調整程度、家庭解決問題的能力等需求的評估。

3. 對整體家庭生活的支持資源則有必要將家庭氣氛、家庭向心力與歸屬感、社交活動的變化、經濟狀況的變化、家庭解決問題、與外界聯繫能力（例如交通使用）、使用資源能力納入考量。

美國全國障礙者家長團體（Association for Retarded Children, ARC）所倡議的條文中也明白指出，家庭支持政策的重要性在於：多數心智障礙者或發展性障礙者需要來自家人、社區及政府的支持，以協助他們能發展出全方位的潛能（ARC, 2002）。因此，對於發展遲緩兒童家庭的支持性服務內容需建立在「家庭參與」與「支持問題解決」的基礎，關注動員社區生活系統中的正式與非正式、內在或外在資源，同時考量到喚起家人在處理因應壓力的影響力或特質（例如家人家庭凝聚力、壓力忍受力、彈性角色、開放溝通方式等）以及習得內外在資源的使用策略（例如使用資源經驗、社會支持系統以及社區參與機會）著手。進一步以系統觀點回應發展遲緩兒童家庭的整體照顧需求時，家庭支持可以廣義地從兩大部分進行考量，一方面在於現有早期療育服務資源的提供如何彈性化、個別性量身設計貼近每個家庭的獨特需求，另外一方面則從大系統的社會支持，瞭解現有生態環境對於所有早期療育家庭的政策規劃，整體性地從家庭服務實務工作策略中回顧以家庭為中心服務計畫的落實，達到建構全面性生活支持網與提升生活品質為最終目標。

(二) 服務管理

當障礙者出生的那一刻起，家人歷經了否認、抗拒、盲目求助、沮喪與接納歷程（林幸君，2000；胡宜庭，2004；Robert P. & Martha P., 1973），特別是發展性障礙的家庭，終其一生家人都面臨了照顧壓力以及對於未來的擔憂，甚至扮演起終身父母角色（周月清，2001；林幸君，1997）。愈來愈多的身心障礙相關科學研究則指出：每個家庭都有屬於他們的生活課題，此外每位家庭成員也有自己的生活課題要面對，當面臨生命週期的轉換時，尋求其他家長的經驗分享及資訊交流，將有助於家庭更彈性因應長期慢性障礙所帶來的影響（中華民國智障者家長總會，2006；羅秀華等，2005；林幸君，2001；Garyl, Katherined, & Michael, 2001）。由此可知，發展遲緩兒童的家庭任務與關注觀點除了遵循家庭各發展階段的任務與挑戰之外，由於家庭成員間的互動關係會相互影響，加上與外在環境的相處經驗也會影響到壓力因應模式與結果，因此早期療育家庭服務計畫若要成功，服務對象應更廣義地納入父母、家人與周遭生活環境重要他人。社會工作者除了同理家庭的生涯發展需求外，也需統整服務系統的輸送成效，以發揮起社會工作者服務管理協調的優勢專才。

(三) 權益倡議服務

使用者參與權益的法令保障以及強調專業與家長所發展出的夥伴關係（partnership）已成為重要的服務取向。相關研究結果（許昭瑜，2002；萬育維、王文娟，2002；Innocenti, 1998; Landy S., & Menna R., 2006; Roberts, Rule, & Simpson R., 1996）也印證了：專業對於家庭實質面（例如語言文化不熟悉、居住環境不利家訪、欠缺教育能力閱讀理解文件內容或取得服務資訊管道等）與態度面（例如過去使用資源負向經驗造成對專業充滿敵意、害怕透露出家庭不

合法打工或被列為兒童保護偵測對象以致於拒絕家訪、擔心社會歧視之健康狀況被揭露、處於面對生活即將失去掌控或尚未做好改變準備之不安全感等）的變化以及服務需求無法有效掌握，都將阻礙服務關係的建立，且在專業主導的服務原則下，容易將服務對象標籤化為「非自願性案主」，無形中也造成第一線工作人員與家庭的無力感和挫折感。

因此，若從如何喚起家庭參與的充權觀點來看，優勢觀點相信每個家庭都有復原力（中華民國智障者家長總會，2006；張秀玉，2005；趙善如，2005；萬育維、王文娟譯，2002；Philip F., 2001; Naomi D., 1996; Singer G., & Powers L., 1996），社會工作者必須找出家庭參與策略（例如資訊交換、倡導訓練、執行居家社區活動或諮詢諮商支持、父母倡導團體、家長志工服務），從動機與能力雙管齊下，以協助發掘出家庭日常生活中原本就存在的自然資源，評估他們需要被激發出的資源，讓家庭有能力為自己處境表達意見，從過去被貶低（disempower）的挫折中逐漸恢復自信和能量，以協助他們有效面對挑戰。

此外，當資源存在不正義或者不足的狀況下，捍衛使用服務權益的服務倡導議題便需要展開行動。實務界常見的倡導策略包括：舉辦記者會或廣納民意的公聽會、主動提案建言反應、進行研究遊說、發動聯盟支持等。

整體來看，運用多元化服務策略以及資源合作模式，同時採用優勢觀點重視家庭在服務過程中的參與角色，以夥伴關係共同展開生涯發展議題的解決，並在調適的歷程中培養出解決問題的能力，進而成為發揮種子志工的角色，從受助充權能量成為助人者，乃為實務工作所訴求的重要目標。

二、早期療育社會工作專業的工作特色

(一) 認識早期療育專業角色的權責基礎

「美國身心障礙者教育法」（Individual with Disabilities Education Act，簡稱IDEA法案）與「德國早期療育介入方案」針對早期療育專業人員的權責定位提供以下範定：

1. 重視家庭需求的瞭解，診斷前先和家庭會談諮詢，以進行合適評量。
2. 依據個別文化、語言及優勢所設計的個別計畫，並執行IEP。
3. 主動連結合適、免費也最少限制的教育環境。
4. 確保父母有意義的角色參與，促成家人參與決策的程序與權利保障。
5. 保障服務使用權益。
6. 協助多專業的服務協調，例如專業間諮詢會議、研討會、工作坊。
7. 重視在職教育的專業成長，例如網路資訊。

另外，「台灣的兒童少年福利法」、「身心障礙者權益保障法」以及「特殊教育法」也載明早期療育從業人員必須辦理下列工作項目：

1. 規劃建立早期療育通報系統（衛生單位建立疑似通報系統）。
2. 提供早期療育服務（早期療育機構、醫院、家庭、幼稚園、托兒所、特殊幼稚園班級或其他）。
3. 各類福利機構、教育及醫療機構發現疑似遲緩者應通報至縣市主管機關。

4. 建立檔案管理。

5. 提供融合就學機會為原則。

6. 執行身心障礙者健康檢查。

由此可知,早期療育專業人員的職責範圍含括了:跨專業系統的規劃、服務串連,乃至於直接服務的提供,以及著手社會宣導教育,以發揮直接與間接服務的多元角色功能。

(二) 找出早期療育社會工作者的關鍵角色定位

傅秀媚、林巾凱(2007)探討「台灣本土化早期療育服務對兒童及家庭影響評估研究」中強調了早期療育服務應該以一套整體性架構發揮治療性、預防性、教育性及支持性功能,因此採取專業整合性服務方式則為重要原則。Blasco P.(2001)指出:以團隊為基礎的模式(team-based model)終極目標是為了創造一個消費者導向、家庭主導、社區為基礎、協調並整合的服務系統。Bailey D., Mcwilliam P., Winton P., & Simeonsson(1992)也提醒早期療育介入方案的兩大基礎任務,其一為專業須盡力提供支持性以回應家庭需求及期待優先性,其二為專業團隊共同決定出以家庭為中心的服務目標(family-centered services)。

而究竟社會工作者如何在家庭與服務體系間成為重要的靈魂人物,綜合整理相關國內實務工作者對於社會工作角色的檢視(黃劍峰,2008;楊依芳,2008;蘇映伊,2005;張秀玉,2003;楊玲芳,2000)不約而同指出:資源操作是早期療育社會工作的優勢專業,與社會工作所強調的人在情境中(person in situation)理念基礎不謀而合,加上社會工作關注焦點不僅是兒童個人,更從家庭照顧者及其他成員需求角度來整體性評估家庭需求,以連結並整合資源體系中專業團隊的溝通協調共識。因此社會工作者在跨專業合作的早期療育服務中將遵循以下原則,發揮角色功能的特色:

1. 建立家庭與服務資源間的夥伴關係，以凝聚合作能量。
2. 提供以生態觀點為基礎的服務，以貼近熟悉社區生活中支持資源的延伸。
3. 敏察社會文化資訊的正確性，以跟進家庭實質需求的變化。
4. 落實家庭參與主動性，以重視家庭服務計畫（individualized family service plan, IFSP）的執行自信。
5. 掌握服務運作的協調性，以進行服務管理的協調與掌握。
6. 達成資源連結便利性，以尋找所需資源的連結與開發。
7. 重視家庭需求主體性，以協助家庭處理兒童療育的進展與改善問題。
8. 發揮療育運作優勢性，以達成溝通、協調及倡導功能。
9. 熟悉政策運作合法性，以掌握醫療、社政與教育系統的權責分工。
10. 強調使用權益主導性，以重視服務決策過程的融入。

　　整體而言，在強調專業分工與合作整合的潮流趨勢引領下，早期療育服務體系的成功必須透過不同專業與資源系統的合作才能給予服務對象全面性、完整性的服務，因此唯有啟動家庭的參與、專業的合作以及資源單位的支持，三者之間雙向互動的回饋，才能成就早期療育介入的成效。

第三節　社會工作者在早期療育服務中的角色功能

▶▶▶▶▶

　　隨著早期療育發展脈絡的預防觀點、生態取向以及專業整合議題蔚為風氣的影響下，具備綜融性觀點的實務工作（generalist social work practice）角色已成為定義專業角色的重要條件，尤其在強調社

政、教育與衛生團隊多元專業的合作陣容中，專業人員要如何巧妙發揮所學知能，並將理念落實在工作場域中以勝任組織所賦予的職責任務，則有待進一步探討。

一、早期療育社會工作的專業才能

社會工作才能（social work competence）是指社會工作者將所學知識運用在實務工作的能力或才幹。Spencer（1993，引自王中正，2007）將能力與工作、職務相連結而提出職能理論（competency），其主要內涵在於從一個人所具備的潛在基本特質，例如動機（motives）、特質（traits）、自我概念（self-concept）、知識（knowledge）與技能（skill）五大元素來作為預測個人工作表現、實際反應與服務績效的依據，洪榮昭（1997）則將職能的內涵擴充為專業能力、管理能力、人際能力、態度、價值觀與心智能力六項工作表現。曾華源等（2002）整理早期療育專業人員的教育訓練需求時，則定位在知識、理解、應用與價值態度整合的基礎上。綜合言之，專業角色的檢視可以從價值、知識與技巧三大層面來建構起專業服務的支柱，以下分別介紹在早期療育領域的職能表現。

(一) 知識

依據內政部兒童局委託中華民國智障者家長總會結合曾華源與林敏慧教授（2002）所進行的「發展遲緩兒童早期療育專業人員職前養成學程暨在職訓練課程規劃研究報告」中指出：身心障礙福利、兒童福利服務、兒童保護、社會福利行政、教育心理學、社會心理學、兒童發展及人際溝通關係為專業團體所關切的優先學理基礎。其次，有關心理學、社會學、社會問題、會談技巧、社會工作概論、社會個案工作、社區工作、個案管理、方案設計與評估、

學校社會工作、輔導原理、諮商理論與技術、婚姻與家庭、家庭動力、親職教育、家族治療、家庭暴力與社會工作實務、醫務社會工作、社會工作實習、志願服務與志工管理、社會調查與研究、發展心理學、認知心理學則為輔助專業知能表現的課程建議。因此，無論從第一線工作者在學校養成的儲備知能以及從業專屬團體的意見中，皆可看出對於兒童與身心障礙福利發展趨勢、家庭服務、心理發展、人際溝通技巧、資源運用管理、方案執行策略，以及基礎社會工作方法為從事早期療育工作之社會工作者的重要知識，突顯出在專精社會工作基礎訓練下，面對跨專業系統的合作議題以及因應新興多元家庭需求的工作原則中，有必要不斷進修且加以儲備更多實務知能。

(二) 價值

　　由於早期療育服務體系中強調了專業合作的重要性，因此身為社會工作專業除了將所學理念應用於實務場域善盡發揮外，也同時面臨了專業關係以及團隊合作過程中雙向互動的回饋修正與價值釐清。中華民國智障者家長總會（2002）整理第一線工作者在焦點團體中所提出的實務工作者應具備個人特質包括了：關懷助人熱誠、對問題或資源互動或服務對象接觸互動的敏感度以及願意分享個人展現與成長，受訪者對於理念價值的養成方式則有不同的看法，部分認為敏感度可以經由訓練產生強化，但也有第一線社工專業認為是個人的天賦能力。

　　再者，筆者回應到早期療育實務工作過程中最常面臨的幾項倫理議題，也發現了幾點社會工作者在個案研討會或方案執行成果報告中所提出的價值兩難抉擇尚待討論的話題，以下舉一個案例分享實務工作過程中對於價值理念的專業檢視觀點。

討論議題 （服務系統的資源連結與服務銜接準備）	一位到宅服務員在提供服務的過程中嘗試與家長討論個案輔具需求及相關服務計畫的調整，但案媽一直不斷在話題中提及家庭經濟因素考量以及其他家人生涯規劃的兩難抉擇，使得討論話題都無法聚焦在個案療育服務上，反而引發出更多待解決的需求，此時如何協助服務提供者在服務計畫上有所跟進？
問題探討方向	1. 到宅服務員可以發揮的角色功能為何？ 2. 兒童最佳權益的決定如何產生？當專業與家長的選擇有所不同時如何取捨？ 3. 兒童個人需求與家庭整體需求的拿捏，除了早療孩子的需求，其他家庭成員的需求如何被兼顧或者不被犧牲掉？ 4. 療育銜接的準備與支持系統如何建立，個別化家庭服務計畫的擬定項目與修改內容有哪些？
解決策略	1. 擬定個別化家庭服務計畫的項目排序：針對急迫面對的問題宜回應至服務計畫中進行調整（例如家庭面臨了哪些需求？照顧、經濟、就業、托育、交通接送、居住、家務分工、課業指導、療育資源），其次再召集家人一起談談對於優先順位的調整共識、家人目前所關心的問題順位彙整表、邀請家人討論自己可以在這個共識下扮演的角色與發揮功能。 2. 進行資源系統的掌握與動員：社工專業對於案家即將有的改變或需求須具備敏感度，就須關切事項拋給案家一起來思考，並進行正式與非正式資源的評估，此外需要考量到服務銜接過程中的準備支持，和家庭一起著手處理相關服務程序與資訊的掌握與收集，包括了案母就業準備資源的提供與連結（例如就業面試時，孩子的臨時托育問題、就業經驗的演練與就業機會的選擇性）等。 3. 討論對於照顧功能的期待：案父母以及到宅專業對於孩子最佳照顧環境以及照顧者的期待與想法需要被提出討論並建立共識，專業人員也需要澄清自我價值的涉入有無干預了案家的選擇機會？ 4. 尋求金錢問題的克服與解套方法：有辦法開源嗎？節流的可行性？未來就業後對於紓困經濟壓力的預估與影響力為何？

自我檢視	1. 何謂兒童最佳利益的原則？家人如何詮釋早療孩子的需求與家庭整體性生涯週期的共依存關係？家人自己看到了這樣的現象嗎？
	2. 個案管理員對於療育資源應能熟悉掌握，另外也需要儲備資源分析能力。
	3. 提供資訊時應抱持客觀、全面性提供與分析觀點，避免預設立場與期待選擇的主觀。
	4. 有無觸動到自我成長照顧經驗以及服務對象家庭的圖像連結？急著想幫孩子完成未完成的夢想？

　　上述實務工作的案例討論內容中可以提醒早期療育社會工作者，在信賴聯盟建立與經營的過程中需要具備更多同理家庭生活特質的用心與關心，所謂助人專業的檢視就從自我角色認知與專業使命堅持的基礎上展開專業生涯的成長。

(三) 技巧

　　根據檢視台灣早期療育社會工作專業所面臨的工作困境（張秀玉，2009；楊依芳，2008；黃劍峰，2007；蘇映伊，2005；張淑美，2004；曾華源等，2002；楊玲芳，2000）則主要聚焦在個人能力（例如記錄撰寫、服務資源認識與溝通協調、與家庭工作動力評估）、組織（例如授權支持度、督導系統、執掌分工）以及外部資源系統（例如專業團隊、資源運用）三大層面。中華民國智障者家長總會接受兒童局委託，針對台灣早期療育專業人員的教育訓練課程規劃結果，整理出第一線社工專業所認為的基本能力，包括：協調能力、省察個人內在障礙能力、察覺自己需要被協助能力、因應壓力能力、洞悉資源掌握媒合之資源運用能力、增權能力、諮商與輔導能力、認識兒童發展能力、與家庭一起工作能力、熟悉特定服務族群需求能力、社會教育宣導能力、人際溝通能力。

　　此外，也依據實務工作所需，設計出十五項基礎知能課程（例

如認識發展遲緩兒童的定義與診斷、早期療育相關法規與政策介紹、認識早期療育服務模式、溝通技巧、專業團隊合作模式與角色功能、家庭生態評估、資源網絡的開發與運用技巧、早期療育個案管理、服務成效評估、記錄撰寫技巧等）以及十四項進階課程（例如如何與拒絕接受服務的家庭工作、新興議題家庭問題處遇專題、早期療育工作者的自我認識與壓力調適、權能激發觀點的運用與實務操作、早期療育督導、權益倡導的落實等）作為提升社工專業職能表現的具體建議。

　　整體而言，社會工作者在兒童與家庭、專業與資源以及組織間所交織互動的結果將影響到專業角色的功能發揮，因此身為專業整合系統的成員之一，唯有綜融運用所學理論知識基礎，加上累積實務工作能力，並時時進行自我理念的檢視，才能傳遞出專業本質的精神，進而形塑出專業自信的表現。

二、早期療育社會工作者的角色定位

　　林惠芳（2006）從臨床實務過程中指出：社會工作專業在早期療育的參與當中，具備多重角色，無論對於發展遲緩兒童及其家庭，甚至是提供發展遲緩兒童及家庭服務的團隊成員，社會工作者扮演著資訊的提供者、資源的轉介者、評鑑的參與者、療育服務的提供者、情緒的支持者、專業團隊的支持者及服務個案管理者的角色。因此，社會工作者在早期療育的參與角色呈現多元面貌，以下針對早期療育服務體系中，社會工作者共通的任務功能予以介紹。

(一) 媒合者

　　由於發展遲緩兒童家庭的個別化與多樣化特質，因此進行資源連結的前提必須先對法定服務項目的法源基礎與條文有清楚的認

識，且瞭解相關單位（例如衛生局、社會局、教育局等）的業務範圍，以作為提供整合性服務計畫的重要依據。實務界常見的工作內容包括了整合性需求評估（台北市政府社會局，2003），特別是個案管理工作者將以需求與資源評估表勾選出家庭在特殊教育、療育復健、就業服務、機構服務、福利使用、家庭支持、權益維護、居住選擇等生活層面的需求，並配搭逐一檢視現行使用資源情形（例如暫時滿足、名額不足等候服務空缺中、家人無交通或經濟資源可取得服務、家人抗拒服務使用等）。另外再依據所擬定的服務計畫方向或內容以服務諮詢、陪同進行資源參訪、查詢資源手冊或資源檔案、分析區域資源議題進行可近性、可行性與整合性服務資源的連結。資源媒合的角色不僅僅在於服務供需的滿足，最重要的任務乃在於必須同時教導家庭在使用資源的能力，培養未來獨立尋求資源協助的機會。

(二) 協調者

陳雅玲（2003）認為，在早期療育專業團隊中，社會工作者扮演著「串連」的角色，串連起家庭與專業人員、家庭與相關資源，甚至串連起家庭成員間與重要他人的關係。然而，當資源面臨存在條件與案家需求有所落差，或無法回應案家的獨特性需求時，則社工員將進一步進行服務資源的協調（中華民國發展遲緩兒童早期療育協會，2006；中華民國智障者家長總會，2001）。常見的實務操作策略除了找到組織內的重要決策人力（例如主管、督導、理監事會）澄清服務迫切需求外，也可以透過辦理個案研討會或資源聯繫會報，以共同討論資源彈性調整或者問題解決方向的可能性，另外服務協商過程中動用其他重要他人（例如村里幹事、政府部門、專業人員、家長志工）的居間遊說有時候也有助於協商結果的達成。

(三) 使能者

　　由於社會工作強調「給他魚，不如教他釣魚」的服務精神，加上和多重問題的案主工作通常服務進展很緩慢，案主最終還是必須學習自立（王玠、李開敏與陳雪貞譯，1998）。因此服務過程中如何逐步營造家庭參與服務的機會，並陪伴在旁鼓勵著手嘗試，再一起共同討論是十分重要的原則，此外，服務過程中必須不斷帶領案家看到服務過程中的投入成效與自我進步，也可以適度鼓勵家長投入家庭互助志願服務行列，進而建立起自信心與使命感，尤其在服務即將結案或者經歷轉銜階段時，更需要提供家庭預見未來的圖像，引導其有能量繼續銜接到下一個生涯階段的因應。

(四) 倡導者

　　身心障礙服務領域除了強調個人角色的充權外，也需要借重其他家人或者專業人員協助維護既有生活權益，因此讓家庭有機會瞭解現行政策法令依據以及服務措施，並參與服務內容的檢視，將有助於更完整地規劃身心障礙者的全方位服務。而社工員所扮演的倡議角色除了資源的開發與倡議外，更需要以案主最佳利益作為倡議準則，避免成為政策措施下的社會控制者或守門人（Oliver M., 1991）。此外，倡議範圍也包括了服務宣導的倡議，適時對抗社會大眾、媒體報導或政策措施的不公平與不正義。

(五) 服務管理者

　　由於多數民間非營利組織的執行經費必須透過方案申請方式或者宣導募款策略以獲得專業服務的支持，因此平時工作中累積服務成果的整理與分析，一方面作為推展服務的重要依據，另一方面亦可延續性發展出創新服務，除了能具體回應社會責信與服務評鑑外，也幫助自己有效管理時間與提升專業效能（周月清，2006；張秀玉，2003）。

　　整體來看，實務工作必須從個人與社會的關連性開始關心，也就是運用十八般武藝努力回應服務對象的實質需求，也集結起其他專業體系的資源與人力，共同建立案家生活的支持網絡。因此，在社工人力編制小型化的機構與團體中，社工員除了要培養出獨力完成方案的準備外，更需要適時與其他專業展開合作關係，有時候甚至得將合作對象擴展至跨單位間的資源往來以及結構層面的倡議，以建構出資源網絡與擴展資源連結機制，才能全面性與家庭在信賴聯盟基礎下共同解決現行生活困境並爭取應有的服務權益。

三、早期療育社會工作者的實務面貌

　　目前社會工作專業參與在早期療育服務當中的角色，包括：中央政府及縣市政府發展遲緩兒童行政業務承辦人員、縣市政府發展遲緩兒童通報轉介中心社工、縣市政府發展遲緩兒童早期療育個案管理服務社工、聯合評估中心個案管理員、聯合評估中心評估團隊成員、身心障礙福利機構兼辦早期療育服務／早期療育機構社工員、醫療院所早期療育服務社工、發展遲緩兒童早期療育倡導組織社工人員等不同的職務，每個職務被賦予的角色任務與負荷量也不相同。因此，社會工作者在早期服務體系中必須面對不同服務對象以及考量處於不同服務階段中的角色發揮，以下分別針對現行政府單位社工員、通報轉介中心社工員、療育機構社工員以及社區服務社工員在實務工作中所執行的角色任務加以介紹：

(一) 早期療育業務規劃管理者角色介紹

　　以「發展遲緩兒童早期療育服務實施方案」與「早期療育通報轉介相關業務功能暨執行成效評估指標」為例，社工員執行的工作項目主要包括了：

1. 訂定實施方案，並逐年擬定實施計畫。
2. 依據服務需求人口編列經費。
3. 進行跨社政、教育與衛生單位的通報轉介業務橫向聯繫，協調衛政單位提供發展篩檢工具，以辦理通報轉介服務。
4. 依據章程召開早療委員會，並擔任早期療育委員會執行幕僚。
5. 建置通報轉介系統與相關工具（例如資源手冊、工作手冊）。
6. 訂定療育機構設置管理標準，並定期進行早期療育業務督導管理。
7. 規劃辦理專業人員教育訓練，以提升專業知能。

(二) 通報轉介中心社工員角色介紹

依據「發展遲緩兒童早期療育服務實施方案」、「早期療育專業人員職前養成學程暨在職訓練課程規劃案」與「早期療育通報轉介中心計畫書」辦理如下：

1. 宣導與推展發展量表的使用。
2. 建置個案管理資料庫，並能與衛政、教育相關通報系統有所連結，掌握通報管道與資料的完整性，並進行服務現況管理分析。
3. 設立通報轉介窗口，並建置通報轉介服務流程與措施，輔導相關單位完成通報轉介建檔事宜。
4. 建構個案轉銜與轉介追蹤機制，並協助服務轉介與追蹤。
5. 推行社區預防保健與親職教育工作。
6. 建構資源網絡溝通機制，負責資源聯繫與整合，並促成專業團隊的溝通（張淑美，2004；楊玲芳，2000；林幸君，2000）。

7. 運用行政協調技巧，協助案家能夠更迅速獲得所需資源（張秀玉，2003）。

8. 提供情緒支持，增強家長解決問題信心，減少家長因擔心所表達出的退卻或抗拒反應。

(三) 家庭服務社工員角色介紹

依據相關研究分析如下（林惠芳，2006；張秀玉，2001；萬育維，2001；林幸君，2000）：

1. 使家庭有效運用各項資源與服務，進而養成解決問題的能力。

2. 扮演資訊提供者、諮詢者或忠告者。

3. 成為家庭情緒的支持者，並提供必要治療。

4. 促成服務的使用機會，和家庭一起倡議爭取。

5. 進行服務資源的管理與運用，協調不同專業或不同單位間的資源共享。

6. 以家庭為服務主體，瞭解案家的內外在資源使用現況，從中找出家庭優勢，以掌握家庭生態的完整評估。

7. 協助家庭願意進入並接受服務，進而促使家庭積極參與早期療育服務。

8. 在信賴基礎下建立合作關係，共同擬定服務計畫。

9. 擴充家庭選擇服務的經驗與機會，提升自信。

(四) 機構整合性服務社工員角色介紹

以早期療育機構服務評鑑指標與實施方案為例：

1. 提供家庭支持服務，進行資源連結與轉介服務。

2. 安排親職教育提升家人參與機會及能力。

3. 建立家庭與專業間溝通協調對話機會，促成彼此共識建立與相互尊重態度的信任，當遇有觀點衝突出現時，也必須適時居間調解（黃劍峰，2007；張秀玉，2003）。

4. 主動開拓機構與社區資源的結合。

5. 進行個案家庭需求定期檢視並追蹤服務使用情形。

6. 協助其他專業擬定服務計畫過程更適切可行，並促成整合性服務意見的提供。

7. 支持專業團隊成員度過情緒與工作上的挫折（張秀玉，2009）。

　　整體來看，社工員在早期療育服務體系的角色功能主要運用在五大方面的專業實踐過程中，首先為早期療育相關福利資源的諮詢者與忠告者，其次為相關早期療育業務的行政者與規劃參與者，再者為充權家庭共同參與服務過程的方向提供者、支持者與使能者，第四方面為早期療育跨專業整合團隊與相關療育資源的協調者，最後為整合者與倡導者、發展遲緩兒童家庭福利服務的評估者與權益把關者。

　　經過本節對於社會工作者在家庭、專業、資源與組織間的角色探討，則可以彙整分析出：台灣早期療育社會工作者的角色（中華民國智障者家長總會，2002；張秀玉，2003；蘇映伊，2005；周月清，2006；楊依芳，2008）除了落實法定權責的執行外，在實務場域中也需要考量到服務對象的多元需求，巧妙發揮實務專業才能。所勝任的法定角色特點主要包括了：資源管理、服務追蹤、服務媒合、團隊協調、諮詢教育、促進家長參與、家庭支持、服務規劃。實務角色則必須兼顧到服務協調、自我察覺、資源連結、增權使能、諮商輔導、資訊提供、服務轉介、社會倡導、服務管理與專業評估十大功能的發揮。

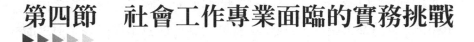

第四節　社會工作專業面臨的實務挑戰
▶▶▶▶▶

一、專業挑戰的檢視

　　隨著各縣市早期療育體系的建構成熟，加上專業資源的投入累積，而家庭自我倡議權益的觀念也已逐漸成形，社會工作者在早期療育領域中儘管擁有多元角色的特性，然而面臨時代變遷以及服務對象複雜的局勢中，處於家庭、專業與資源體下的社會系統中面臨了更多理念落實與專業實踐的衝擊。

　　張秀玉（2009）從微視（microsystem）、中介（mesosystem）、鉅視（exosystem）與時間系統（chronsystem）來分析社會工作者在早期療育專業團隊的角色時發現：社會工作者由於專業知能與自我認同自信不足，加上與團隊溝通經驗缺乏，另外面臨了專業價值理念的衝突，以致於在服務體系中容易被視為次要專業。黃劍峰（2008）探討社會工作專業實踐的研究結論也指出：資源操作能力以及政策執行支持是第一線服務單位普遍面臨的檢討議題，楊玲芳（2000）針對個案管理執行內涵與困境的研究也不約而同針對系統層面的社會環境、組織互動、跨專業互動，及執行層面的財務與服務操作進行檢視，並發現因為政府補助有限，經費財源不足，使得人力負擔過重成為普遍存在的現象、專業人力出現斷層、社會工作者兼任負擔非早療業務，均影響了社會工作專業人員的角色壓力（楊玲芳，2000；楊依芳，2008）；另資源充足度不佳也是影響社會工作專業績效與成就感受的主要因素之一（張淑美，2004；蘇映伊，2005；楊依芳，2008）。整體來看，國內對於社會工作人力投入早期療育服務的研究除了探討社工人力在早期療育服務的參與狀

況、工作績效與工作困境外，也提及了財源減縮、行政支持或城鄉差距所導致的人力供需不足限制，即寫實地回應了社會工作者向來重視的「人在情境中」的觀點，將早期療育社會工作的專業發展歷程與社會環境和服務脈動的生態系統緊密相連。

二、未來展望的省思

從事早期療育服務的社會工作者總是在充實的行程中展開信賴聯盟的經營，每天面對著服務系統下專業權責角色與團隊合作關係的拿捏、提升家長參與角色與組織管理規則的衡量、資源連結與服務銜接的準備、案主權益與福利體系的抉擇等多重議題的省思與激盪。所謂助人專業的實踐就在理念、行動與知能的兼具下，才能責無旁貸地和家庭與專業系統堅持更多使命與職責。

整體而言，社會工作者在早期療育的關鍵角色與優勢專業就在於建構起家庭支持服務的提供，以動員起家庭內部成員的共同參與以及集結社區內充權能量，以達到增進家庭因應壓力與生活轉銜的解決問題能力，提昇家庭互動關係，增進生活品質與個人幸福感的目標。而隨著多元家庭型態的需求特質以及早期療育跨系統的專業整合趨勢，因此對於早期療育專業人員而言將面臨工作內容有所重疊或者必須展開合作的機會，除了和家人展開信賴聯盟關係外，專業彼此的互動討論以及建立起對於家庭服務的共識則有其必要性。如此一來，回應到生活圈的系統概念中，家庭的需求才有機會更完整性被瞭解，並從社區生活中協助建立起貼近使用經驗熟悉的、具有可近性的、可行的支持系統，讓家庭的脈絡變化盡可能透過服務系統的銜接而有所滿足，也讓資源系統的能量擁有更多延伸與發展的空間。

　　社工專業是一門助人的工作，當家庭與專業彼此展開合作開始，人在情境中的多元與複雜性就顯得豐富且具有個別性了，無論服務對象與正式資源接觸的時間與經歷，所有的專業服務對於家庭而言都是嶄新的開端，我們必須讓家庭清楚知道任何專業的角色職責，找出和家庭的共通性，因此一切必須奠基在信賴聯盟的關心基礎之上，就從支持家庭的理念著手，我們需要運用價值理念、理論知識與實務技能，鼓舞家庭想解決問題的意願，提升專業合作的結果與成效，如此一來，相信在政府責任、民間資源、專業能力與家長熱情的資源集結努力下，將創造出更多的能量，也將引領專業發展出更多自信與堅持。

 ## 自我評量

1. 社會工作專業在早期療育的發展背景中具備了哪些重要的優勢特性？

2. 請從社會工作專業角色的角度寫下你閱讀完本章後所認同的早期療育社會工作職能（例如專業知識、理念與技能）。

3. 早期療育社會工作者必須具備哪些基礎角色功能的履行？又有哪些不同實務角色的特質？

4. 請寫下五項你對於早期療育社會工作者印象最深刻的工作任務或服務內容。

參考書目

一、中文部分

王玠、李開敏、陳雪貞譯（1998）。《個案管理》。台北：心理。

王篤強、張秀玉（2004）。《台中縣發展遲緩兒童早期療育之通報轉介與個案管理服務規劃研究》。台中縣政府社會局委託研究。

中華民國殘障聯盟（民89）。《邁向廿一世紀身心障礙福利政策發展藍圖》。台北：殘盟。

中華民國智障者家長總會（2006）。《心智障礙者家庭支持試辦計畫執行總成果報告》。內政部委託辦理。

江佩玲、潘英美譯（2001）。《社會工作實務：系統取向》。台北：五南。

台灣社會工作專業人員協會與中華民國殘障聯盟（2006）。《九十五年度身心障礙福利社會工作人員分科分級訓練課程規劃結案報告》。內政部委託研究。

周月清，呂寶靜主編（2006）。〈身心障礙福利服務〉，《社會工作與台灣社會》。台北：巨流。

周月清（2004）。《障礙福利與社會工作》。台北：五南。

周月清（2005）。《家庭社會工作——理論與方法》。台北：五南。

林惠芳（2006）。〈介入早期療育服務中社會工作者的角色與功能〉，《向光飛去：遲緩兒早期介入面面觀》，頁29-34。花蓮：中華民國早期療育專業人員協會出版。

林幸君（1997）。《台北市臨時托育服務對心智障礙者之主要照顧者影響之研究》。東吳大學社會工作學系碩士論文。

林幸君（2000）。〈發展遲緩兒童個案管理服務模式的介紹與分享——談社工介入內容與角色功能〉，《全國發展遲緩兒童早期療育相關服務論壇研討大會手冊》，頁15-30。花蓮：中華民國發展遲緩兒童專業人員協會。

林幸君（2001）。〈心智障礙者家庭支持性服務的介紹〉，《推波引水》，第三十期，頁3-8。台北：中華民國智障者家長總會。

林幸君（2002）。〈從個案管理的角度來看個別化家庭服務計畫〉,《發展遲緩兒童國際研討會口頭發表》,頁83-86。台北:台北市青少年育樂中心六樓國際會議廳。

胡宜庭（2004）。〈發展遲緩兒童父母心理調適與家庭支持系統之建立〉,《發展遲緩兒童早期療育相關專業人員基礎課程培訓》。行政院衛生署委託中華民國發展遲緩兒童早期療育協會辦理。

許昭瑜（2002）。《「發展遲緩兒童家庭介入方案」之執行暨評估研究──以台北市早期療育個案管理服務為例》。東吳大學社會工作學系碩士論文。

羅秀華、林惠芳、林幸君、陳弘中（2005）。〈心智障礙者家長互助小組運作的充權效應〉,《華人社會社區工作的知識與實務》,頁335-362。台北:松慧。

黃劍峰（2007）。《家扶基金會推動早期療育服務之社會工作專業實踐》,輔仁大學社會工作學系碩士論文。

黃淑文（2000）。《早期療育服務介入後對心智障礙兒童家庭的影響》,中國文化大學兒童福利研究所碩士論文。

張秀玉（2005）。〈正向角度的思維:發展遲緩兒童家庭優勢評量之概念與面向〉,《社區發展季刊》,第114期,頁173-190。台北:內政部社區發展雜誌社。

張秀玉（2003）。《早期療育社會工作》。台北:揚智。

張秀玉（2009）。〈社會工作者在早期療育專業團隊中之角色探討〉,《社區發展季刊》,第125期,頁343-352。台北:內政部社區發展雜誌社。

張淑美（2004）。《早期療育通報轉介中心社工人員的工作限制與工作績效關係之研究》。東海大學社會工作學系研究所碩士論文。

陳清惠（2003）。《家有安琪兒──發展遲緩兒童父母親心理歷程之研究》。南華大學生死學研究所碩士論文。

陳嬿如（2003）。《我國早期療育政策過程研究:以倡議團體之角色分析》。中正大學社會福利學系碩士論文。

陳雅玲,林美專、楊玲芳、吳銓娣、林巾凱、孫世、傅秀媚、關佩偉、陳雅玲、劉繼邦合著（2003）。〈專業團隊中穿針引線的社工〉,《早期療育專業團隊個別家庭諮商服務手冊》,頁66。高雄:伊甸基金會。

曾華源、林敏慧、中華民國智障者家長總會（2002）。《發展遲緩兒童早期療育專業人員職前養成課程暨在職訓練課程規劃研究報告》。台中:內政部兒童局委託研究。

楊依芳（2008）。《早期療育機構社會工作者角色壓力之研究》。國立台中教育大學早期療育研究所碩士論文。

楊玲芳（2000）。《早期療育服務個案管理者執行工作內涵與困境相關因素之研究》。東海大學社會工作學系碩士論文。

國家衛生研究院（2008）。《2020健康國民白皮書》。行政院衛生署委託研究。

葉琇珊、陳汝君譯（2004）。《失能、障礙、殘障：身心障礙者社會工作的省思》。台北：心理。

傅秀媚、林巾凱（2007）。《本土化早期療育對兒童及主要照顧者影響評估之研究》。內政部兒童局委託研究案。台中：國立台中教育大學早期療育研究所。

傅秀媚、王于欣、郭素菁（2006）。〈高度組織性支持之早期療育──美國與德國模式介紹〉，《兒童及少年福利期刊》，第10期，頁193-206。台中：內政部兒童局。

趙善如（2005）。〈從復原力觀點解析單親家庭的福利服務──以高雄市為例〉，《社區發展季刊》，第114期，頁147-158。台北：內政部社區發展雜誌社。

鄭期緯（2004）。《發展遲緩孩童家庭功能問卷之建構研究》。高雄醫學大學行為科學研究所碩士論文。

蘇映伊（2005）。《早期療育社會工作者工作阻礙與工作成就感相關性之研究》。東海大學社會工作學系碩士論文。

廖華芳譯（2005）。《嬰幼兒及其家庭早期介入》。台北：華騰。

劉瓊瑛譯（2002）。《弱勢家庭的處遇──系統取向家庭中心工作方法的運用》。台北：心理。

萬育維、王文娟譯（2002）。《身心障礙家庭──建構專業與家庭的信賴聯盟》。台北：洪葉。

二、外文部分

Bailey D., Mcwilliam P., Winton P., & Simeonsson (1992), *Implementing Family-Centered Services in Early Intervention: A Team-Based Model for Change.* MA: Brookline Books.

Blasco P. M. (2001), *Early Intervention Services for Infants, Toddlers and Their Families.* Texas: PRO-ED, Inc.

Garyl A., Katherined S., & Michael B. (2001), *Handbook of Disability Studies.* CA: Sage Publication.

Germain & Gittmain (1980), *The Life Model of Social Work Practice.* New York: Columbia University Press.

Guralnick M. (1997), *The Effectiveness of Early Intervention*. Maryland: Paul H. Brookes Publishing.

Hazel R., Barber P., Roberts S., Behr S., Helmstetter E., & Guess D. (1998), *A Community Approach to an Integrated Service System for Children with Special Needs*. Maryland: The University of Kansas.

Jay B., Jacqeline B., & Edward M. (2007), *The National Evalution of Sure Start: Does Area-bases Early Intervention Work?* University of Bristol. The Policy Press.

Landy S., & Menna R. (2006), *Early Intervention with Multi-risk Famalies: An Integrative Approach*. Maryland: Paul H. Brookes Publishing.

Naomi D. (1996), *Working with Families of Children with Special Needs, Partnership and Practice*. London: Routledge.

O' Brien & Daggett J. (2006), *Beyond the Autism Diagnosis-A professionals Guide to Helping Families*. Maryland: Paul H. Brookes Publishing.

Oliver M. (1991), *Social Work Disabled People and Disabling Enviroments*. University of Aberdeen, Resarch Highlights Advisory Group, Department of Social Work.

Philip F. (2001), "Mapping the family: Disability Studies and the Exploration of Parental Response to Disability." In Albrecht G., Seelman K., & Bury M. (2001), *Handbook of Disability Studies*. pp. 373-395. CA: Sage Publications, Inc.

Perske R., & Perske M. (1973), *Hope for the Families: New Direction for Parents of Persons With Retardation or Other Disablities*. Nashville: Abingdon Press.

Simpson R. (1996), *Working with Parents and Families of Exceptional Children and Youth. Techniques for Successful Conferencing and Collaboration*. Texas: Pro-Ed.

Simi L., & Alexandra E. (2001), "Support Systems: The Interface between Individuals and Environments." In *Handbook of Disability Studies*, pp. 373-395. CA: Sage Publications, Inc.

第 二 篇

發展遲緩兒童與家庭

第六章

發展障礙問題對家庭的衝擊

————— 張如杏

第一節　定義、模式與兒童障礙的變化

第二節　家庭與障礙的相互關係

第三節　障礙對家庭的影響因素及相關研究

學習目標

- ✔ 認識障礙模式，學習從障礙模式理解家庭。
- ✔ 認識家庭及家庭對障礙的反應。
- ✔ 瞭解影響家庭對障礙反應的因素。
- ✔ 瞭解對障礙家庭需求的相關研究。

本章摘要

　　本章將先介紹障礙、發展障礙的定義、觀點，障礙模式的變化，以及台灣身心障礙兒童的類別變化。接著瞭解家庭的特質、發展遲緩兒童對於家庭造成的衝擊，家庭及兒童特質與障礙的關係，障礙對兒童的主要照顧者（通常是母親）影響最大，家庭在面對障礙兒童時可能出現的反應，同時瞭解國內外關於發展遲緩及障礙家庭的反應與需求，家庭的特質非常多元，專業工作需要瞭解家庭需求，提供其所需要的協助。

　　本文從國內外研究整理發展遲緩兒童的家庭需求，以提供早療實務工作者服務時的參考。

關 鍵 字

> ◆ 身心障礙模式（disability model）
> ◆ 家庭衝擊（family impact）
> ◆ 家庭需求（family needs）

　　家庭是最小的社會單位，提供兒童最初的保護與照顧，每個家庭對於迎接新生兒的準備或許不同，但是沒有一個家庭是準備好面對障礙兒童的來臨，家庭與兒童發展互相影響。台灣社會演變，家庭人口數減少、出生率下降、婦女生育年齡提高（內政部統計，2008），家庭的支持因為人口減少而弱化，當家庭出現障礙兒童時，對家庭造成不同的衝擊和影響。

　　發展遲緩兒童的早期療育服務強調以家庭為中心（family-centered）的服務，對兒童與家庭提供個別化服務，本文希望協助早

療社工瞭解家庭的各種面貌、障礙兒童對家庭造成的影響、早療家庭的需求，家庭對障礙兒童的反應，協助實務工作者瞭解家庭的優勢（strength）與韌力（resilience）。

第一節　定義、模式與兒童障礙的變化
▶▶▶▶▶

一、發展遲緩、發展障礙、身心障礙定義與模式的演變

身心障礙的存在與身心缺陷密不可分，在討論發展遲緩早期療育時必須先釐清名詞的差異，瞭解家庭對於發展遲緩的看法，「發展遲緩」（developmental delay）、「發展障礙」（developmental disabilities）與「身心障礙」（disability），其內容並不完全相同，家長對於這些名詞的感受並不同。依照我國「兒童及青少年福利法施行細則」（內政部，2004）規定：「發展遲緩兒童，指在認知發展、生理發展、語言及溝通發展、心理社會發展或生活自理技能等方面，有疑似異常或可預期有發展異常情形，並經衛生主管機關認可之醫院評估確認，發給證明之兒童。」我國發展遲緩兒童是以發展異常和遲緩，不需確定診斷，如果要接受早期療育服務，需經過醫生評估確認取得證明。

Pellegrino（2008）從發展里程碑（developmental milestones）的概念指出，發展是比率現象（development as a rate phenomenon），兒童發展有功能性目標，例如動作、溝通、日常生活處理等，發展遲緩是指兒童發展表現出現落差、比大部分兒童落後的程度，例如大部分兒童在十二個月可以走，若兒童在十八個月才會走，則表示兒童粗動作落後六個月。發展遲緩的評估需要不同時間點進行，且要

以數次評估結果建構兒童的發展曲線，以瞭解兒童發展遲緩現象是否持續。發展遲緩是指兒童的技巧發展時間比預期的時間晚、比里程碑晚，或是與發展趨勢不同。

Odom（2007）等人及DeWeaver（1995）認為「發展障礙」是發生在二十二歲之前，由於生心理的缺陷導致嚴重、終生的障礙，因為障礙以致其重要生活和活動，包括：獨立生活、經濟自立、學習、移動、接收與表達語言、自我照顧、自我決策等，至少有三項受到限制。發展障礙在認知、生理、語言說話、自我照顧、社會心理的發展落後並有醫療診斷者，包括智能不足、腦性麻痺、癲癇、自閉症，或其他特殊的症狀，其可能引起智能障礙或（及）其他行為表現，例如唐氏症、Prader-Willi's syndrome、威廉氏症（William's syndrome）、雷特氏症（Rett's syndrome）。發展障礙強調其缺陷是嚴重、影響終生生活，障礙是不可逆的。

至於身心障礙的意義，Oliver與Sapey（2004）認為「障礙（disability）是因任何能力的限制或缺乏能力，以致無法完成一般人行為或活動的狀況。」Asch與Mudrick（1995）認為障礙的定義通常是指個人因生心理缺陷或慢性生心理健康的狀態。我國身心障礙權益保障法規定：「本法所稱身心障礙者，指下列各款身體系統構造或功能，有損傷或不全導致顯著偏離或喪失，影響其活動與參與社會生活……」這三者都是有生心理的損傷或缺陷。身心障礙也包括發展障礙，與其他因為意外造成的身心缺陷，範圍較廣。

過去認為障礙是來自個人生心理缺陷，通常是因為遺傳或疾病造成，透過醫療復健專業的協助，改變障礙問題，障礙的模式包括：從「醫療模式」（medical model）轉變為「社會模式」（social model），Burke（2008）、Dale（1996a）、Oliver與Sapey（2004）、Patchner（2005）認為過去社會偏向以醫療模式解釋障礙，認為障礙是個人缺陷、遺傳造成，透過專業人員提供醫療的診斷與照顧，並提出醫療專業的治療或介入，以改變個人的障礙，個人應該配合

醫療專業努力克服障礙，「殘而不廢」才能改變人生。醫療模式認為障礙者與家屬是無助無知的，需要專業人員協助、指導，專家可以為障礙者與家庭做最好的選擇，障礙者和家長應該配合專家的建議去執行。醫療模式是由醫療轉業主導障礙的診斷和治療，障礙者和家庭必須配合專業，才能改善生活。

不論何種障礙，個人日常活動（教育、就業與人際互動）都會受到限制，導致障礙者無法與非障礙者一起進行活動，漸漸的被隔離（exclusion）、邊緣化（marginal）、忽略，無法享受和非障礙者相同的生活。隨著對障礙者人權的重視，歐美社會推動障礙者「正常化」生活，提出障礙的「社會模式」：大部分障礙是和生心理缺陷或失能（impairment）有關，但是社會環境和制度設計不良、物理或社會環境的不協調，也會影響個人發展及障礙者參與社會活動（例如文化刺激不足造成的發展遲緩），因此改變社會環境與制度對於改善障礙者生活也很重要。

「社會模式」中專業人員要與障礙者討論他們的個別需求，障礙者主動參與服務、選擇服務，障礙者與家屬是專業人員的顧客（consumer），與專業人員的關係較平等，可以比較、選擇個別需要的專業服務，專業服務的目標是要充權（empowerment）障礙者表達意見、自我決策（self-determination）、以提升障礙者生活品質。政府要從福利政策協助障礙者融入社會生活、參與活動，提供無障礙設施讓障礙者和非障礙者有相同的社會參與機會，政府更要預防障礙發生。

近期WHO（World Health Organization，世界衛生組織，2001）提出ICF（The International Classification of Functioning and Health）健康的概念，認為健康是連續性的狀態，個人的功能可能受生心理結構影響，如果社會環境規劃有考慮不同狀況的需求者，生心理有缺陷者還是可以參與社會活動，這就不是障礙，生心理因素不一定是障礙的原因，例如無障礙空間的設計不是只有肢障者受益，老

人、孕婦或小孩也需要這些設施，環境的硬體規劃良好可以增加生心理缺陷者參與社會。

家庭面對障礙的歷程受到社會對障礙看法的影響，醫療模式的障礙觀，家庭承受心理壓力並承擔主要的照顧責任，家庭與個人要配合專業人員的建議，個別的差異被忽略。社會模式的觀點減少對個人標籤、對家庭的責備，增加社會的責任，家庭可以主動的表達需求。

社工必須瞭解家庭對發展遲緩與障礙的看法，家庭的看法將會影響其接受程度及與專業合作的態度。

二、台灣障礙類別的演變

除了社會對於障礙定義與看法改變，近年來隨著醫療科技的發展，身心障礙類別有不同的消長，傳統視聽障減少，自閉症和精神疾病成長。從內政部統計通報（2009），台灣整體身心障礙人口逐年成長，其中肢體障礙、聽覺機能障礙、失去重要器官居前三名，兒童智能障礙約占十二歲以下身心障礙兒童三分之一強，其次是多重障礙，自閉症是第三。而智能障礙與自閉症的原因和基因、染色體異常或是神經系統異常有關，這些原因通常要到二至三歲之後，因兒童發展落後才會被發現，因此對於兒童的家庭造成的震撼比其他障礙更大，家庭難以理解這類障礙，也難以和其他人說明或尋求支持。

自閉症人口的成長快速，從民國81年202人，民國91年3,135人，民國97年7,924人，其中年齡分布零至五歲有1,014人，六至十一歲有3,344人，十二至十七歲有2,290人，我國自閉症人數持續增加、障礙發生年齡偏低，十八歲以下的人數約占所有自閉症人數的84%，民國97年台灣的自閉症的成長率是13.1%，是所有身心障礙

類別成長率最高的一類（參見表6-1）。Burke（2008）在研究中指出，英國學前發展障礙兒童以自閉症最多，台北縣特殊教育的障礙類別中，自閉症占第二位（台北縣教育局，2008），僅次於智能不足，全球自閉症成長已經反應到各國早療服務，自閉症成為早療的主要對象之一。

除了對於障礙肇因難以理解，智能障礙、多重障礙與自閉症的兒童，其障礙特質代表其生活照顧與教育需求不同，近年來科技發展提供肢體、視覺、聽覺障礙的預防和輔具（accommodation）改善其生活，但是，智能障礙和自閉症的服務需求和其他身體障礙者不同，專業人員要瞭解這類個案的特殊性及其特殊需求和對家庭的影響，以協助家庭因應。

第二節　家庭與障礙的相互關係
▶▶▶▶▶

一、家庭的許多面貌

台灣有句諺語說：「一樣米養百樣人。」這是用來形容人人皆不同以及人的多樣性，家庭是由不同的人組成，其多樣性更是複雜，Turnbull、Turnbull、Erwin與Soodak（2006a）認為「家庭是指因生育、婚姻或收養而居住在一起，由兩人或兩人以上所組成的。家庭也可以是由兩個以上的人組成，他們是在執行家庭的功能，這些人可能有血緣、婚姻關係，也可以是沒有血緣與婚姻關係，他們可能住在一起、也可以不是住在一起」。

家庭是有生命的系統，家庭的內容、結構與演變受到環境與社會變遷的影響，家庭裡的事件應該被看成整體性（whole）的結果而不是個人的狀況，家庭的特質是一個整體（characteristics of

表6-1 民國97年底身心障礙者人數按障礙類別分

性別、年齡別及障礙等級別		總計	視覺障礙者	聽覺機能障礙者	聲音機能或語言機能障礙者	肢體障礙者	智能障礙者	重要器官失去功能者	失智症者	自閉症者	慢性精神病患者	多重障礙者	其他障礙者
總計		1,040,585	55,569	111,623	13,154	397,920	93,346	109,835	27,018	8,151	101,846	101,827	20,296
按性別分	男性	599,664	29,232	66,154	9,319	238,917	53,866	59,601	11,623	7,094	52,204	59,676	11,978
	女性	440,921	26,337	45,469	3,835	159,003	39,480	50,234	15,395	1,057	49,642	42,151	8,318
按年齡分	0-未滿12歲（兒童）	33,670	679	1,954	1,265	3,882	10,819	2,027	1	4,456	22	6,048	2,517
	12-未滿18歲（少年）	29,839	920	1,775	374	3,471	12,493	1,831	14	2,376	250	4,749	1,586
	18-未滿65歲	597,090	24,487	38,180	8,242	236,550	67,464	59,877	3,399	1,313	93,037	52,664	11,877
	65歲以上（老年）	379,986	29,483	69,714	3,273	154,017	2,570	46,100	23,604	6	8,537	38,366	4,316
按障礙等級分	極重度	117,033	-	-	-	5,020	9,703	55,079	2,034	146	1,615	38,233	5,203
	重度	188,535	21,192	17,437	3,607	51,303	16,545	9,616	9,784	1,174	18,085	37,875	1,917
	中度	354,579	15,914	33,145	2,879	154,844	34,340	15,422	9,634	2,383	58,617	25,719	2,682
	輕度	380,438	18,463	61,041	6,668	187,753	32,758	29,718	5,566	4,448	23,529	-	10,494

說　明：1. 第一橫欄的障礙類別係依據行政院衛生署所訂「身心障礙等級」無歸屬之障礙等級。

2. 其他障礙者包括平衡機能障礙、顏面傷殘者、植物人、頑性（難治型）癲癇症者、罕見疾病致身心功能障礙及其他。

資料來源：各直轄市、縣（市）政府。

the family as a whole）、個人特質及特別的挑戰所組成的，家庭輸入（input）整體與個人特質，經過家庭的次系統（subsystem）的互動，例如與擴展家庭、婚姻、父母、手足次系統的互動，形成的家庭凝聚力和適應性，輸出（output）家庭的功能，家庭的功能包括情感（affection）、自尊（self-esteem）、靈性信仰（spiritual）、經濟（economics）、日常照顧（daily care）、社會化（socialization）、休閒（recreation）與教育（educational）等，家庭過程與互動會隨著家庭生命週期而輸出家庭功能，以維持家庭發展與穩定。

　　家庭是社會的小系統，家庭裡不同的角色形成次系統，這些次系統的互動形成家庭權力、聯盟、競爭等關係，看似簡單的家庭變化與動態，衍伸出的家庭關係非常多元。家庭和人一樣有生命，有家庭生命週期（family life cycle），就像每個人的生命發展，家庭面臨子女出生或有人生病等都會產生壓力，當家裡有壓力時，每個人都會受到影響、內部關係就必須調整以因應壓力，一旦家裡壓力消除時，表示家庭已經渡過該階段危機，進入下一個週期。

　　台灣家庭型態的轉變影響其因應壓力的能力，根據中華民國統計資訊網（2009），台灣家戶平均人數每戶3.01人，粗出生率持續下降，每位婦女一生平均生育1.10人，家庭人口減少、內部資源與支持減少，這些現象直接衝擊家庭的結構與互動，許多家庭沒有手足次系統或親子次系統，或是缺乏三代同堂的經驗。隨著家庭人數減少，家庭功能被社會組織取代，例如家庭的教育、養育功能被幼托組織取代，當家庭遇到壓力與危機時，由於人力較少、內部資源不足，需要彈性的運用外部資源以度過危機。因此，當家庭面臨兒童發展遲緩時，照顧壓力增加、外部的資源對於發展遲緩兒童的家庭分外重要。

　　家庭在初期階段面臨生養與照顧子女的壓力，雙薪家庭必須藉

助外界資源以維持家庭運作，兒童發展遲緩的發現與照顧成為另一個衝擊家庭穩定的因素。

二、家庭對發展遲緩問題的反應

兒童來自家庭，大部分生活時間是在家中度過，過去許多研究也將家庭界定為障礙的原因，兒童發展遲緩或身心障礙，同時對家庭整體、個人與次系統造成影響。家庭對於兒童的遲緩或障礙反應通常會有情緒混亂，影響內部穩定的情況發生。

過去醫療模式傾向將障礙歸因為個人或家庭問題，認為家庭或父母是障礙的肇因、責備父母遺傳或照顧不良，Ferguson（2002）、Blacher與Hatton（2009）、發現過去社會對障礙與家庭關係的看法，認為障礙是因為家庭遺傳基因不良、母親懶惰、貧窮等因素而造成，當時「以兒童為中心」的服務模式是針對兒童的缺陷或不足給予服務，家庭的需求並沒有受到重視。

過去對障礙兒童的服務並沒有將家庭納入，1970年代盛傳自閉症是來自中產家庭、冷漠的母親造成的，家庭或母親除了是障礙兒童必然的照顧者，也背負造成障礙的原因。心理動力理論、功能論、社會心理和互動論等觀點，均認為家庭和父母對障礙兒童的影響是負面的，心理動力學認為母親的高情緒表達（high emotional expression, high EE）不利精神疾病康復，功能論者認為家庭或父母功能失調（dysfuction）影響兒童正常發展，障礙者的家庭和父母需要調適、學習，才能有效照顧障礙者，這些理論更合理化母親的自責、罪惡感。

Oliver與Sapey（葉琇珊、陳汝君譯，2004）認為不論什麼原因造成兒童的障礙，身心障礙兒童的誕生，對家庭是創傷且是令人希望破滅的事實，家庭結構與穩定度會因為家庭成員成為障礙者而改變，焦慮的家長會過度保護障礙兒童，障礙對家庭與個人、家庭次

系統的發展都會有影響，因此在提供兒童的服務時，不能忽略父母
與家庭的需求。

　　Dale（1996a）引述過去研究說明家長對於兒童被診斷為
障礙的心理歷程，從震撼（shock）、無助（helplessness）、
否認（denial）、悲傷（sadness）、罪惡感（guilty）、適應
（adaptation）到重新整理（reorganization），有些家庭甚至無法接
受兒童障礙，對孩子過度要求、排斥、虐待，或是家人彼此指責，
混亂的氣氛持續影響家庭關係。Dale（1996a）整理出家長面對障礙
發生時的心理反應模式及需求，如表6-2所示。

表6-2　家庭面對障礙的各階段表現與需求

心理危機	表現	需求
震撼階段	漫無頭緒、混亂、不相信、不安	需要同情、同理和情緒支持
反應階段	悲傷、失望、焦慮、攻擊、否認、罪惡感	傾聽父母宣洩情緒、誠實的說明事實（關於障礙的可能發展）
適應階段	面對現實，家長可能會問：我該怎麼做？希望獲得協助	提供正確、可信的醫療與教育資訊
認清方向	家長尋求協助、找資訊規劃未來	規則的提供協助與指導
危機結束		適當的提供服務

資料來源：Dale (1996a), *Model of psychic crisis at disclosure of handicap*, p. 57, Table 3.1。

　　除了來自障礙的壓力，Burke（2008）認為家長在面臨兒童發
展遲緩的診斷時，必須面對深奧的醫療專有名詞、照顧壓力、需要
協助滿足孩子的特殊需求、家庭的規劃將因孩子的障礙而改變，這
些因素都造成障礙者家庭面臨更多的壓力。Turnbull等人（2006a,

2006c）認為障礙對家庭的影響和障礙發生的原因與時間有關，當障礙發生在嬰幼兒階段，障礙原因對於父母關係（夫妻次系統）的衝擊，常會讓母親有更深的罪惡感，研究發現障礙對家庭長期發展有正向的影響；初期的混亂是家庭面對障礙、診斷時必然的經歷。許多家庭經歷悲傷的過程很漫長，並不是所有家庭都能走到適應階段，有些家庭難以調適壓力，家庭一直處於否認或憂鬱，或是與外界隔離。

家庭因應兒童發展遲緩的方式反映出家庭面對壓力的模式，Turnbull等人（2006c）發現，發展遲緩兒童對於家庭的影響可能和其遲緩程度與照顧壓力有關，但是家庭內的支持與互動和家庭關係與婚姻關係有關，家庭內關係不良的家庭面對壓力時更容易混亂或是互相指責、逃避問題。有些家庭在經歷此危機後反而可以強化父母與家內合作與凝聚力，發展遲緩兒童會對家庭造成壓力，考驗家庭的穩定性，但是並不是都會造成負面結果。

三、台灣家庭對發展遲緩的反應

台灣半數已婚女性就業、雙薪家庭多，大部分學前兒童的主要照顧者不是父母親，有些只有夜間或假日的短暫相處時間，許多父母親缺乏直接照顧兒童的經驗，一旦兒童被診斷發展遲緩（或相關的發展障礙），父母震驚、焦慮混亂的情形通常會持續一段時間。

從醫院兒童早療門診的個案中，發現目前兒童主要照顧者是褓姆、幼托園所老師、祖父母等，父母角色從生活照顧轉換到兒童的「個案管理者」（case manager），由於照顧的時間減少，在瞭解與處理兒童問題時需要更多時間調適。

家長在發現問題後開始尋求醫療，面對發展遲緩診斷，有些家長開始漫無頭緒的尋求第二、第三種意見、求助名醫，由於就醫

過程的挫折感，對於各項醫療檢查的等候感到憤怒（政府不是說早療很重要嗎，為什麼醫院的檢查都要等那麼久，你們這樣不就耽誤孩子的黃金時間？）、攻擊醫療草率地「宣判」孩子的診斷等（為什麼不做檢查就診斷為自閉症？），父母可能從不瞭解、憤怒轉變為攻擊與無助。此時網路或書報、朋友流傳的各式意見，成為許多父母的寶典，包括中西醫、民俗治療，甚至到其他國家接受先進檢查、移民，都可能是父母親考量的方法，憤怒、痛苦、罪惡感，複雜的情緒衝擊家庭的穩定，也影響與專業合作的關係。家庭期待專業服務給予保證（reassurance），對於療育目標的期待高、希望療育後可以恢復正常，難以面對有些終生的障礙。

除了對專業人員的攻擊，有些父母歸因對方的遺傳問題、懷孕時互動問題，混亂階段的言語攻擊影響夫妻互相支持，兒童的障礙是父母心中永遠的痛，部分父母辭去工作照顧發展遲緩兒童，以行動「彌補」對兒童發展遲緩的罪惡感，卻在家庭經濟與個人情緒上承受更大壓力，父母求好心切也會影響對兒童的要求，例如對兒童過度要求、過多的療育安排、誤用行為改變原則（處罰）、對兒童體罰虐待等情形。國內對於發展遲緩兒童的療育觀點非常多元，療育醫療化、商業化，家長不瞭解如何針對家庭與兒童個別需求安排療育，也增加家長面對遲緩時的混亂心情。

Burke（2008）指出，由於障礙兒童的溝通能力較弱，英、美的研究發現中即障礙兒童受虐的比例較非障礙兒童來得高，障礙兒童的照顧困難度高，照顧者心理的壓力、情緒失控，出現不當的照顧、虐待。專業人員在與家庭工作時需要持續評估親子互動（parent-child interaction），瞭解父母對兒童遲緩或障礙的看法，並持續觀察親子互動，父母對於兒童的需求是否接受與理解？是否適切地回應兒童需求？並適時提供照顧者喘息服務與支持，以強化父母對障礙兒童的親職能力。

　　臨床上家庭的混亂震撼時間持續不一，有些父母難以接受診斷，有些父母擔心與其他障礙兒童在一起，不利兒童的復健學習，有些父母堅持不辦理身心障礙手冊，擔心手冊的標籤會影響孩子的未來。每個發展遲緩兒童的家庭呈現出各種不同的反應，當家庭還在抗拒診斷、否認問題時，與專業的合作關係難以建立，專業人員必須協助家庭處理失落（期待子女正常的失落），同理其情緒，才能有效的與家庭合作。

第三節　障礙對家庭的影響因素及相關研究
▶▶▶▶▶

一、影響家庭反應的因素

　　家庭面對兒童發展遲緩或障礙都會經歷混亂階段，穩定的家庭關係有利於因應障礙兒童需求，每個家庭對兒童障礙的反應不同，家庭對於障礙的反應和家庭、兒童的特質有關。

(一) 家庭特質

　　Dale（1996b）認為有下列特徵的家庭比較難有效因應兒童障礙：對外較孤立隔離、缺乏朋友支持、家庭社會經濟比較困難（父母失業、沒有合適的住處）、父母親教育程度較低、面臨較多生活壓力（例如與家人關係不良）、婚姻滿意度較低、缺乏有效的調適壓力技巧、家庭缺乏休閒娛樂、缺乏心靈寄託、缺乏凝聚力等。這些情形會影響母親（照顧者）與兒童的關係，也會影響家庭的氣氛與對壓力的反應，使之難以有效因應問題，甚至導致不當照顧，值得早療社工注意。

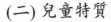

(二) 兒童特質

除了家庭特質影響父母調適，來自兒童的因素也會影響父母的反應，有些兒童的狀態會讓父母和照顧者難以接受，造成父母或照顧者壓力，例如兒童的活動量大、攻擊、經常自戕、夜眠片斷或是日夜顛倒影響照顧者睡眠、障礙較嚴重或多重障礙、兒童的溝通困難（父母難以理解兒童的需求）、嚴重的身體問題（有生命危險）、外觀太過特殊、易激動難以控制等因素，都會影響父母的照顧壓力與情緒穩定。這些特質在自閉症或過動症或部分特殊氣質兒童身上出現，社工在與家庭工作時，要注意家庭對這類兒童的照顧，盡早提供資源協助家長。

(三) 兒童障礙與家庭的相互影響

Guralnick（2000）認為，兒童發展是兒童與家庭環境互動的結果，影響兒童發展成果的因素有：家庭特質、家庭因障礙造成的壓力，這兩個因素將影響家庭型態與兒童發展結果。家庭特質是指父母特質、和兒童障礙無關的特質，例如社會支持、婚姻關係、財物資源、兒童氣質，這些因素會形成家庭獨特的特質。家庭因障礙的壓力所致，可能使得家庭受到兒童障礙影響，對資訊的需求、人際互動和家庭的混亂、資源的需求、自信受威脅。家庭特質、家庭因障礙造成的壓力影響家庭型態，至於家庭型態是指親子互動品質、家庭氣氛、家庭健康、安全，最後影響兒童發展成果。家庭是障礙的生物因素，也是障礙兒童最重要的支持來源，家庭特質與兒童特質的互動也對兒童發展有重要的影響。

Kelly與Barnard（2000）、Lyons-Ruth與Zeanah（2000）、Sameroff（2000）認為親子關係是互相影響、互惠的動態關係，家庭與環境因素的穩定對於兒童（情感）發展的影響重大，任何一方都無法主導互動：兒童特質、父母特質與環境因素影響發展遲緩家

庭的親子關係，早療社工師在與家庭工作時要對親子互動與家庭特質進行完整的評估，從互動中評估家庭優勢與問題，對於高風險因素要有警覺，善用專業關係協助父母改善環境因素，讓家庭與環境特質成為改善兒童發展的助力。

Dale（1996b）、Ferguson（2002）、Turnbull等人（2006b）認為障礙對家庭整體和次系統、家庭功能、家庭互動、家庭生命週期等都會造成影響。家庭是個整體，同時有許多次系統，兒童障礙對夫妻次系統造成負面的影響、婚姻和諧度下降、甚至離婚率比沒有障礙兒童的家庭高，但是也有夫妻在克服混亂狀態後，強化婚姻及彼此支持，有愈來愈多的障礙者家庭認為障礙的長期影響是正向的。通常婚姻滿意度較高的夫妻在面對障礙的同時比較可以互相支持，持續婚姻關係。至於障礙對父親、母親的影響並不同，由於父母親角色參與方式不同，父親比較樂於參與孩子的活動、實際照顧時間較少，參與孩子活動愈多的父親，長期對障礙的反應比較趨於正面，對於選擇逃避（或逃到工作裡）的父親，他們的應對方式影響夫妻關係的滿意度（滿意度較低）。

障礙兒童對母親的衝擊最大，傳統歸因障礙是母親遺傳、懶惰、教養不好等，母親的壓力大，大部分母親負責障礙兒童的生活照顧、療育的規劃與執行，許多母親因為孩子的障礙改變生涯規劃，生心理壓力大。Hodapp（1988）發現自閉症兒童的母親承受的壓力比唐氏症壓力大，1980年代對自閉症的肇因不清楚，通常障礙原因不明的疾病，母親承擔較多的壓力、自責，同時大部分自閉症兒童都有溝通問題，此外障礙的嚴重度、診斷是否確定、致病原因等都會影響家庭的反應。

障礙對於手足關係的影響通常在幼年階段比較容易有忌妒、競爭，也會需要分擔照顧障礙手足，或是覺得被父母忽略。成年之後，手足對於障礙者的接納包容有改善，障礙者的手足懂得照顧、同理，更能包容他人。

　　除了家庭和兒童的特質，障礙發生的原因（先天遺傳、意外、疾病）、障礙的結果（是否持續惡化、溝通表達能力）也會影響障礙家庭的接受度，筆者發現父母對於不同診斷的接受程度、接受的時間不同，自閉症診斷通常在二至三歲時才會被發現，以男生居多，功能好壞差異大、難以預估兒童未來發展，家長對於自閉症的診斷接受度低，近年大量增加的亞斯伯格症（Asperger disorder）更讓父母困惑，究竟該把這類兒童當成病人或怪咖？

二、國內對發展遲緩家庭的研究

　　國內發展遲緩及身心障礙人口持續增加，愈來愈多家庭需要學習照顧障礙者生活，專業人員需要瞭解障礙對家庭系統、功能的影響，以協助障礙家庭養育兒童及規劃未來發展（許櫟文，1994；張淑燕，1996；程婉毓，2005）。

　　Tsai、Tsai與Shuy（2008）從自閉症母親的訪談中發現，這些母親在養育和訓練角色的整合過程中，從尋找有效的治療方法、發展訓練和養育能力、在養育和訓練角色進行妥協，一直到調整期待慢慢接受兒童的障礙，過程中有人努力兼顧，也有人放棄治療，有人持續訓練、找出兒童的優勢，大部分母親都經歷罪惡感、悲傷、失望挫折的感受，或是從孩子的進步得到鼓勵。障礙兒童的母親通常會經歷情緒低落、照顧養育、成為訓練者，其中角色的衝突與整合對個人與家庭的影響，每個案例都不同，母親從過程摸索並調整角色，嘗試、失敗、調整後再嘗試，慢慢成為障礙兒童的母親。

　　唐紀潔（2004）認為發展遲緩兒童對於家庭生活衝擊包括：日常生活常規、家庭情感溝通及問題解決、家庭互動與社交生活、家庭成長與生涯發展。國內學者王天苗（1995）對於身心障礙者、發展遲緩兒童家庭相關研究，對於家庭需求歸類為：對資訊、專

業、服務、經濟、精神支援等項目，各階段家長的需求不同。俞人鳳（2002）從台北縣早療服務個案的家長與專業人員調查指出：早療專業服務的量不足、專業人員缺乏、機構分配不均、機構以障礙類別收治個案，依據不利診斷未定的個案接受服務、療育有效性不足、服務缺乏整合。

王天苗（1993、1994、1996）針對心智障礙兒童及早期療育服務供需的調查發現：學前心智障礙兒童家庭對於「資訊提供」與「專業指導」的需求最高、家長有較多精神、經濟與服務需要；心智障礙兒童的家庭經濟、運作功能、支援來源、教養信念較差，母親的教育水準、養育信念、年齡影響家庭運作功能、外力支援、家庭養育環境等因素；父母年齡較輕教育程度較低、家庭社經程度較低者所得較少、資源分布不均、家長對於服務的現況滿意度低。整體上政府提供的服務不足，難以滿足家庭，這個現象已經持續多年，需求與服務間的落差一直存在，政府在針對發展遲緩兒童家庭的服務方面，質與量的都還需要改善。

張如杏（2004）從醫院早療門診個案家長的服務，整理出發展遲緩兒童家庭常見的需求：瞭解各項疾病與診斷、早療相關流程與相關法令、社會福利與補助申請、療育計畫的討論、瞭解教育相關法規與現況、討論家庭照顧安排與分工、對兒童實際照顧與處理的方法、照顧者情緒處理、處理因照顧個案引起的失衡，例如手足照顧或家人不支持、照顧者本身的再教育（對疾病與障礙的認知調整），以及情緒管理及喘息服務等。

Turnbull等人（2006b）認為家庭功能、家庭運作會受到障礙影響，但是長期觀察，障礙對家庭的影響正向居多：許多障礙家庭更珍惜家人情感表達，家庭的凝聚強、關係更親密；在自尊部分的研究發現不同，有的認為障礙對家人的自尊有負面的影響，家庭變得孤立；家庭有堅強宗教信仰可以協助他們度過危機、減少罪惡感；對於障礙兒童比非障礙者更依賴家庭日常照顧、社會化。

　　Halpern（2000）、Turnbull等人（2006a）認為貧窮、低社經家庭的兒童是發展遲緩的高風險群（high risk），這些家庭應變壓力、使用外界資源的能力較弱，Dale（1996）認為下列因素可以促進障礙家庭因應壓力：

1. 有支持性社會網絡：朋友、親戚的經驗支持。
2. 有來自其他相同經驗的家長的經驗支持。
3. 有能力去使用社會資源與專業合作。
4. 對婚姻關係感到滿意。
5. 和諧、調適的家庭系統，開放的溝通模式。
6. 實際的資源：有工作、適切的財務、房子、車子。
7. 正向看事情的態度。
8. 適當的調適方法。
9. 問題解決的技巧。
10. 家庭成員健康有活力。
11. 需求很少沒被滿足。

　　家庭在障礙或遲緩發生初期，情緒的混亂需要盡速處理與穩定，若以長期發展來看，家庭在不同階段都會需要多元資源以因應障礙對家庭的影響，從經濟、情緒、照顧技巧、障礙者生涯規劃等，Freeman（1995）提出社會工作對發展障礙者的服務，需要涵蓋更完整的內容：

1. 瞭解、運用、發展有關發展遲緩的知識，包括病理學、診斷、評估、干預，個案一生不同階段的發展、社區資源。
2. 瞭解身心障礙的實務處理原則：最少限制環境、提供個人及家庭不同階段的支持、個案潛能開發、確保權益保障。
3. 找尋預防發展遲緩或減少發展遲緩的方法，瞭解生物心理因素對身心障礙的關係，特別是貧窮、初級、次級、三級預防。

4. 運用跨專業取向的服務，強調多專業整合，以滿足個案需求。

5. 社會工作方案的功能必須包括個案及社區所需的特殊服務：評估、計畫、外展、倡導、預防，提供連續性照顧方案。

　　沒有一個家庭是準備好面對障礙，發展遲緩兒童的家庭所承受內外的壓力影響家庭的運作及家庭中的每個人，認識身心障礙的意義、對家庭與個人的意義與影響、障礙者家庭的需求，讓實務工作者與家庭工作時，可以盡快與家庭建立合作關係、提供家庭所需服務。專業人員要能針對每個家庭的不同狀況提供服務，只有穩定的家庭支持才能有效幫助兒童成長與復建。

 自我評量

1. 說明各類障礙模式與定義。

2. 家庭在各種障礙模式的角色。

3. 請描述家庭對障礙的反應。

4. 過去對障礙者家庭的服務概念。

5. 台灣家庭對障礙的反應。

6. 家庭對障礙兒童不當照顧的因素。

7. 哪些兒童因素造成照顧困難。

8. 發展遲緩兒童的家庭需求有哪些？

9. 說明與發展遲緩兒童家庭工作的重點。

參考書目

一、中文部分

中華民國統計資訊網（2009）。「1.1—土地面積、村里鄰、戶數暨現住人口」。
　　http://sowf.moi.gov.tw/stat/month/m1-01.xls。

內政部（2004）。「兒童及少年福利法施行細則」。

內政部（2007）。「身心障礙者權益保障法」。

內政部（2008）。內政部統計通報：97年1至6月嬰兒出生狀況統計，http://www.
　　moi.gov.tw/stat/week.aspx。

內政部（2009）。內政部統計通報，http://sowf.moi.gov.tw/stat/week/week9809.doc.

王天苗（1993）。〈心智障礙兒童家庭需要之研究〉，《特殊教育學刊》，第9
　　期，頁115-140。台灣師範大學特殊教育學系。

王天苗（1994）。〈心智障礙兒童家庭狀況之研究〉，《特殊教育學刊》，第10
　　期，頁119-139。台灣師範大學特殊教育學系。

王天苗（1995）。〈心智發展障礙幼兒家庭支援實施成效及相關問題之研究〉，
　　《特殊教育學刊》，第12期，頁75-103。台灣師範大學特殊教育學系。

王天苗（1996）。〈台灣地區心智障礙幼兒早期療育服務供需及相關問題之研
　　究〉，《特殊教育學刊》，第14期，頁21-44。台灣師範大學特殊教育學系。

台北縣教育局（2008）。《台北縣教育局特殊教育諮詢委員會第2次會議資料》，
　　表1-5與表2。

俞人鳳（2002）。《台北縣早期療育服務需求、供給及輸送之現況分析》。國立台
　　北大學社會工作學系碩士論文。

唐紀潔（2005）。《台灣地區發展遲緩兒童家庭生活品質之研究》。國立彰化師範
　　大學特殊教育學系碩士論文。

張如杏（2004）。〈外籍配偶家庭與早期療育——醫院社會工作的新挑戰〉，《社
　　區發展季刊》，第105期，頁235-245。台北：內政部社區發展雜誌社。

張淑燕（1996）。《國中啟智班學生家庭需求之研究》。國立彰化師範大學特殊教
　　育學系碩士論文。

許櫳文（1994）。《殘障者及其家庭需求之研究——我國實證研究整合探討》。東吳大學社會工作學系碩士論文。

程婉毓（2005）。《桃竹苗地區國小啟智班學生家庭支援服務之研究》。國立新竹教育大學特殊教育學系碩士論文。

葉琇珊、陳汝君譯（2004）。《失能、障礙、殘障：身心障礙者社會工作的省思》。台北：心理。

二、外文部分

Asch A., & Mudrick N. R. (1995), "Disabilities." In NASW (Eds.), *Encyclopedia of Social Work*, pp. 752-761. Washington, DC: NASW.

Blacher J., & Hatton C. (2009), "Families in Context: Influences on Coping and Adaption." In S. L. Odom, R. H. Horner, M. E. Snell, & J. Blacher (Eds.), *Handbook of Developmental Disabilities*, pp. 531-551. New York: The Guilford Press.

Burke P. (2008), *Disability and Impairment: Working with Children and Families*. London: JKP.

Crnic K., & Stormshak E. (1997), "The Effectiveness of Providing Social Support for Families of Children at Risk." In M. J. Guralnick (Ed.), *The Effectiveness of Early Intervention*, pp. 209-225. Baltimore: Paul H. Brookes.

Dale N. (1996a), "The Parent's Perspective." In *Working with Families of Children with Special Needs: Partnership and Practice*, pp. 48-76. London: Routledge.

Dale N. (1996b), "Frameworks for understanding the family." In *Working with Families of Children with Special Needs: Partnership and Practice*, pp. 97-126. London: Routledge.

DeWeaver K. L. (1995), "Developmental Disabilities: Definition and Polices." In NASW (Ed.), *Encyclopedia of Social Work*, pp. 712-720. Washington, DC: NASW.

Ferguson P. M. (2002), "A Place in the Family: An Historical Interpretation of Research on Parental Reactions to Having a Child with a Disability." In *The Journal of Special Education*, 36 (3): pp. 124-130.

Freeman R. I. (1995), "Developmental Disabilities: Direct Practice." In NASW (Ed.), *Encyclopedia of Social Work*, pp. 721-729. Washington, DC: NASW.

Halpern R. (2000), "Early Childhood Intervention for Low-Income Children and Family." In J. P. Shonkoff & S. J. Meisels (Eds.), *Handbook of Early Childhood Intervention* (2nd ed.), pp. 361-386. Cambridge: Cambridge University Press.

Hodapp R. M. (1988), "The Role of Maternal Emotions and Perceptions in Interactions with Young Handicapped Children." In K. Marfo (Ed.), *Parent-Child Interaction and Developmental Disabilities: Theory, Research, and Intervention*, pp. 32-46. New York: Praeger.

Guralnick M. J. (2000), "1 Second-Generation Research in the Field of Early Intervention." In M. J. Guralnick (Ed.), *The Effectiveness of Early Intervention*. pp. 3-20. Baltimore: Paul H. Brookes.

Kelly J. F., & Barnard K. E. (2000), "Assessment of Parent-Child Interaction: Implications for Early Intervention." In J. P. Shonkoff & S. J. Meisels (Eds.), *Handbook of Early Childhood Intervention* (2nd ed.), pp. 258-289. Cambridge: Cambridge University Press.

Lyons-Ruth K., & Charles H. Zeanah Jr. (2000), "The Family Context of Infant Mental Health: I. Affective Development in the primary Caregiving Relationship." In Charles H. Zeanah Jr. (Ed.), *Handbook of Infant Mental Health*, pp. 14-37. New York: The Guilford Press.

Odom S. L., Horner R. H., Snell M. E., & Blacher J. (2007), "The Construct of Developmental Disabilities." In S. L. Odom, R. H. Horner, M. E. Snell & J. Blacher (Eds.), *Handbook of Developmental Disabilities*, pp. 3-14. New York: The Guilford Press.

Patchner L. S. (2005), "Social Work Practice and People with Disabilities: Our Future Selves." In J. G. Daley (Ed.), *Advances in Social Work*, pp. 109-120. Indianapolis: Indiana University.

Pellegrino L. (2008), "Patterns in Development and Disability." In M. L. Batshaw, L. Pellegrino, & N. J. Roizen (Eds.), *Children with Disabilities* (6th ed.), pp. 217-228. Baltimore: Paul H. Brookes.

Sameroff A. J. (2000), "Model of Development and Developmental Risk." In Charles H. Zeanah Jr. (Ed.), *Handbook of Infant Mental Health*, pp. 3-13. New York: The Guilford Press.

Tsai W. C., Tsai, J. L., & Shyu, Y. I. L. (2008), "Integrating the Nurturer-trainer Roles: Parental and Behavior/Symptom Management Processes for Mothers of Children with Autism." In *Social Science & Medicine*, 67: 1798-1806.

Turnbull A., Turnbull R., Erwin E., & Soodak L. (2006a), "Family Characteristics." In *Families, Professionals, and Exceptionality: Positive Outcome Through Partnerships and Trust* (5th ed.), pp. 4-25. Upper Saddle River, NJ: Pearson Merrill Prentice Hall.

Turnbull A., Turnbull R., Erwin E., & Soodak L. (2006b), "Family Interaction." In *Families, Professionals, and Exceptionality: Positive Outcome Through Partnerships and Trust* (5th ed.), pp. 26-47. Upper Saddle River, NJ: Pearson Merrill Prentice Hall.

Turnbull A., Turnbull R., Erwin E., & Soodak L. (2006c), "Family Functions." In *Families, Professionals, and Exceptionality: Positive Outcome Through Partnerships and Trust* (5th ed.), pp. 48-69. Upper Saddle River, NJ: Pearson Merrill Prentice Hall.

WHO (2001), *International Classification of Functioning, Disability and Health: ICF*. Geneva: WHO.

第七章

早期療育中的家庭處遇

———— 劉瓊瑛

第一節　家庭處遇在早期療育服務的重要性

第二節　「以家庭為中心」的早期療育

第三節　社會工作與早療家庭的處遇

第四節　早療家庭處遇的相關理論

第五節　早療家庭處遇的內涵

第六節　國內早療家庭處遇的運作

學習目標

- ✔ 瞭解家庭處遇在早期療育服務的重要性。
- ✔ 介紹「以家庭為中心」的早期療育模式。
- ✔ 認識社會工作在早期療育家庭處遇中的角色。
- ✔ 學習早療家庭處遇的相關理論。
- ✔ 瞭解早療家庭處遇的主要內涵。
- ✔ 檢視國內早療家庭處遇工作的運作。

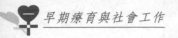

本章摘要

　　早期療育服務不能只以發展遲緩兒童為唯一服務對象。兒童發展與家庭環境息息相關、互相影響，若只以兒童為服務對象，缺乏家人的參與，療育的成效必定有限。本章闡明家庭環境與發展遲緩之間的關係，說明早療服務中必須包含家庭處遇的理由。社會工作專業的發展一向重視個案的家庭，本章亦詳述社工與家庭處遇的淵源以及社工在早療家庭處遇中的角色。此外也介紹三種相關的家庭理論，提供讀者參考。最後則整理早療家庭處遇的主要內涵，以三級預防的架構介紹服務內容。

關 鍵 字

- ◆ 「以家庭為中心」的早期療育（family-centered early intervention）
- ◆ 家庭處遇（family intervention）

　　傳統的早療服務強調「機構取向」（institution/agency approach）及「以兒童為中心」（child-centered）的服務，以發展遲緩嬰幼兒的發展需求及問題為基礎，由早療專業人員制定「個別化教育計劃」（individualized education plan, IEP），並直接針對這些有特殊需求的嬰幼兒提供療育。

　　這種以兒童為重點的服務模式，主要是以兒童行為與發展的相關理論為基礎，由專業人員擔任主要治療者角色，藉由直接訓練及教育方式以改善發展遲緩問題。這種服務模式通常未將家長的角色納入，忽略了家庭在兒童發展過程中所扮演的重要角色。

本章就是在探討家庭角色在早期療育中的重要性，同時強調早期療育必須將發展遲緩嬰幼兒及其家庭同時列為處遇重點，才能收最大療育成效！

第一節　家庭處遇在早期療育服務的重要性
▶▶▶▶▶

一、幼兒發展問題與家庭之間的關係

嬰幼兒發展與其家庭環境息息相關，我們可以從以下三方面來探討家庭與嬰幼兒發展問題之間的關係。

(一) 發展問題源自家庭因素或受到家庭功能的影響

影響嬰幼兒發展的兩大主要因素就是遺傳與環境（先天與後天、nature/nurture）。不管是先天的遺傳基因或後天環境的良窳所造成的發展問題，家庭都在其中扮演關鍵的角色：譬如唐氏症是因染色體異常所致，但母親的生育年齡也是重要影響因素；語言遲緩常與環境文化刺激缺乏有關，而低功能或失功能家庭父母的親職能力通常較不足。Guralnick（1997）提到影響兒童發展的家庭因素包括了家庭特質（譬如父母的個人特質、父母婚姻關係、家庭經濟狀況、社會支持系統等），家庭模式（親子互動的品質、家庭形塑的幼兒學習環境、以及安全及健康的家庭環境等）。

(二) 對於家庭的衝擊

家中有發展遲緩幼兒，對於整個家庭系統也會帶來全面的衝擊，甚至影響到家庭的所有成員及各種功能。Seligman與Darling（2007）就從整個家庭系統、父親、手足以及祖父母等層面探討發

展遲緩問題對於家庭的影響。Guralnick（1997）也提出因為嬰幼兒的障礙或生理狀況而產生的家庭壓力源，包括：(1) 獲取相關資訊的需求；(2) 來自人際與家人的壓力；(3) 各種支持資源的需求；(4) 為人父母的信心受到威脅。發展遲緩嬰幼兒的家庭較常出現的問題包含：照顧及教養的問題、經濟問題、缺乏正確的疾病相關知識和療育資訊、對未來的不確定感、情緒適應問題、不知如何與專業人員建立良好溝通的合作關係，以及療育資源不足等（這個部分的進一步資料可參考本書第六章）。

(三) 家庭的因應態度及調適

家庭對於孩子發展問題的看法及解釋，採取何種因應方式，也都會影響到家人對於早療的投入態度與積極程度，並繼而影響療育成效。若是父母不能面對孩子的問題或拒絕接受任何療育，縱使有周全的療育資源或訓練完整的專業人員，這些有特殊需求的孩子仍然無法順利接受到必要的療育！因此，建立家長正確的概念及態度，絕對是早療服務中非常重要的工作。而家庭對於孩子發展遲緩問題是否能有正確的因應態度及良好的調適，主要受到下面六個因素的影響：(1) 發展問題的嚴重程度；(2) 家人對發展問題的看法及解釋；(3) 家庭對孩子的期待；(4) 家庭功能的健全程度；(5) 家庭與專業人員之間的關係；(6) 支持系統的足夠性。

二、家庭在早期療育中所扮演的重要角色

發展遲緩嬰幼兒接受早期療育之後的成效，與家庭有絕對性的關係。與嬰幼兒關係最密切的是父母親（主要照顧者），因此他們的態度、意願、動機及能力是影響療育效果的重要關鍵。

美國早期療育大師Dr. Donald Bailey於2009年10月應邀前來國

內參與中華民國發展遲緩兒童早期療育協會主辦的國際研討會並舉辦「早期療育成效評估」的實務工作坊。Bailey強調早療成效的評估，不只從兒童面向探討，也必須考量家庭面向（2009）；他認為早期療育服務應該能提升更好的家庭成效，並提出五項家庭成效：

1. 家庭能夠知道自己的權利，且能有效為孩子倡導該有的權益。
2. 家庭能瞭解孩子的能力及特殊需求。
3. 家庭能幫助孩子順利發展及學習。
4. 家庭能擁有自己所需要的支持資源。
5. 居住的社區內有各種適合所有家庭參與的服務及活動，家庭能夠挑選並參與自己有興趣的活動和服務。

　　Bronfenbrenner（1992）提到，要提高早療成效，並不一定在於直接改變兒童發展的能力，而是在於改變孩子的生活環境，包括提高父母的親職能力及增強家庭功能。父母親是否能察覺孩子的特殊需求並接受早期療育的必要性，常常需要透過適當且足夠的親職教育，才能建立父母的正確觀念及態度；而父母是否能順利且持續協助孩子接受療育，也常與其本身的情緒狀態、家庭功能的健全性有很大關係；國內學者也強調「家庭親職教育」（傅秀媚，2006）或「能提升家庭功能與親職效能的家庭服務」（許素彬，2003）是早期療育服務中不可或缺的一環。

　　Turnbull與Tunrball（2000）提到，身心障礙者的家庭及父母扮演下面幾種角色：障礙兒童的資源、互助團體組織成員之一、孩子接受服務的啟動者、教導者、政策倡導者、教育決定者，以及與專業人員合作的工作夥伴（萬育維、王文娟譯，2002）。

　　基於家庭對於發展遲緩嬰幼兒的重要性，昔日強調「以兒童為中心」的服務模式已不足以滿足這些特殊需求嬰幼兒及其家庭的多重需求；因此早期療育服務開始同時關注孩子及家庭的需求，

「以家庭為中心」（family-centered）的服務模式逐漸應運而生。以美國為例，在1986年的「殘障兒童教育修正案」（Education for All Handicapped Children's Act Amendments, PL.99-457）就明文規定以「家庭為中心」取向作為日後早期療育的主要服務模式。我國內政部頒布的「發展遲緩兒童早期療育服務實施方案」也規定各縣市應辦理個案管理服務，落實個別化家庭服務計畫與處遇，並追蹤輔導，以提升個案及其家庭的服務品質、建構家庭支持系統及家長親職教育技巧訓練課程，以提升家庭功能等措施，這些都是為發展遲緩嬰幼兒及其家庭提供服務以滿足其多元需求。

第二節 「以家庭為中心」的早期療育
▶▶▶▶▶

介紹「以家庭為中心」的療育服務，就一定得先提到1986年美國所通過的「殘障兒童教育修正案」（PL.99-457）。這項法令可做為早療服務的一個重要分水嶺，從此開始有了關鍵性的轉變，展開以家庭為重點的介入模式。99-457公法從以兒童為主要服務對象變成以家庭為主要服務對象，並重新界定家長的參與角色。其中與家庭有關的敘述如下（許天威等，2004）：

1. 強化家庭功能，提升家長滿足其發展遲緩子女特殊需求的能力。
2. 為每一位嬰幼兒及其家庭擬定「個別化家庭服務計劃」（individualized family service plan, IFSP）。
3. 「個別化家庭服務計劃」特別針對三歲以下幼兒而設，取代「個別化教育計劃」（IEP）功能，其重點在於同時關注兒童與家庭的需求，目標的設定以家長的關切事項列為優先考量，並將家庭所擁有的優勢及資源都列入評估項目，作為訂

立處遇目標及預期結果的依據。依法必須在轉介後45天之內由個案管理員結合專業團隊完成IFSP，且所有的評估都必須尊重家庭的意願，在家長同意的情況下執行，孩子與家庭的處遇計畫都應納入IFSP中。（許天威等，2004；鍾莉娟，2004）

「以家庭為中心」的主要精神在於鼓勵家長積極參與，體會自己對於孩子發展的重要影響，願意成為早療團隊的重要夥伴；而專業人員也應尊重每個家庭的獨特性及多元性，重視家庭本身的權利及能力，並以「充權」（empowerment）概念增強家長的問題解決及決策能力，在服務過程中積極邀請家長加入評估、計畫擬定、目標設定及執行療育等階段，藉以促成早療目標的實踐，協助發展遲緩孩子及其家庭發揮最大的潛能。

一、「以家庭為中心」的早療服務模式特點

Dunst（1994）參考眾多學者意見，認為「以家庭為中心」的早療服務模式至少具有八個特點：

1. 採用社會系統觀點，從一個嶄新且擴展的系統觀點來定義早療的處遇內涵。

2. 服務對象不再只侷限於單一兒童，家庭也被視為是處遇的對象、甚至鼓勵成為工作夥伴。

3. 強調家庭的充權是處遇的目標之一。

4. 介入的重點不再只是消極處理問題或預防問題惡化，而是積極促進成長及建立正向行為。

5. 以家庭本身所界定的需求及期待作為處遇的主要重點，非以專業人員的界定為主。

6. 積極找出家庭已具有的能力及優勢並協助建立新的能力,以增強家庭功能。

7. 強化家庭擁有的社會網絡,以作為滿足家庭需求的重要資源。

8. 專業人員面對家庭時的角色職掌有了轉變且擴展,執行角色職責的方式也不相同。

二、「以家庭為中心」的早療服務模式工作原則

1. 為了促進孩子、家長及家庭的正向功能,處遇重點必須依據家庭界定的需求、期待及想望為主。

2. 為了能順利滿足家庭的需求,必須善用家庭現有的優勢與能力,以強化家庭運用資源的能力。

3. 為了提高資源的可得性及充足性,應該強化家庭的非正式社會網絡,同時加強運用已存在而尚未使用的社區資源。

4. 為了協助家庭能建立能力以滿足自己的需求,專業人員應該以充權的觀點,給予家庭有機會發揮自己的優勢及既有的能力。

第三節 社會工作與早療家庭的處遇
▶▶▶▶▶

一、社會工作與家庭:淵源流長的關係

「人在情境中」(person in situation)一向是社會工作秉持的核心觀點,也是這個專業的主要特色;「個人與外在環境的互動關係」是服務個案時評估與處遇的雙重焦點。社會工作與家庭的

關係，最早見於社會工作專業始祖Mary Richmond（1917）所撰寫的《社會診斷》（*Social Diagnosis*）一書。Richmond首創專業工作方法，遵循「社會研究—社會診斷—社會治療」（social study-diagnosis-treatment）的工作歷程，而其研究、診斷及治療的主要對象就是案主與其家庭；因為個人皆來自家庭，家庭是瞭解案主問題及解決問題的關鍵，也因此蒐集家庭資料自有其必要性。社會工作的早期發展就是建立在以家庭服務機構為主的基礎上；從這個專業的第一本期刊名稱《家庭》（*The Family*），亦可見到社會工作對於家庭的重視。

雖然1920至1930年代，受到當時精神分析風潮的影響，社會工作專業也曾一度拋棄對於社會因素的重視而崇尚弗洛依德的精神分析理論；但很快又意識到社會環境層面的重要性，之後就出現了心理社會（psychosocial）學派，同時注重個人內在心理與社會環境因素對於個人的影響。1950年代建基於系統理論及生態理論的家族治療（family therapy）興起，主要從系統觀點解釋個人的症狀問題，認為個人的問題只是整個家庭問題的表徵，若要改變個人，必須從系統著手。這樣的概念與社會工作長久以來的家庭取向更是不謀而合。

我們從社會工作辭典或書籍可以看到許多與家庭工作相關的名詞，包括「家庭服務」（family service）、「家庭處置」（family trcatment）、「家庭實務」（family practice）、「家庭處遇」（family intervention）、「社會工作實務與家庭」（social work practice with family）、「以家庭為中心的社會工作實務」（family-centered social work practice）等（周月清，2001）；雖然因為不同服務機構的工作任務各不相同，而採不同的名稱，但是以家庭為主要工作對象的取向卻是相同的。

「以家庭為中心」的社會工作實務，早在Frances Scherz

（1954）所著的《何謂家庭中心取向的個案工作？》（*What Is Family-Centered Casework*）文章中就可見到。Scherz將「以家庭為中心」的個案工作定義為：根據對於家庭社會、生理、及情緒需求的瞭解……採取以家庭為中心的個案工作，針對個別家庭成員進行直接或間接的治療。透過有規劃、平衡及操控等策略，而達成改善家庭功能的目標，個人的改變都可以在家庭發揮作用（Hartman, 1983；謝秀芬等編著，2009）。美國知名社工學者Ann Hartman也寫過一本經典教科書《家庭中心取向社會工作實務》（*Family-Centered Social Work Practice*），書中闡述「以家庭為中心」是社會工作實務的一種模式，且強調這種以家庭為焦點的模式適用於各種不同領域，無論兒童或老年個案，實務工作者都必須探討個人、家庭及其環境之間的關係，且其工作目標就在於增強及充實個人及家庭的生活品質（Hartman, 1983）。

　　從這些歷史回顧，可以看到社會工作向來以「家庭」作為服務的重心；協助個人時，絕對會納入其所屬的家庭。評估案主問題，也會瞭解他（她）在家庭中的生活狀況，與家人之間的關係，家庭對他（她）的影響；進行處遇時，更會介入到整個家庭，同時考量個人及家庭的需求，最終的目標不只改變個人，也要能改變家庭。

二、社會工作者在早療家庭處遇中的角色

　　社會工作專業積極成為早期療育團隊中的一員，是1980年代以後的事；由於社會工作者的加入，不但促成了早療團隊的完整性，也更落實了「以家庭為中心」的早療理念。本書第五章以整體概念介紹了早療社會工作的內涵及角色功能，這裡主要就家庭處遇的部分，探討社會工作者擔任的角色。

　　早療服務強調父母及家人的積極參與，且成為主動的工作夥

伴，因此社會工作者在協助家庭的過程中，絕對不會是一位高高在上的「專家」，以專業權威的姿態教導或要求家庭配合改變。相反地，社會工作者在工作過程中，必須與家庭聯結，建立好的夥伴關係，並且充分發揮合作、引導及協調的角色。社會工作者在家庭處遇中的角色可分成幾種。

(一) 情緒支持者

面對父母因孩子的特殊需求而出現的種種複雜情緒反應，社工者應該以一種同理支持的態度，協助父母接納自己的反應，並且理解任何的情緒都是可被接受的。父母能夠勇敢面對自己的情緒之後，也才可能勇敢面對孩子的問題，並進一步面對未來該走的路，勇於接受挑戰。

(二) 教導者

針對一般父母所缺乏的早療相關資訊，包括發展遲緩問題的資訊、早療服務體系及相關資源、發展遲緩問題的處理或照顧方式等，社工人員都可以根據他們的需求提供相關資料或透過討論方式協助他們建立正確概念及方法，以解決他們的疑惑或問題。

(三) 諮詢者

家庭除了必須面對發展遲緩孩子的問題及需求之外，還得應付家庭生活中的許多議題，以及家人相處的種種狀況。社會工作者既然強調以「整個家庭」為工作對象，當然必須關注家庭的所有問題及需求。因此社工者應該成為家庭遭遇問題時的諮詢對象，也許是父親的失業問題或其他手足的行為困擾；必要時提供適當的意見給家庭，協助處理問題。

(四) 治療者

社工者若接受過家族治療相關訓練，也可以針對家庭功能不良的個案提供相關處遇，調整家庭的溝通模式、重構（restructuring）家庭結構，以改善家人的互動關係，提升家庭功能，也才能以更有效能的方式協助發展遲緩孩子。

(五) 個案管理者

社會資源的聯結及運用一向是社會工作者的專長之一，也是專業團隊一致認可的社工重要職責。早療家庭面對多元需求及問題，不只需要醫療、教育、社福體系的資源協助，也需要來自親朋好友等非正式資源的支持及支援；因此社工者正可發揮這項專長，激發並動員各種資源，順利輸送資源給有需求的家庭。

(六) 協調者

發展遲緩孩子的家庭進入早療服務體系之後，必須面對不同的專業人員（譬如某些聯合評估中心的團隊成員多達十人以上）、不同的機構（發展中心、復健醫療院所、融合或特殊教育等），承受的衝擊甚大，而且不同專業或不同機構各有其獨特的組織文化或專業特色。為了幫助這些家庭有能力盡快瞭解這些不同專業人員或機構組織的要求及期待，社工人員必須扮演協調的角色，特別是對於不一致或甚至衝突的意見時，能夠出面協調整合，製造和諧的療育氣氛，避免家庭遭受二度傷害而導致孩子的療育受阻。

(七) 倡導者

運用充權的觀點，協助家庭及父母從被動參與的角色，轉而成為積極主動參與者。引導這些家庭思索目前政策或制度的缺失、協助組織家長團體匯集力量、協助將大家的經驗整理成有建設性的議

題，鼓勵家長向政府相關單位提出建言；不只社工者能夠發揮倡導角色，也協助家長發展自己的倡導功能。

第四節　早療家庭處遇的相關理論
▶▶▶▶▶

　　與家庭相關的理論相當多，甚至可以成為一門主修課程。周月清（2001）根據《家庭理論與方法資源》叢書，依照使用時間序列，認為應用在家庭實務的模式或家庭理論，包括：(1) 1920年代的符號互動論；(2) 1930-1940年代的結構功能論；(3) 1940至1960年代的家庭發展理論、發展心理學、生態學發展；(4) 1960至1980年代的系統理論、社會衝突理論、資源理論、社會交換理論、人類生態理論、生活週期、認知行為學派等；(5) 1980年代的溝通理論、女性主義理論及生物學觀點等。

　　謝秀芬等人（2008）在《家庭支持服務》一書中提到的家庭服務相關理論，則包括生態系統觀、家庭系統理論、家庭發展理論、家庭溝通理論、角色理論及家庭壓力理論等。

　　本章選擇與早療家庭處遇相關的三個主要理論介紹如下。

一、家庭系統理論

　　根據系統理論，家庭是一個複雜的社會系統，具有互動性、相互關連性及回應性等特性。每一個成員的需求和經驗都會影響到其他成員，甚至衝擊到整個家庭；也就是說家中某人出現問題，系統中的其他人都會跟著受到影響（翁樹澍等譯，1999）。

　　提出家庭系統理論的結構派家族治療（structural family therapy）代表人物之一：派翠西亞‧米紐慶（Patricia Munichin）曾經指出家庭系統運作的六個重要特徵：

1. 家庭是一個有組織的整體，系統內的各部分都互相依賴。

2. 系統模式的運作採取「循環性」（circular），而非「直線性」（linear）的因果關係（causality）觀點。強調家中成員互動的循環性影響，成員的每一個反應都會影響到對方接下來的回應，而對方的回應又再度影響到自己的下一個回應。因此想要瞭解家庭，最好是能夠探討成員之間的互動關係。

3. 系統具有「平衡」的特性，以維持系統運作的穩定狀態。

4. 只有在開放的系統內才能發生變化。

5. 複雜的系統是由次系統（subsystem）組成的。

6. 次系統藉由「界限」（boundary）區隔，彼此間的互動藉由隱藏的規則操控。（利翠珊，1999）

家庭系統理論有三個主要概念（劉瓊瑛，2007）：

1. **家庭結構**（family structure）：指的是一組無形的功能性需求，家庭成員藉此以建立互動模式。家庭是一個藉由互動模式運作的系統，這些重覆出現的互動模式決定了家庭成員如何、在什麼時候以及和誰相連結，同時奠定了家庭系統的基礎。譬如媽媽餵孩子喝果汁，他乖乖喝下，這個互動說明當時的情境、媽媽和兒子各自在母子關係中所扮演的角色。這種相互關係不斷重現之後，就形成一種互動模式。

2. **次系統**（subsystem）：家庭系統是由不同的次系統所組成，並藉由不同次系統來區隔及執行功能。個人就是家庭中的次系統，或經由代別、性別、興趣或功能而形成不同次系統。一般典型家庭存在三種主要次系統：夫妻次系統、親子次系統、以及手足次系統，每一個次系統都有其特定的功能且對其成員有特定的需求。

3. **界限**（boundary）：界限存在於次系統之間，是用來定義誰能加入以及如何加入的規則；界限的主要功用在於保護系

統的分化,且界限的清楚度是用來評估家庭功能的一個有效指標。若次系統的界限過於緊密,容易出現「糾纏型」（enmenshed）互動模式；反之,若次系統的界限過度僵化（rigid）,則可能出現「疏離型」（disengaged）模式。大部分家庭的界限性質介於兩者之間,屬於正常範圍。

家中出現發展遲緩孩子,常會使整個家庭系統失去平衡,次系統之間的界限也會因孩子的特殊需求而有了改變,譬如媽媽與遲緩孩子形成一種過度緊密關係,父親和其他手足則被排除在外,因而影響到夫妻次系統及手足次系統、甚至媽媽與其他手足的親子次系統也都會受到衝擊。有些家庭面對這種壓力與變化時,能調整並順應新需求而重新獲得平衡；不過也有一些家庭卻因過度負荷而必須尋求專業的協助。

二、家庭發展理論

家庭發展理論也就是「家庭生命周期」（family life cycle）的概念,強調家庭的發展是一個階段性的過程,循著一個可預期的階段前進。這個過程與個人的生命發展相似,每個階段有其一定的順序、發展任務以及待克服的障礙；當家庭從一個階段轉換到另一個階段時,若是無法因應當前階段的特殊需求,或忽視當前問題而邁入下一個階段時,就可能導致家庭停滯不前或延緩下一個階段的成長,有時甚至造成家庭的崩解（謝秀芬等,2008）。

謝秀芬（2008）將家庭的生命周期分成七個階段:婚姻調整期、養育學齡前子女期、養育學齡兒童期、養育青少年子女期、子女準備離家期、空巢期、孤寂期。每一個階段Collins等人（2007）則在「子女離家」階段之後增加了一個新階段——「迴力鏢」階段（boomerang stage）,針對孩子離家自立後又返家的狀況,提出此

一新階段的家庭任務（包括：家庭重新調適以適應成年子女重新返家、處理夫妻之間的議題、重新協商個人和身體的空間，以及重新商量角色職責等）。

家中有發展遲緩的孩子，家庭除了必須因應當前階段的一般任務，還需面對一些「特殊需求」，因此在家庭發展歷程中常承受更多的壓力。父母若是不能從新婚階段順利轉換到育兒階段，在還沒調整好作為人夫人妻的角色之前，若加上必須學習為人父母的新角色，或甚至學習作為特殊需求孩子的父母時，壓力的負荷必定難以想像，而夫妻的關係也將面臨莫大的挑戰，甚至影響到整個家庭功能。若是孩子的遲緩或障礙程度嚴重，家庭則可能一直停留在養育子女的階段，始終承擔照顧子女的任務，甚至直到年老力衰。至於其他正常子女，也可能出現無法安心離家自立的顧慮，而不能循著正常軌跡發展自己的人生。如何協助遲緩或障礙孩子順利達成家庭各階段的發展任務，也是社會工作者必須省思且倡導的重要議題。

三、家庭壓力理論

提到家庭壓力理論，通常會以Hill（1958）的ABC-X家庭壓力模式作為代表。自1970年代以來，許多研究經常使用這個模式來探討成員罹病的家庭，特別是身心障礙者家庭。此一模式包含三個要素，「A」指的是造成家庭壓力的事件（event），或稱為「家庭壓力源」（stressor）；「B」指的是家庭所擁有的資源（resources）或能力（cability）；「C」則是家庭對此一事件的認知或解釋（perception）。Hill認為一個事件是否會造成家庭的壓力，而產生「危機」（crisis），主要有三個影響因素：(1) 該事件的嚴重程度；(2) 家庭如何定義或解釋此一事件；以及(3) 家庭的因應資源是否足夠應付當前壓力。

　　以早療家庭為例，家有遲緩孩子，整個家庭面對此事件，是否能順利因應或造成危機、甚至引發家庭破裂，也可以藉由這個模式來討論。發展遲緩問題有單一的遲緩問題、多重遲緩、合併嚴重身體疾病的發展遲緩或重度障礙等，對於身體狀況需要特別照護的孩子（譬如肌肉萎縮症或氣切），父母幾乎處在戒慎恐懼的照顧壓力之下。若是父母以負面的態度解釋孩子的遲緩問題（譬如老天不公平），也會增加自己面對現實的困難。而照顧遲緩孩子會增加許多經濟或心力的負荷，一般家庭都容易感到吃力，更何況資源總是匱乏的弱勢家庭！因此在這三個因素的交互作用之下，使得發展遲緩幼兒的家庭容易陷入危機而需要專業協助。

　　多年前，筆者曾在某家聯合評估中心，利用5個月的時間共收集了39個早療個案的家庭資料，發現其中有14個家庭呈現正常功能，不需特別處遇。這14個調適良好的家庭具有以下共同特徵：(1)經濟狀況良好，父母教育程度都在高中以上；(2)父母能共同面對問題，互相支持；(3)家庭擁有不錯的支持系統，（外）祖父母能協助分攤照顧責任。至於另外25個家庭則需要安排社工的處遇，他們的問題類型可分成：(1)父母本身罹患身心疾病；(2)父母無法接受孩子問題而採否認態度，且對孩子期待過高；(3)家庭功能不良或支持系統薄弱；(4)家庭同時面臨多重壓力（例如祖父母重病、父親又失業）。將近三分之二的家庭因失功能或低功能而須社工介入協助。

第五節　早療家庭處遇的內涵
▶▶▶▶▶

　　「以家庭為中心」的早期療育模式，不只關心發展遲緩孩子的特殊需求，也關注這些家庭在教養特殊需求孩子的過程中所衍生的需求及問題。而早療團隊中的社會工作者，工作的對象應該涵蓋每一個早療家庭，不只協助家庭建立照顧這些特殊孩子的能力、也

協助連結療育所需的相關資源；此外，也應瞭解整個家庭系統的功能或結構，視需要提供不同層次的介入協助。也就是說，以整個生態網絡做為評估的焦點，兼顧家庭整體及每一個別成員的需求及問題，面面俱到，以達到全方位的家庭處遇作為目標（劉瓊瑛，2006）。

有關早療家庭處遇的內涵，此處依據公共衛生領域的三級預防模式來討論。所謂三級預防指的是初級預防（primary prevention）：以健康促進活動來減少生病之危險因子，並增加免於生病的保護因子，以預防生病。其次是次級預防（secondary prevention）：早期篩檢、早期診斷與早期介入。以及三級預防（tertiary prevention）：提供有效的治療與復健，以避免問題惡化並及早恢復功能。目前的早療家庭處遇工作大都以次級預防及三級預防為重點，筆者認為這是比較狹義的家庭處遇內涵；若要達到全方位的整體服務，應該將三級預防的概念完全包含在內。

初級預防的早療家庭處遇，範圍相當廣泛，指的是可以用來增強家庭對於兒童發展的認識及增強父母親職能力的各項服務，屬於積極性的一些措施。所有預防性的家庭生活教育課程都包括在內，舉凡兩性課程、婚前教育、夫妻關係、遺傳諮詢、育兒知識、親職教育等主題，都有助於父母學習做好為人父母的準備。此外，與個人自我成長、壓力調適有關的課程，當然也有助於父母更有能力在家庭中扮演好該有的角色功能；鼓勵家庭參與各種類型的社區活動，也是幫助父母能融入社區生活，結合外在資源為自己締造出更好的功能表現。另外，針對某些特定家庭，譬如外配家庭或弱勢家庭為對象的學前啟蒙服務及育兒指導服務，更是初級預防服務的最好例子。站在充權的觀點，協助家庭整體及父母具備更多的優勢及資源，有更好的能力滿足家人的需求，才能逐漸朝向健康家庭的理想目標邁進。

次級預防的家庭處遇則是在於協助家庭儘早發現問題，及時

進入早療系統接受服務。透過發展遲緩問題及早期療育相關知識的
宣導，讓父母有能力掌握孩子的狀況，並在需要時可以及早知道進
入早療系統接受服務的管道。目前各縣市的通報轉介中心、個案管
理中心（或早療社區資源中心）為這些家庭搭起進入早療系統的橋
樑；有特別需求的家庭（如低功能或失功能家庭），也會安排社工
者提供密集的個管服務，陪伴及協助接受早期發現、早期診斷的重
要過程。

　　一旦孩子確定為發展遲緩相關問題，家庭就開始接受必要的三
級預防家庭處遇服務。Guralnick（1997）曾提到因應家庭的不同問
題及需求而設計的早療服務方案，應包括三部分：(1) 資源協助：認
識各項服務及申請方式、提供經濟協助或喘息服務等補充性服務；
(2) 社會性支持：家長團體、家庭諮商及治療及建構社區支持網絡；
(3) 提供有關資訊及各項服務：安排合適的療育方案、父母親職諮詢
及個別治療。

第六節　國內早療家庭處遇的運作
▶▶▶▶▶

　　國內在建構早療服務系統之前，以特殊需求孩子為服務對象的
相關機構（例如醫院復健部門、療育機構等），大都依據「兒童為
中心」的原則，直接對這些孩子提供各項療育訓練，鮮少關注家庭
的需求。雖然相關機構也都聘有社會工作人員，但工作重點都以提
供經濟協助為主，甚或入班協助教學。少數醫院的兒童精神科部門
有較齊全的專業團隊（包括：兒童精神科醫師、兒童臨床心理師及
兒童精神醫療社工人員等），能關注兒童及家庭的需求，以團隊合
作方式同時提供兒童及家庭處遇。有時是由同一位專業人員分別看
孩子及父母，有時是一位治療師（通常是臨床心理師）看孩子、另

一位治療師（社工人員）看父母，有時則由兩位治療師協同一起治療全家。

民國77年解嚴之後，各種人民團體紛紛成立組織，許多身心障礙家長團體及基金會也應運而生，家長紛紛站出來為這些有特殊需求孩子爭取更多的權益，而家長本身的需要也漸漸受到重視，於是各種以家長為對象的支持性、教育性及治療性活動也陸續出現；接著再擴及到手足甚至全家人的服務。

早療服務開始成形之後，提倡「以家庭為中心」的理念，因此從最初的通報轉介、評估鑑定，到療育服務等不同階段，都有社工人員特別針對家庭提供各項服務；其中「個案管理」方法更是貫穿整個服務過程，以全方位的服務方式，協助滿足特殊需求孩子及整個家庭的需要。從通報開始，就有社工人員協助家庭順利進入早療系統；評估鑑定階段也有醫院的社工進行家庭功能評估。瞭解家庭的各項能力及需求，並做必要的處遇及轉介；孩子進入療育機構，也有專屬的社工人員全程協助處理家庭在療育過程中遭遇到的各種障礙。由於各縣市的通報人數不一，有些縣市的所有通報孩子都安排個案管理員提供服務；有些縣市則只針對有多重問題的家庭才提供個管服務。至於服務的內容則以支持性服務為主，包括經濟協助、居家照顧服務、臨時照顧服務、親職教育、交通服務、諮詢服務等（台北市社會局，2002）。此外，也會安排各類型親職活動或家長支持性團體以提供情緒支持及親職技巧的學習；少數家長因為心理調適不良或婚姻嚴重衝突，也會安排個別心理治療、夫妻治療或家庭治療等模式以協助解決問題。

綜觀當前國內有關早療家庭的處遇，整理出以下幾個現象：

1. 由於社工人數不足，造成個案量過大，有些社工每人須負荷超過一百件個案；目前提供的家庭處遇大都以「陪伴」及「療育資源轉介」兩項任務為主。

2. 家長心態仍以孩子的療育為重點，而忽視自己本身的需求。在高焦慮及高期望的心態下，希望能在最短時間給孩子最多的訓練，因此對於社工人員安排的家長情緒調適及成長等活動大都動機不強，也不在意自己身心承受的壓力。

3. 國內的資源分配仍有城鄉差距，有些偏遠地區資源嚴重缺乏，有些則非常豐富。因此社工人員提供家庭協助時，有時陷入「無米炊」的困境、有時則無法限制家庭使用過多資源的浪費行徑。

4. 有些家長面對不同專業人員的不同建議，容易有無所適從的疑惑；有些專業人員未能考量家長的能力及處境而直接做過多的要求，也常致使家長因承受過大壓力感覺受挫而逃避或中斷孩子的療育。有些專業人員也容易對於家長產生刻板印象，給予標籤化而致關係惡劣。

5. 社工人員在家庭處遇方面的專業訓練不足，無法及時且準確評估家庭的需要及問題，也欠缺較深度的諮商技術。

針對未來的家庭處遇努力方向，以下有幾點建議：

1. 政府規劃早療資源應該因地制宜，且發展多元的療育模式，以因應不同地區的需要，譬如兒童局已規劃了「定點療育」的服務方式。

2. 充實社工人員的家庭諮商知識和技巧。不再只以資源聯結作為主要的服務重點，也能掌握家庭系統的運作問題，譬如不良的家庭結構或溝通問題，並採用適當的諮商技巧協助家庭改善，以建立更好的能力與專業人員合作，提高孩子的療育成效。

3. 加強早療專業人員在家庭評估及家庭溝通技巧的基本訓練，以建立家庭與專業人員之間更好的關係，具體實踐家長成為工作夥伴的目標。

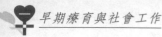

4. 提倡「在地個管」工作模式，減輕個管員的個案負擔量，讓不管在醫院、療育機構，或幼托園所的每一位特殊需求孩子及其家庭都能及時且適當的關照。

5. 建立不同類型家庭（例如精神病患父母、新移民父母、單親等）的處遇模式，以因應多元的問題及需求。

6. 普設「家庭資源中心」，提供家長一個專屬的園地，可以得到同儕的互相支持及協助，而有勇氣面對自己的需要及問題，進而願意主動尋求協助或甚至自助助人，並發揮倡導的功能，為國內早療服務的進展貢獻一己之力。

7. 最終目標是建立一個具有可得性、可近性、可靠性、可負擔性、可適用性、整體性、持續性及協調性的早療服務系統。

早療家庭處遇的目標是在協助家庭能夠克服因孩子的發展遲緩問題所產生的內、外在壓力，並幫助父母建立充足且合適的能力滿足特殊需求孩子的需求，

一方面也要改善家庭的不良功能，以營造和諧的家人關係，同心協力為孩子締造一個健康的家庭生活。

最後引用楊明仁（2003）介紹的「家屬照顧歷程角色及工作任務的改變」為例（圖7-1），社會工作者在提供家庭處遇協助發展遲緩孩子的父母時，也應該以協助父母積極發展以下這些角色為目標。

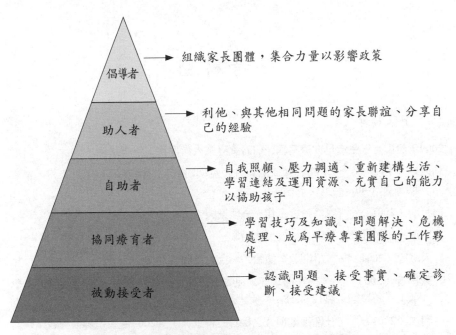

圖7-1　家屬照顧歷程角色及工作任務的改變

資料來源：楊明仁（2003）。〈社區復健模式之檢討與精進〉，《2003台灣精神醫療展望研討會論文集》，頁76-96。

 自我評量

1. 請討論家庭與嬰幼兒發展之間的關係。
2. 「以家庭為中心」早期療育模式具有哪些特點？
3. 請說明社會工作者在早療家庭處遇中的角色。
4. 請根據家庭壓力理論討論早療家庭常遇到的問題。
5. 請說明早療家庭處遇的主要內涵。
6. 請討論國內早療家庭處遇的運作。

參考書目

一、中文部分

2009年發展遲緩兒童早期療育國際研討會專業人員實務工作坊講義。

利翠珊（1999）。〈家庭心理學的系統觀點與研究〉，《應用心理研究》，第二期，頁21-40。台北：五南。

周月清（2001）。《家庭社會工作——理論與方法》。台北：五南。

翁樹澍、王大維譯（1999）。《家族治療——理論與技術》。台北：揚智。

許天威等（2004）。《早期療育概論》。台北：群英。

許素彬等（2003）。〈特殊需求嬰幼兒支家庭需求分析與研究〉，《靜宜人文學報》，第18期，頁127-158。靜宜大學文學院。

楊明仁（2003）。〈社區復健模式之檢討與精進〉，《2003台灣精神醫療展望研討會論文集》，頁76-96。

劉瓊瑛（2006）。〈發展「以家庭為中心」的全方位家庭服務〉，《公訓報導》，第121期，頁7-9。台北：台北市政府公務人員訓練中心。

劉瓊瑛譯（2007）。《結構派家族治療入門》。台北：心理。

鍾莉娟等譯（2004）。《早期療育手冊》。台北。心理。

萬育維、王文娟譯（2002）。《身心障礙家庭——建構專業與家庭的信賴聯盟》。台北：洪葉。

謝秀芬等（2009）。《家庭支持服務》。國立空中大學。

魏希聖譯（2009）。《家庭社會工作》。台北：洪葉。

二、外文部分

Bailey B. Donald (2009), "Outcome Evaluation of Early Intervention." 《第十屆國際發展遲緩兒童早期療育論文發表大會手冊》。中華民國發展遲緩兒童早期療育協會。

Dunst J., Trivette C. M., & Deal A. G. (1994), *Supporting & Strengthening Families Vol.1: Methods, Strategies and Practices*. MA: Brookline Books.

Guralnick M. (1997), "Effectiveness of Early Intervention for Vulnerable Children: A Developmental Perspective." In Feldman, M. (Ed.), *Early Intervention: The Essential Readings,* pp. 9-50. MA: Blackwell Publishing.

Hartman A. & Laird J. (1983), *Family-Centered Social Work Practice.* New York: The Free Press.

Seligman M., & Darling R. B. (2007), *Ordinary families, Special Children* (3rd ed.). New York: The Guilford Press.

Turnball A. P., & Turnball H. R. (2001), *Families, Professionals, and Exceptionality: Collaborating for Empowerment* (4th ed.). NJ: Merrill/Prentice Hall.

第八章

早期療育中的家庭評估

———— 劉瓊瑛

第一節　家庭評估的意義、基本概念及目的

第二節　建構家庭評估模式

第三節　一個完整的早療家庭評估模式

第四節　家庭評估的方法與技巧

附錄一　社會工作家庭功能評估表

學習目標

- ✔ 瞭解早期療育中，家庭評估的意義。
- ✔ 學習早療家庭評估的特性及基本概念。
- ✔ 建立完整的早療家庭評估模式。
- ✔ 熟悉早療家庭評估的內涵。
- ✔ 學習早療家庭評估的方法及技巧。

本章摘要

　　家庭評估是早療社會工作者的工作任務之一，本章將說明家庭評估的意義及目的，介紹一個完整的評估架構及其內含，以及各種家庭評估的方法，最後並列舉一份家庭評估表格以供讀者參考。

關 鍵 字

- ◆ 家庭評估（family assessment）
- ◆ 家庭評量（family measurement）
- ◆ 家庭次系統（family subsystem）
- ◆ 界限（boundary）
- ◆ 三角關係（triangles）

　　早療家庭因發展遲緩孩子的出現，衍生許多獨特的需求與問題。採取「以家庭為中心」取向的實務工作者為了能確實掌握家庭的需求以提供服務，在擬定家庭服務計畫之前，必須對家庭有一個全盤性及清楚的評估。Turnbull（2002）認為「瞭解家庭是專業在與家庭建立信賴聯盟的首要工作，而瞭解一個家庭是相當複雜的過程。」（萬育維等譯，2004）。

　　家庭的確具有複雜的多面性！自1950年代以來，家庭治療模式興起，家庭評估也成了提供治療之前的重要步驟。各個家庭治療學派也紛紛從不同層面探討家庭評估；但迄今一直未能發展出一套具有代表性的統整家庭理論或建立一套足以讓大家信服的家庭診斷系統，實因家庭涵蓋的層面太廣，若無法從多面向看待家庭，就有如瞎子摸象，難免有以管窺天的缺憾。曾文星和徐靜（1980）曾嘗

試將家庭按照三個層面分成二十六種類型，但日後因太過繁瑣而未能有效推廣。因此，若要能確實掌握家庭的全貌，絕對需要一份完整且多面向的評估架構，能從多重角度探討家庭的運作，如此才能真正瞭解家庭的需求與能力，也才能達到「評估是為了提供有效處遇」的目的。

第一節　家庭評估的意義、基本概念及目的
▶▶▶▶▶

一、家庭評估的意義

「家庭評估」與「家庭診斷」（family diagnosis）同義，但「診斷」一詞常被視為醫療模式的用詞，旨在發現問題與症狀，是一種病理學取向。「評估」則除了探討問題之外，也注重瞭解優勢及資源的相關資料，符合當今所強調的優勢取向。至於家庭評量（family measurement）則主要採取量化方式，利用各種標準化工具以測量家庭的功能。社會工作專業較常採用「家庭評估」一詞，除了探討個案家庭的需求與問題之外，也同樣重視家庭所具備的各種能力、資源，並用以充權家庭及建立家庭各種能力。

Collins、Jordan與Coleman（2007）等人撰寫的「家庭社會工作」（魏希聖譯，2009）提到「質化家庭評估」（qualitative family assessment）和「量化家庭評估」（quantitative assessment）兩種內容。所謂「質化家庭評估」，應該就是上述「家庭評估」或「家庭診斷」；而「量化家庭評估」則與「家庭評量」同義。

二、家庭評估的基本概念

家庭評估的對象是整個家庭，家庭雖是由多個個人組成，但「家庭」卻是大於其所有成員的總和；換言之，家庭除了組成的個人外，還包含這些成員相處在一起時所展現的互動關係及功能模式。因此，進行家庭評估之前，我們須先瞭解幾個相關的基本概念。

(一) 家庭評估的理論基礎

在以「系統理論」（system theory）和「生態觀點」（ecological perspective）作為家庭評估的理論基礎下，系統理論者認為，家庭是一個大系統，每個成員都是大系統中的一部分。整個系統的運作會影響到每個成員；而任何一個成員的變化也會影響到其他成員，甚至衝擊到整個家庭。

「生態觀點」則是關心人類和環境的互動及其依附關係，在此觀點下，家庭被視為是一個「生態系統」，個人生活在社會環境當中，深受到外在環境中各種元素的影響，因此個人及其家庭的生活品質與整個外在生態系統的品質是不可切割的關係。瞭解家庭與外在環境的互動關係，並協助家庭在環境中的適應，亦是家庭處遇的一大目標。

(二) 重視二元及三元化的行為模式

家庭中個別成員的行為往往影響到第二人的行為，而這兩人的關係又常造成第三人的影響。譬如夫妻之間絕對相互影響，而夫妻的關係又一定會牽涉到子女。

(三) 強調循環性的因果關係論

傳統的因果關係論（circular causality）是單純「刺激－反應」

的直線性思考模式，認定某件事直接造成另一件事。例如父母要求孩子放學直接回家，孩子若聽從吩咐，就被視為是「乖巧」；若做不到，就會是「變壞了」。這就是直線性因果關係論的思考方式，若是能將父母的要求方式、孩子的回應以及父母面對孩子回應的進一步處理方式、父母與孩子之間的關係都考慮進去，就是從循環性因果關係脈絡來分析問題，較適合探討家庭持續的長期互動模式及瞭解家庭系統中的問題。

貝特森（Gregory Bateson）和傑克森（Don Jackson）曾經這麼描述互動循環關係：因為乙做了某件相同的事，甲因此被激發做出更多的某事；由於甲做了這些事，使得乙做出更多的某事；又由於乙做了一些事，讓甲做出更多的某事，以此類推。（魏希聖，2009）譬如先生應酬晚歸，太太嘮叨，先生嫌煩而常夜歸，太太變得更嘮叨而循環不已！

(四) 人際互動與個人內在並重

家庭評估的主要重點是在瞭解家庭成員彼此之間的互動關係，透過這些人際互動關係（interpersonal interaction）呈現出的家庭功能狀態。因此必須同時與不同的次系統及整個家庭系統成員接觸，才能一窺家庭的真相。同時也必須探討每位個別成員的個人內在（intrapersonal）部分，並依需要而決定探索的深度及廣度。

(五) 「內容」是達到「過程」的捷徑

「內容」（content）指的是「什麼事」，也就是家庭提供的資訊；「過程」（process）是指家庭成員如何互動及傳遞訊息。進行家庭評估時，以引導家庭成員提供訊息作為手段，重要的是透過觀察訊息提供的過程，得以詳細瞭解成員的互動關係及獲得重要的家庭線索，譬如誰是家中的發言人、座位的安排、會談中彼此的回應模式等。

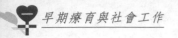

(六) 評估是一個動態的過程

家庭是一個不斷變化的系統，因此與家庭工作時，很難清楚劃分評估及處遇階段，而且可能交替不斷進行評估及處遇任務。因此，對於家庭的假設或結論，應該都抱著彈性的態度，因應家庭的變化而調整。

三、家庭評估的目的

Collins（2007）等人提到家庭評估的目的有六項：

1. 評估家庭是否能從家庭工作中獲得幫助，如果答案是肯定的，那麼就要決定採用哪種處遇模式最適合他們。
2. 明確判定家庭需要改變的地方。
3. 合乎現實原則，訂出長、短期處遇目標。
4. 找到家庭的優勢和資源，以及方便使用的環境及社區資源，並用來達到預期的改變。
5. 收集資訊並瞭解家庭功能的基準線，據此訂出處遇的成效目標。
6. 訂出雙方都同意的改變目標，以決定服務何時可以終止；社工員和家庭也才能夠測量預期目標的達成狀況。

至於早期療育服務中為什麼要進行家庭評估，根據Bailey及Simeonsson（1988）的說法，主要有五個理由：

1. **因應法令的規定**：以美國為例，公法99-457法案通過之後，要求特殊需求嬰幼兒的父母必須積極參與，並與專業團隊一起訂定「個別化家庭服務計畫」（individualized family service plan, IFSP）。這個計畫主要強調家庭的優勢如何增強幼兒的發展，並詳述家庭期待的目標。每個家庭會指派一位

個案管理員，負責協助父母執行計畫，以及與其他相關機構和服務提供者的協調工作。IFSP除了列出提供給孩子的服務之外，也包括針對家庭的訓練和諮商服務。因此必須對於個別的家庭進行評估分析，以瞭解其個別需求。

2. **幼兒是家庭系統的一部分**：根據系統理論，幼兒及家庭會相互影響；家庭的改變會影響幼兒，而幼兒的改變也同樣會影響到家庭。因此，透過家庭評估可以瞭解家庭對於幼兒特殊需求的反應，以及孩子的問題對於家庭的影響。

3. **確認家庭的需求**：特殊需求嬰幼兒的家庭會有一些獨特的需求，能夠正確評估每個家庭的個別需求，不但可以提高服務效能，同時也可增加家庭對於服務的接受度。

4. **找到可以增強家庭適應力的家庭優勢**：每個家庭絕對都擁有一些優勢。現今的處遇方法已由缺陷模式（deficit model）轉而強調正向力量的影響，因此進行家庭評估的另一個理由就是找出、建立，並增強家庭的優勢及資源。

5. **作為服務成效評鑑的基準**：傳統的早期療育服務成效只以孩子的需求作為基礎，但「以家庭為中心」的工作模式推廣以來，家庭的服務成效與孩子的服務成效都變得一樣重要。因此，早療團隊也必須定期評估家庭需求及問題的改善情形，以確定家庭服務的成效；因此，在擬定家庭服務目標之前，同樣須透過家庭評估以確實掌握家庭的基準線，作為日後服務成效的評鑑依據。

我們在前面幾章都已提到家中有特殊需求孩子對於家庭所造成的衝擊，以及父母對於孩子問題的反應強烈，影響到整個家庭功能的運作。國內早療服務系統建立以來，社會工作者就是團隊中的成員之一，無論是通報轉介，聯合評估、療育機構或個案管理等業務，都有不同的社會工作者負責協助早療孩子及其家庭。目前的聯

合評估報告書中也有家庭功能評估項目，而個案管理員協助家庭制定「個別化家庭服務計劃」（IFSP）之前，也必須進行詳細的家庭評估，而療育機構的社工為了孩子能夠持續順利接受療育，更需要充分瞭解家庭的功能，並協助家長成為最佳的工作夥伴。

第二節　建構家庭評估模式
▶▶▶▶▶

一、早療家庭評估模式的特點

要瞭解一個家庭是相當複雜的過程，除了前面提到，家庭具有多元的面向之外，也會受到評估者的理論取向及價值觀的因素而影響到評估的內涵。早療家庭有其特殊性，一個好的早療家庭評估模式應該具備以下幾個特點（Bailey等人，1988）。

(一) 涵蓋重要的家庭面向

家庭面向可以包羅萬象，諸如父母的親職能力、親子互動、父母的壓力及因應、婚姻關係、手足的情緒反應等等。一個好的家庭評估，不是盡量收集詳盡的家庭資料就夠了，重點在於注重家庭概念的完整性；有時詢問過多家庭資料，反而是一種干擾。因此，一個好的家庭評估模式應該考慮到個案的特質及獨特需求、評估者（或機構方案）的理念哲學或理論依據，選取相關的重要面向作為評估重點，才能符合個案家庭及工作者雙方的需求。

(二) 採用多元測量方法和訪談多位資料提供者

為了確保資料的可靠性及客觀性，應該使用一種以上的方法收集家庭資料，常用的方法包括會談、觀察及填寫標準化量表等。家庭中的每一成員對同一件事的感受各不相同，所以單一成員所提供

的資訊並不能完全代表家庭的真實面貌。因此，一個好的家庭評估
應該收集家庭中不同成員的看法，同時需進一步探索不一致之處。

(三) 尊重家庭文化的價值觀和傳統

好的家庭評估和服務的提供應該能尊重家庭的價值觀及傳統。
瞭解家庭時，必須考量到文化議題；因為文化因素會強烈影響到
家庭對於早療服務的反應及期待。早療工作者提供的服務目標或方
式若與個案家庭的價值相衝突，則可能造成不信任及服務失敗。從
事家庭評估，應該提高對於不同文化的認識及敏感能力，使用「加
入」（joining）技巧以製造一個充滿支持性的環境。

(四) 以家庭考量爲優先順序

評估家庭，應該以個案家庭自覺的需求及重視的問題為優先，
以作為目標設立和決定服務項目的依據，而不是依照工作人員的考
量為主。這種尊重及關心，不只有助於掌握家庭的狀況，也能建立
良好的工作關係，同時也可以鼓勵家人積極參與且樂意配合。

(五) 定期再評估

好的家庭評估絕對不會只以一次的評估作為定論。因為家庭
的需求會隨著時間而改變，孩子的發展與需要也會因不同的階段而
產生變化，因此透過定期再評估，才能確實掌握家庭的狀況，並及
時修正服務目標以回應家庭的新需求。此外，藉由定期評估也可幫
助瞭解服務的成效、目標達成的程度，並視需要修正服務目標及策
略，以增加家庭對服務的滿意度。

二、家庭評估模式的內涵

Hartman與Laird在1983年撰寫的《家庭中心取向社會工作實務》（*Family-Centered Social Work Practice*）一書，是闡述家庭中心取向社會工作的一本經典參考書，書中提到家庭評估應該包含三大層面：

1. 在空間中的家庭：生態評估。主要探討家庭與外在環境之間的交流關係。
2. 關於「時間」的評估：從代間觀點來探討家庭。
3. 家庭內部：內在系統評估。

Collins等人（2007）提到質化家庭評估必須探索以下主題：

1. 家庭內部功能。
2. 家庭生命週期。
3. 家庭生態環境。

Baily與Simeonsson（1988）在《早期療育中的家庭評估》（*Family Assessment in Early Intervention*）一書中提到早療的家庭評估應該包括下列幾個層面：

1. 影響到家庭功能的兒童特質：包括兒童氣質特徵、兒童行為表現等。
2. 親子互動關係。
3. 家庭壓力及需求。
4. 家庭中的重大生活事件。
5. 家庭角色和支持資源。
6. 家庭資源。

Turnbull與Turnbull（2000）在《身心障礙家庭──建構專業與

家庭的信賴聯盟》（*Families, Professionals, and Exceptionality*）一書中提到，可從以下幾個層面瞭解家庭：

1. 家庭特質：即家庭特性，包括家庭大小和形式、文化背景、社經地位、居住環境的地理區位等。
2. 個人特性：特殊需求孩子的特質、家中個別成員的健康狀況及回應模式等。
3. 家庭互動：進行家庭次系統分析——夫妻次系統、親子次系統、手足次系統、與上一代家庭的互動。
4. 家庭凝聚力與適應力：凝聚力是指成員彼此之間情感的連結程度；適應力則是指家庭面對環境壓力的調適能力。
5. 家庭功能：探討特殊需求或障礙對於家庭功能的影響，分別從情感維持、自尊的建立、精神支持的需要、經濟需求、日常照顧的需求、社會化的需求、娛樂性的需求、教育需求等八項家庭功能討論可能受到的影響。
6. 家庭生命週期：運用家庭週期理論討論特殊需求孩子及其問題對於家庭系統的衝擊。

　　早療家庭的評估應該包括哪些內容，受到好多因素的影響，譬如機構的性質，早療團隊的工作取向、服務模式，以及家庭工作者（通常是社會工作者）設定的角色功能範疇等。不過，一個完整的評估模式能提供給評估者清楚的系統架構，瞭解該從哪些層面探討家庭；然後再依據機構及工作員的功能決定該注重哪些資料的收集，以完成必要的評估及提供適切的家庭處遇。

　　綜合各家的看法，一個完整的家庭評估應該至少包括以下三大面向（如表8-1），下一節將以此為架構，介紹一個完整的家庭評估模式及其內容。

表8-1　完整家庭評估的三大面向

面向	觀點	內容
內在系統	組織與結構	・家庭結構 ・家庭功能
生態面	空間取向	・家庭與外在環境的互動關係（生態圖）
代間面	時間或發展取向	・家庭生命週期 ・原生家庭（家系圖） ・重大生活事件

資料來源：摘錄自Hartman A., & Laird J. (1983), Family-Centered Social Work Practice. New York: The Free Press.。

第三節　一個完整的早療家庭評估模式
▶▶▶▶▶

一、家庭關心的問題和需求

　　先從家庭關心的問題和需求著手。收集資料不是以工作人員的需求為主，而應該是從家庭所關心的事項及需求開始。這樣不只可以表達工作人員對於家庭的真誠關懷與尊重，且利於建立雙方關係；此外也可以瞭解家人對於問題的界定及看法。因此，進行早療個案的家庭評估，尤其是初次與父母接觸時，應該先鼓勵父母陳述自己關心的事情，聽聽父母對於孩子發展能力的疑惑，照顧上碰到的問題，以及他們想要尋求協助的地方。

二、家庭結構面

　　米紐慶認為家庭結構指的是一組無形的功能性需求，家庭成員藉此以建立他們的互動模式；家庭就是一個藉由互動模式運作的系

統（劉瓊瑛譯，1996）。此處借用結構取向的幾個概念來作為評估家庭結構的主要指標。

(一) 家系圖

　　家系圖就是圖示的家庭樹，可用來描述家庭結構、成員的關係特性，以及跨世代出現的議題（魏希聖譯，2009）。家系圖的主要功能是提供從事家庭工作的工作者，在專業服務的過程中，以最短時間，瞭解個案的家庭結構、家人關係及可能的問題類型；往往被視為是家庭評估的主要工具之一（潘淑滿，2000）。因此，早療社會工作者都必須熟悉家系圖的繪製技巧。透過繪製的過程，不只社會工作者能對於該家庭有一個整體的認識，提供資料的家庭成員也可能獲得過去沒有察覺到的許多資訊。一般家系圖涵蓋至少三代（祖父母、父母和子女），至於如何繪製家系圖，讀者可參考《家庭社會工作》（魏希聖譯，2009）或《社會個案工作》（潘淑滿，2000）書中的介紹。（如圖8-1）

(二) 次系統及聯盟關係

　　家庭系統通常藉由次系統（subsystem）來分化及執行功能。每一個成員都是家中的一個次系統，家人之間也可因年齡、世代、興趣或性別等因素而組成不同的次系統。一般傳統的家庭會有三個基本次系統：夫妻次系統（spouse subsystem）、親子次系統（parental subsystem）和手足次系統（sibling system）。評估家庭時，必須探討家庭中這三個次系統的運作功能。

　　此外，家庭成員之間也可能依據各自的需求而結合成不同的聯盟關係（coalition），譬如「三角關係」（triangles）是一種常見的例子。當家中二人關係出現緊張或困難，第三者（通常是孩子）會被捲進去以求平衡，或某一方企圖得到第三者支持以打擊另一方。父母的婚姻衝突最常扯進孩子作為代罪羔羊。有時三角關係也會出

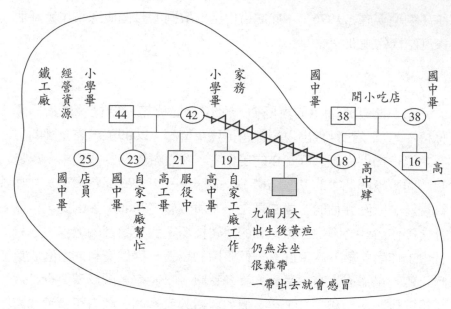

圖8-1　家系圖範例

資料來源：作者自行整理。

現在手足相爭、父（母）介入的情況。評估家庭，需察覺家庭中是否有聯盟關係存在？這些聯盟關係在家庭中的功能是什麼？個別成員如何受到這些聯盟關係的影響？

(三) 界限性質（boundaries）

不同次系統之間有界限存在，界限的功能就在保護次系統，免於受到外來的干擾而影響到該次系統的運作功能。界限可分「外在界限」（outer boundary）與「內在界限」（internal boundary）兩種。

■外在界限

所謂外在界限是指界定家庭系統與所處環境之間的交流關係。依照界限的滲透性或彈性而分為：開放性家庭系統具有「清楚」

的外在界限。允許系統外的訊息或他人進入家庭，家庭成員可以與系統外的他人產生感情或建立關係，且能與外在環境交換物質與資訊。家中常有訪客或外出訪友、積極參與社區活動。

封閉性家庭系統具有「僵化」的外在界限。與外界的交流有嚴格規定，嚴格限制進出家庭系統的人、物和資訊。這種家庭對外人存有戒心、限制外人侵入，猶如築起一道高牆，將家庭與外在環境隔離。隨意性家庭系統具有「模糊」的外在界限。沒有明顯的家庭界限，因此對於家庭的「內」、「外」幾乎沒有明顯區分；一些應該在家庭中出現的生活習慣也可能在家庭外的場所出現，對於系統的進出毫無限制，家人和外人進出家庭系統的自由度也無差別（許臨高主編，1999）。

■內在界限

另一方面，內在界限是指界定次系統之間或成員之間的交流關係。界限的清楚程度對於評估家庭功能也是一個重要指標。同樣可依照界限的滲透性或彈性分為以下三種：

1. **清楚的內在界限**：允許次系統之間或個別成員之間可以互相交流，彼此有情感的聯結，同時也可以接受個人的自主性及尊重個人的隱私。成員之間能互相瞭解且彼此支持。
2. **僵化的內在界限**：次系統之間或個別成員之間的交流少，缺乏感情的聯結或互動，成員彼此互不關心，重視個人的自主性而漠視家庭情感凝聚的重要性。「疏離型」（disengaged）家庭具有此種性質的內在界限，成員的關係類似「白掃門前雪」的一群陌生人；除非遭逢重大的生活事件，否則個別成員不容易得到其他家人的關注與支持。
3. **模糊的內在界限**：次系統之間或個別成員之間似乎沒有距離，彼此親密如網羅交織在一起，重視整體的一致性，系統中的成員必須有相同的想法和感受，個人必須犧牲自主性，因

此常無法獨立行動或解決問題。「糾纏型」（enmeshed）家庭屬於此類，彼此關係「牽一髮而動全身」，任何一個成員的小變動都可能引發全家的強烈反應：一般家庭在孩子年幼時，容易與母親建立比較緊密的關係，親子間的界限可能是僵化的；但隨著孩子年齡成長，逐漸脫離僵化緊密的界限，追求自主性。

有特殊需求的孩子更可能與主要照顧者（通常是母親）建立更僵化的緊密關係，而且不會因年齡漸大而改變，以致父親或其他手足長期被隔離在外；這對於家中的夫妻次系統、親子次系統及手足次系統都會帶來很大的挑戰。疏離型的家庭可能會把照顧特殊幼兒的責任交由母親一人負擔，而造成過度負荷情形；至於糾纏型家庭則可能全家都共同承受莫大的心理壓力而陷入情緒危機。而封閉性家庭面臨特殊需求孩子問題時，常因缺乏支持或相關資源協助而陷入無助、無望的困境。

若是夫妻次系統原來的功能就薄弱，特殊需求孩子很容易介入其間，形成三角關係，使得夫妻關係更加惡化，或孩子成為「代罪羔羊」。家中父親角色若不彰，有時手足中的老大會「被迫」取而代之，與母親共同執行親職功能，成為「親職化的孩子」（parental child），家庭結構出現偏差，個別成員也易因適應不良而發生問題。三代之間更容易因對於孩子問題的觀念及看法不同而出現指責、怪罪的衝突關係。

三、家庭功能面

家庭功能指家庭執行日常生活任務的各項能力，也包含對於壓力的因應技巧等。我們可以從幾個指標來評估一個家庭的功能運作情形。

(一) 正式角色的評估

角色指的是家庭成員執行家庭功能時的固定行為模式。有關角色層面的評估可以透過瞭解家庭功能的執行狀況，其中包括最基本的必要家庭功能（necessary family functions），可分成以下五類：

1. 資源提供。
2. 撫育及支持。
3. 個人發展。
4. 家庭系統的維繫及管理。
5. 成人的性滿足。

此外也要包含角色分配（role allocation）及角色責信（role accountability）兩部分，可從下列問題瞭解：

1. 角色分配清楚或模糊？每個角色的界定是否清楚？
2. 被分配者是否具有該有的技能以完成任務？
3. 家庭成員是否被賦予必要的權力以完成工作？
4. 家中是否很容易重新分配工作？
5. 家人是否滿意家庭的工作分配？是否某些人過分負擔、有些人卻逃避或拒絕負責任？
6. 家人之間是否可以確實合作？彼此對於各自角色執行的滿意度如何？自己對於角色的期待是否與別人對自己的期待能夠一致？（Ryan, C. E. et al., 2005）

(一) 非正式角色的評估

相對於上述的「正式角色」，家庭中的「非正式角色」雖可能不被當事人察覺，卻在家庭中具有相當重要的份量，能夠協助維持家庭的運作及平衡；例如某個小孩扮演的「小丑」角色，能夠扭轉

家庭氣氛，減緩父母之間的衝突強度以及可能產生的後果。媽媽的「協調者」角色是家庭中的情感支柱，並凝聚了全家人的向心力。「非正式角色」的判定只能藉由較長時間的接觸及觀察而瞭解。

(三) 權力結構

權力是一個人影響他人行為改變的能力，某個家人擁有的資源愈多時，他（她）在家中就擁有愈多的權力。家庭透過權力結構以規範其成員，以維持家庭系統發揮應有的功能。

1. **權力的分配和平衡**：平常誰做決定？先生或太太、或兩人一起決定？多元的決策型態或獨斷式？誰較有權力？誰最沒權力？這樣的權力結構是否穩定？是否足以維持家庭的平衡？家庭成員是否滿意這種權力分配方式？
2. **權力的轉移**：家庭為適應內外在壓力，是否能接受權力的移轉？譬如妻子升官而在家中的地位也跟著提升，先生或其他家人的接受度如何？

(四) 問題解決能力

家庭的問題解決能力指的是家庭能夠解決生活中碰到的問題，以維持有效的家庭功能。家庭的問題通常分為兩大類：工具性（instrumental）和情感性（affective）；工具性問題偏重具體及日常例行事務，如金錢管理、食物、衣物、住屋及交通等。情感性問題屬情緒方面，譬如激烈的憤怒或憂鬱情緒反應等。

一般問題解決過程可分為七個步驟：

1. 問題界定。
2. 與其他相關資源溝通問題。
3. 想出各種可能解決方法。
4. 確定採取哪一種行動。

5. 實際行動。

6. 監測行動後的結果。

7. 評量整個問題解決過程，評估家庭的問題解決能力，可以瞭解家庭面對問題的態度為何？能夠接受問題並勇於面對，或習慣採取逃避態度？能夠採取問題解決的七個步驟或容易半途放棄而徒勞無功？問題能夠獲得有效解決嗎？

(五) 家庭規則

　　每個家庭中都有許多「規則」影響著成員間的互動，有一些是明文規定的，譬如孩子夜歸時間；有一些是習慣形成的，例如晚餐時的座位；有一些是曖昧不清，但又依稀可見的，譬如爸爸回家時若板著臉就不要去招惹他；還有一些規則透過語言或非語言的互動，深深影響到家人的人格養成，甚至終身受其左右（王行，1994）。

　　家庭規則規範出家庭成員的權利、義務及行為準則，用以規範家庭成員的關係形式和互動方法，使得家庭得以維持平衡狀態。因此評估家庭時，也應該瞭解家庭中是否訂有規則？規則的定義是否清楚？家中存在哪些功能性及失功能的規則？家人執行這些規則的一致性如何？家人遵守這些規則的可行性及配合度如何？是否能視家人的狀況而適當調整這些規則？

　　社會工作者評估家庭時，通常對於影響成員行為的「隱性規則」較感興趣，特別是這些規則引發成員的失功能行為，使得家庭系統變得暗潮洶湧而失衡。由於這些規則對成員的影響是潛在的，成員往往被無法察覺的力量影響而限於困境中無法自拔，Alice Miller將之稱為「毒性教條」。

　　家庭規則的評估，必須較長時間觀察成員之間的溝通和互動過程，從他們處理生活事件的模式中，找出家庭已定型的一些行為模式而得知。

(六) 溝通模式

溝通是家庭評估中很重要的一個指標，因為與家庭「溝通」，就是一種主要的評估方式，而且家庭成員在會談過程中，也會呈現出他們的溝通型態，提供豐富且「真實」的家庭資料。除了家庭成員提供的語言訊息可以幫助我們瞭解他們之外，「非語言訊息」更可以讓我們敏感觀察到他們之間的關係；譬如說話時的身體語言、誰對誰說話、誰被排除在對話之外、誰常中斷別人談話等。透過家人之間的溝通次數或模式，也可瞭解家人之間的關係及權力結構等訊息。

一般常見的溝通類型可分為四種：

1. 清楚且直接。
2. 清楚但間接。
3. 曖昧但直接。
4. 曖昧且間接。

(七) 情感反應

情感反應指的是家庭成員反應生活中各種正負事件的情感能力，以及反應的程度是否適當等。家庭成員是否被允許表達各種不同的情緒反應，包括喜、怒、哀、樂等；家人表達這些情感反應的能力如何？是否適當或過度反應？是否壓抑自己內心的情緒感受？其他家人如何面對這些不同的情緒反應，是給予支持及瞭解的回應，還是無法接受而予以批評責斥？

情感投入是指家人對彼此之間的活動及所在意的事情，表達關心及重視的程度。

通常可以瞭解他們是以何種方式表達關心，以及情感投入的程度如何。情感的投入可以分為六種類型：

1. **缺乏投入**：對於家人不曾表示過關心或任何情感的投入。
2. **共生式投入**：極端或病態式關心及投入家人的事情，當事者雙方都無法自我分化。（以上兩種皆屬於嚴重障礙的失功能型態。）
3. **缺乏感情的投入**：有一些關心和投入，但以理性、表面為主。
4. **自戀性投入**：對於家人的關心只是回應關心自己的心態，一切還是以自己為優先關心的焦點。
5. **過度投入**：過度關心及投入家人的事情，但並沒有失去個人的分化。
6. **同理式投入**：站在別人的立場表達關心及投入。

　　以上七個指標可作為評估家庭功能的依據，至於一個良好的家庭功能應該具有哪些特質？吳就君（1985）提到功能較好的家庭，成員間較能表達自己的感覺、規則比較具有彈性、家人間的界限是清楚的、家庭氣氛比較有歡笑、比較能接受及相信新事物。
　　林美珠（1990）提到一個良好的家庭功能應具有幾個特質：

1. 有效解決面臨的問題及協調問題。
2. 能夠直接、清楚、一致且有效溝通。
3. 家庭的角色、職責分配公平且適當。
4. 家人之間能相互表達情感。
5. 家庭能照顧每個人的情緒與需求。
6. 家庭的規則有彈性且不僵化。

　　Olson（1989）曾經根據家庭功能的表現，將家庭的適應能力分成混亂型（chaotic）、彈性型（flexible）、結構型（structured）及僵化型（rigid）；其中彈性型及結構型屬於功能較好的類型，具有以上提到功能較好家庭的一些特質。混亂型及僵化型則屬於失功能

類型，混亂型家庭中，角色的界定不清楚，權力結構及家庭規則常任意改變，問題解決能力差或根本無法察覺家庭的問題，缺乏一定規範，容易讓家庭成員無所適從，溝通模式常曖昧或不溝通，情感反應也常落入過度或不回應。這類家庭常不按牌理出牌，家人找不到可遵循的行為準則，整個家庭呈現混亂無章的失功能狀態。

至於僵化型家庭則剛好相反，家庭嚴格謹守分際，遵守既定的模式且不允許些微調整改變，有一定的溝通模式、規則及決策方式，情感表達及反應也必須遵循家庭的規範而不能「越矩」；因此面對家庭或成員的任何變化時，就容易缺乏彈性因應的能力而陷入困境。

家中出現發展遲緩孩子，混亂型及僵化型的家庭面對此一壓力時，容易因其特殊的因應模式而陷入適應不良或無力因應的結果。評估家庭時，若發現家庭功能有這些特質傾向，應及早介入或安排適當的家庭處遇，協助改善並調整其功能運作方式，以有效因應孩子的特殊需求及問題。

四、家庭生態面

家庭生活在社會環境當中，與外在環境的關係密不可分，且仰賴環境中的各種資源得以維持生存及提高生活品質，因此評估家庭，也絕對需要瞭解外在環境的互動情形，探討家庭的需求與環境資源的契合度，並據此擬定資源的提供計劃。

根據生態學觀點，生活環境可分為鉅視系統、外部系統、中間系統及微視系統（張宏哲譯，1999）。

鉅視系統指的是所在之社會文化、社會結構、政治與經濟系統及相關政策等。外部系統指的是影響個人系統之較大單位，個人雖不直接參與或介入，對生活卻有深遠影響。中間系統指個人的生活

脈絡,譬如生活的社區鄰里等。至於微視系統則是指個人生活的家庭。評估家庭的生態面,必須從這四個層面認識家庭所在的生態系統,瞭解家庭在環境中的適應。

　　社會工作者常使用「生態圖」(eco map)作為評量家庭與環境之間互動關係的一個工具,以評估的家庭作為核心(以整個家庭為核心,而非以家庭中的某個特定對象為核心),分別從微視、中間、外部及鉅視系統探討家庭外部動力和關係。「生態圖」(如圖8-2)的繪製方法,可參考《家庭社會工作》(魏希聖譯,2009)及《社會個案工作》(潘淑滿,2000)書中的介紹。

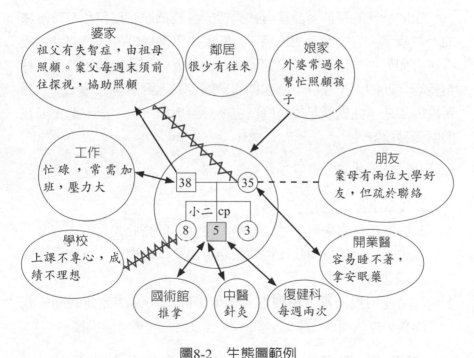

圖8-2　生態圖範例

資料來源:作者自行整理。

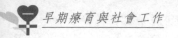

五、家庭發展面

　　家庭發展是一個動態的過程，循著既定的順序從一個階段進入另一個階段，當中的變動會影響到家庭的結構及功能。探討家庭發展，可以幫助我們理解家庭生命中可預測的成長及危機；瞭解家庭是否有達到社會對於教養的期望，並預測家庭在發展歷程中會遇到的議題和任務。此外對於家庭當前問題的發生，也可進一步瞭解是否與其發展階段所面臨的任務及壓力有關，以作為處遇的基礎；同時也可防範於未然，達到預防的功效。

　　家庭發展的每個階段都有其獨特的發展議題、任務和有待解決的潛在危機，對家庭形成挑戰。有關家庭生命週期的知識有助於觀察家庭如何「卡住」，並鎖定那些有助於家庭脫離困境的改變（魏希盛譯，2009）。家庭生命週期的分法各異，分別有六、七、八個階段的說法；此處以早療家庭為主要討論對象，大部分家庭主要在前兩個發展階段。

(一) 新婚階段

1. **生活事件**：結婚。
2. **發展任務**：與原生家庭分離，建立一個屬於二人的小家庭。夫妻必須各自調整以往的生活習慣及行為模式，以建立彼此滿意的婚姻生活。
3. **可能出現的壓力與問題**：夫妻之間無法協調彼此之間的差異，無法與原生家庭分離，或是原生家庭想繼續操控。

(二) 孩子出生階段（從第一個孩子出生到六歲為止）

1. **生活事件**：生育子女。
2. **發展任務**：擔負父母親的親職角色，學習為人父母的能力，

建立親子次系統，重新調整小家庭與外在環境的關係（包括：原生家庭、褓姆及工作崗位等）。

3. **可能出現的壓力與問題**：夫妻關係和親子關係之間的平衡，無法勝任親職的新角色等。

六、家庭的優勢與復原力

近年來優勢觀點（strength perspective）受到助人專業的重視，強調以正向思維取代病態取向，認為每個人都有自己解決問題的能力與資源，並且具有在困頓環境中生存下來的復原力（resilience）；家庭亦然，沒有一個家庭能永遠避開壓力及問題，每個家庭都會面臨各種需求、壓力、挑戰和機會。有復原力的家庭在壓力及危機情境之下具有力量協助他們克服困境。張秀玉（2006）認為，社會工作專業若能改變以往以服務對象的問題作為處遇焦點的作法，轉而以發掘服務對象的優勢作為處遇焦點，則不僅在處遇過程中能協助服務對象累積問題解決能力，增加自我肯定，實踐「人助自助」的價值，也易於與助人者發展出平等關係。

強調以「家庭為中心」工作理念的早療服務，一向注重與家庭建立夥伴關係，以家庭的積極參與為前提。因此，優勢觀點非常適合用來協助早療家庭，鼓勵家庭運用原來具有的資源與能力，處理孩子的發展遲緩問題及因而產生的各種問題，並可進而發現自己更多的潛在優勢，發揮更積極的角色，達到「充權」目標。

家庭優勢是家庭在面對困境時的問題解決能力，以及可運用的的社會支持資源。Ballew與Mink（1996）在《個案管理》（*Case Management in Social Work*）一書中，以內在資源及外在資源來評定家庭所具有的優勢（王玠等譯，1998）；他們認為家庭的內在資源包括個人及家庭兩個部分。

Collins（2007）提到家庭的優勢可能包括：有力的社會網絡；歸屬感；會隨孩子發展而擴張和多樣化的微視系統；手足關係可以成為重要的支持力量來源；個人的社會技巧和問題解決能力、因應能力、韌性和幽默感；凝聚力、具備行為管理技巧、支持性的家庭關係等（魏希聖譯，2009）。

內在資源	外在資源
·個別成員的人格特質、能力、態度、健康狀態、改變動機等。 ·家庭系統的價值觀、態度、信念、問題解決能力、具備的知識與技術等。	·正式資源：政府和民間機構、組織、專業人員等。 ·非正式資源：親戚、朋友、鄰居、志工等。

復原力是家庭優勢的重要來源，其實復原力並非固定的能力，而是個人或家庭與環境互動的結果，會隨著生命階段而有不同的影響和發展。因此評估復原力，必須融合生態和發展觀點，從社會文化環境脈絡中瞭解家庭的運作。趙善如（2006）提到家庭復原力可能存在於家庭擁有的社會資源、家庭成員或家庭本身的問題解決能力和技巧，主要內涵包括：(1) 家庭中重要成員的重要能力和特質；(2) 家庭內部整體系統特徵；(3) 家庭外在環境給予的支持。

七、家庭復原力的關鍵

Walsh（2006）提供了一套理解家庭復原力的架構（江麗美等譯，2008）如下：

1. 家庭信念系統：
   (1) 為困境製造意義。
   (2) 正面展望。
   (3) 超越性與靈性。

2. 組織模式：

　　(1) 彈性。

　　(2) 連結程度。

　　(3) 社會和經濟資源。

3. 溝通過程：

　　(1) 清晰。

　　(2) 開放的情緒表達。

　　(3) 合作解決問題。

　　至於如何評估家庭優勢與復原力？宋麗玉（2005）認為應該是一種「質」的評量，強調由服務對象使用自己的語言描述自己、自己所處的情境以及自己此刻面對的問題；評估過程中，評估者不試圖影響服務對象對於自己的看法，整個過程應以「對話式」方式進行。因此，進行家庭優勢及復原力評估時，應該鼓勵家人描述自己的家庭，評估者再以對話的方式指出與優勢及復原力相關的特質或事件。

　　以下是進行家庭優勢評估時的幾個工作原則：

1. 家庭很少會直接指出自己的優點，通常是透過生活經驗的陳述、行為表現，以及家人之間的互動過程顯現出來。

2. 從家庭所告訴你的故事中，找出可以顯示出家庭優勢和能力的例子。

3. 請家庭成員描述平常的生活安排、平常如何處理生活中的各種事件，藉此找出家庭的優勢。

4. 切記，每個家庭都絕對具有優勢及能力，只是長久處於問題氛圍，而沒有機會思考自己好的一面。

5. 重新定義（reframing）是一個可用來協助家庭找到優勢的技巧。譬如將父母對孩子的「干涉」解釋為父母對子女「全心

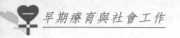

付出的關懷」，將青少年子女的「叛逆」視為是「追求獨立自主」的行為表現。

第四節　家庭評估的方法與技巧

一、會談法

會談是社會工作傳統用來與案主建立關係、收集資料、甚至執行服務內容的重要方法。家庭評估主要是藉由家庭資料的收集以研判家庭系統的狀況，因此會談法也是主要的評估方法。一般可分為以下二種方式。

(一) 個別會談

只與單一家庭成員進行會談收集資料。在早療家庭的評估中，多數是與孩子的主要照顧者會談（通常是母親），有時也會與父親或祖父母會談。不過由於受會談者陳述的資料大都是個人主觀的看法，有時難免偏頗。為了取得家庭的全貌，以及更多家人的意見，應該盡量邀約其他重要他人（尤其是父親）接受會談，提供他們對孩子問題及家庭的個人看法。夫妻聯合會談更是值得鼓勵的一種方式，從中不只可以探討夫妻之間的互動關係及相處模式，也可藉此鼓勵父親參與，而增強「配偶共親職」的合作模式。

(二) 家庭會談

探討家庭動力關係，全家人參與的會談是一個有效的評估方式；從他們相處在一起的情感氣氛、說話方式、彼此的對話及回應、父母與子女的相處方式、全家座位的安排等，都可以真實呈現整個家庭的面貌，而且一覽無遺。至於是否需要全家人都出席才能

進行家庭會談？由於執行上確有困難，一般折衷認為只要重要關係人能夠參與，即可進行。以早療家庭來說，父母二人參與會談應該是較實際的做法。不過對於家庭治療有興趣的社會工作者，可嘗試進行全家人的會談，可以更深入觀察家庭動力及學習更多家庭評估的技巧。對於剛開始學習家庭會談的工作者，Haley（1996）曾提出一個初次家庭會談的結構式大綱可供參考。

1. 寒喧階段	・歡迎並認識每位家人，介紹機構及工作人員。 ・注意整個家庭的情感氣氛。 ・留意每個家人的語言及非語言行為。 ・建立暫時性假設。	目標：彼此認識。製造一個沒有威脅的情境，認識家人並協助他們感到舒適自在。
2. 問題確認階段	・請每位家人說出對問題的看法。 ・藉由問話幫助家人的敘述更具體清楚。 ・瞭解過去嘗試過的解決方法及結果。 ・工作人員需考慮徵詢意見的先後順序。	目標：更瞭解問題。
3. 互動階段	・讓家人彼此討論問題，曾經如何處理，家人的反應態度如何？ ・可以運用「行動」方式表達。	目標：將問題帶入會談室，工作人員可以從家人對問題的行為反應型態，對於整個家庭動態有一個較清楚的藍圖。
4. 目標設定階段	・邀請每個家人敘述自己期待的改變是什麼？ ・盡量用正向、具體的用語來界定目標。	目標：訂出具體的處遇目標。

5. 結束階段	・對此次會談做一個結論，工作人員提出評論。 ・訂立治療契約或下一次會談事宜。 ・討論一些事務性約定。 ・徵詢家人有無其他疑問。	

二、家庭訪視法

　　家庭訪視也是社會工作者常使用的一種工作方法，早療家庭評估中的家庭訪視方法，通常具有下面幾個目的：

1. 詳細觀察家庭的住家環境，瞭解孩子在什麼樣的環境中生活，包括衛生及安全性、學習或遊戲器材等。
2. 在自己熟悉的環境中與工作人員互動，能夠更自在且真實呈現原來的面貌。
3. 可以跟更多家人接觸，取得較完整資訊。
4. 可以實際觀察親子在家的互動情形，父母如何與孩子相處或處理孩子的各項生活需求。工作人員可以現場立即示範，協助父母如何利用居家環境幫助孩子學習。

　　Carrilio（2007）針對第一次家庭訪視，制定了一個進行的結構：

1. 開始階段	・打破陌生感，建立關係。 ・以「孩子」作為開始的話題。 ・說明隱私權的議題。
2. 中間階段	・討論轉介的過程、父母的期待及關心事項。 ・採用積極聆聽、加入以及其他各種溝通技巧。 ・透過訪談及觀察，評估家庭的功能運作及各種可能風險。

3. 結束階段	・檢視並總結這次的訪視。 ・討論下一次的碰面時間及方式。 ・鼓勵父母針對這次訪視提出回饋或意見。
4. 檢視階段	・完成訪視記錄。 ・與督導或工作團隊進行討論。 ・自我省思，檢討自己表現，提出疑問或需要協助的地方。 ・針對這個家庭，提出一個暫時性的看法。

　　對於工作人員來說，家庭訪視方法是一個挑戰，安全性的考量對於女性工作人員尤其重要。通常訪視是由一個人單獨前往，得獨自面對許多不可知的狀況。因此事前的準備工作非常重要，打聽當地社區的治安如何、安排合適的訪視時間，或必要時安排同事陪同都是一些解決之道。

三、觀察法

　　其實觀察法通常並不單獨使用，主要是配合進行會談或家庭訪視時，透過工作人員的觀察力，從許多非語言訊息及環境中所透露的線索，得到更多家庭的真實資料。觀察的內容可分為非結構性與結構性，譬如McMaster模式制定了臨床工作者的評量表（clinical rating scale），針對觀察的向度訂出結構性表格。一般的觀察都屬於非結構性，藉由工作人員的專業力及敏銳力以察覺家庭傳達出來的各種訊息。尤其是進行家庭會談時，有關「過程」的資訊往往必須透過工作人員的觀察而得。對於初學者的觀察能力訓練，督導的指導或單向鏡觀察別人的會談、觀看自己的會談錄影帶等；家庭訪視也可以搭配同儕，事後分享各自的觀察內容等，都是不錯的學習方式。

四、評量工具

　　1950年代，以系統理論作為基礎的家庭治療模式興起之後，許多有關家庭系統的測量工具也如雨後春筍般紛紛出現，甚至不下千種之多。國內台大醫院精神科在陳珠璋教授的帶領下，於1985年開始，曾經嘗試針對幾份家庭功能量表中文化，並試用於臨床個案。以下介紹國內曾經使用過的幾種家庭功能評估工具，不過這些工具大都依據國外架構中文化並加以修訂而成。

　　家庭關懷量表（family APGAR scale）：總共只有五個題目：(1) 測量家庭的適應度（adaptability）；(2) 合作度（partnership）；(3) 成長度（growth）；(4) 情感度（affection）；以及(5) 親密度（resolve）；主要是初步篩檢用途，以作為是否需要進一步介入的指標參考。

(一) McMaster模式的家庭功能量表

　　McMaster模式的家庭功能量表（family assessment device）是國內使用最廣泛的一種工具，經多人修改成不同版本而用於精神分裂症、憂鬱症、糖尿病患者家庭等。總共有六十個題目，分為七個向度：角色、問題解決、溝通、情感反應、情感投入、行為控制及一般功能。

　　另一類似量表為Olson、Sprenkle與Russell的FACE（family adaptability and cohesion evaluation）：國內宋維村教授曾經在1980年代初翻譯此量表第二版，並於社區收集樣本施測，建立初步常模。這套工具只有二十個題目，主要測量家庭的適應力與凝聚力。國外並可依據常模將家庭分成十六種型態。

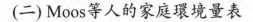

(二) Moos等人的家庭環境量表

此家庭環境量表（family environment scale）共分十個向度，屬於三大層面：

1. **關係層面**：包括凝聚力、表達、衝突等向度。
2. **個人成長層面**：包括獨立性、成就取向、智能及文化取向、休閒活動取向、宗教與道德的重視等。
3. **系統維持取向**：包括組織、控制等向度。

國內黃梅羹等人曾修訂為中文版的「家庭評估自填表」，共50個題目，但並未建立國內常模。

國內鄭期緯（2004）等人編製的「發展遲緩孩童家庭功能問卷」：總共設計了四十二個題目，分成十一個向度，包括凝聚力、教養、問題解決、情感涉入、獨立性、行動參與、家庭支持、娛樂、規範執行、合作度及財務管理等。目前已有社會工作者在實務上用來評估早療家庭。

雖然有這麼多評量工具，但實際使用並不廣泛。究其原因，除了缺乏可參照的常模這個主要因素之外，黃宗堅（1999）也提出使用家庭測量工具的困境：

1. **測量工具是否能有效反應家庭系統的概念**：由於家庭系統的複雜性，使得測量工具雖然能反映系統概念的基本精神，實際操作上卻未能捕捉及描繪出家庭的真正內涵，因此家庭測量工具的效度普遍不夠理想。
2. **文化特質對家庭系統的影響**：採用以西方文化架構下所設計的量表來評估我們的家庭系統，不同的文化背景可能會對於家庭常態、病症、行為模式及情感表達方式產生不同的詮釋及判斷標準，因此必須做出相對的調整。

　　不過，在今日講求科學化、標準化、客觀化的環境當中，社會工作者執行家庭評估任務，也期待能找到適合的標準化工具，呈現客觀數據以驗證對於個案家庭的質性評估分析。在注重「質化」及「量化」評估並重的情況下，我們冀望學術界能投入研擬較具代表性且具整合性的家庭測量工具，找出能代表適合台灣社會的家庭功能指標，建立本土化工具，嘉惠實務工作者，並提升家庭評估的工作效能。

　　為了因應家庭系統的複雜性，本章所提的家庭評估架構是一個多面向的完整評估模式。實務工作者在進行家庭評估時，可依據機構功能、自己的角色職責，以及個案家庭的狀況和主述問題，決定評估的面向及深度，以避免造成家庭困擾。早療社會工作者在服務發展遲緩兒童及其家庭時，應該不能只以孩子的療育為重點，以連結孩子的療育資源為主要工作目標，而失去對於這些孩子家庭的關注，那麼就有違「以家庭為中心」的工作理念。早療社會工作者的重要任務是協助家庭排除任何阻礙孩子順利接受療育的因素，並協助家庭建立更好的能力，以因應孩子的發展問題所帶來的各種難題，並達到充權家庭的最終目標。最後，根據本章的評估模式，提出一份早療社會工作家庭評估表以供參考（如附錄一）。

自我評量 - - - - - - - - - - - - - - - - -

1. 請討論家庭評估的基本概念。

2. 早療家庭評估模式具有哪些特點?

3. 一個完整的家庭評估模式應該包括哪幾個層面?

4. 請說明家庭結構的評估指標有哪些?

5. 何謂家庭中的「三角關係」?

6. 請說明家庭功能的評估指標有哪些?

7. 何謂「生態圖」（eco map）?

8. 請解釋家庭的優勢與復原力。

9. 請介紹家庭評估常用的會談法。

10. 國內目前使用標準化工具評量家庭功能的優缺點有哪些?

參考書目

一、中文部分

王行（1994）。《家庭歷史與心理治療——家庭重塑實務篇》。台北：心理。

王玠等譯（1998）。《個案管理》。台北：心理。

宋麗玉（2005）。〈優點評量技巧介紹與演練〉，《優勢基礎個案暨照顧管理實務研討會大會手冊》，頁18-20。台中：中華民國社工師聯合會。

林美珠（1990）。《憂鬱症患者家庭功能》。東海大學社會工作學系碩士論文。

吳庶深、黃菊珍（2009）。《微笑天使向前走——逆境家庭的生命復原力》。台北：張老師文化。

吳就君譯（1983）。《家庭如何塑造人》。台北：時報。

張秀玉（2006）。〈正向角度的思維：發展遲緩兒童家庭優勢評量之概念與面向的探討〉，《社區發展季刊》，第114期，頁173-190。台北：內政部社區發展雜誌社。

許臨高主編（1999）。〈第十章　不同家庭和文化範疇的家庭功能評估〉，《社會工作直接服務——理論與技巧（上）》，頁437-500。台北：洪葉。

黃宗堅（1999）。〈家庭系統的測量與應用〉，《應用心理研究》，第2期，頁83-110。台北：五南。

黃梅羹、劉瓊瑛等（1992）。〈我國適用之「精神病患家庭評量表」工具之修訂及其適用性〉，《中華民國醫務社會工作學刊》，第2期，頁65-85。台北：中華民國醫務社會工作協會。

趙善如（2006）。〈從復原力觀點解析單親家庭的福利服務——以高雄市為例〉，《社區發展季刊》，第114期，頁147-158。台北：內政部社區發展雜誌社。

鄭夙芬（1998）。〈家庭功能之評估與應用——以臨床家庭為例〉，《社區發展季刊》，第82期，頁287-303頁。台北：內政部社區發展雜誌社。

鄭期緯（2004）。《發展遲緩孩童家庭功能問卷之建構研究》。高雄醫學大學行為科學研究所碩士論文。

劉瓊瑛譯（1996）。《結構派家族治療入門》。台北：心理。

潘淑滿（2000）。《社會個案工作》。台北：心理。

萬育維、王文娟譯（2002）。《身心障礙家庭──建構專業與家庭的信賴聯盟》。台北：洪葉。

魏希聖譯（2009）。《家庭社會工作》。台北：洪葉。

二、外文部分

Baily D. B., & Simeonsson R. J. (1988), *Family Assessment in Early Intervention*. NJ: Macmillan Publishing Company.

Carrilio T. E. (2007), *Home-Visiting Strategies: A Case-management Guide for Caregivers*. SC: The University of South Carolina Press.

Haley J. (1996), *Learning and teaching therapy*. New York: Guilford Press.

Hartman A., & Laird J. (1983), *Family-Centered Social Work Practice*. New York: The Free Press.

Olson D. H., & Russell C., & Sprenkle D. H. (Ed.) (1989), *Circumplex Model: Systemic Assessment & Treatment of Families*. New York: Haworth.

Ryan C. E., & Epstein N. B., & Keitner G. I., & Miller I. W., & Bishop D. S. (2005), *Evaluating and Treating Families: The McMaster Approach*. London: Routledge.

附錄一　社會工作家庭功能評估表

*姓名：_____　性別：□男 □女

病歷號碼：_____　編號：_____

評估會談日期：____年____月____日

*出生年月日：____年____月____日

身分：□健保□自費□低收

*重大傷病卡：□有 □無

*發展遲緩證明：□有 □無

*身心障礙手冊：

□有（類別：_____，等級：□輕□中□重□極重）

□無

*資料提供者：

□父親 □母親□父母二人 □祖父（母）

□其他（請註明_____）

*主要聯絡人：_____

電話：_____手機：_____

地址：_____

一、兒童資料

1. 出生史、發展史、疾病史及個性描述：

_____

_____

_____

2. 從小到目前的照顧方式：

_____

_____

_____

3. 目前狀況（可複選）：

□家人照顧（由＿＿＿＿＿＿照顧）

□保母照顧（□白天□全日）

□幼稚園（托兒所）（□全日□半日）

□療育機構（名稱：＿＿＿＿）

　（□全日□半日□部分時制）

□醫療院所（名稱：＿＿＿＿＿＿，種類：＿＿＿＿＿＿＿）

□其他（＿＿＿＿＿＿＿＿＿＿）

4. 問題簡述：

_____

_____

二、家庭資料

1. 父親：□本籍　□外籍

　　　　教育程度：□國小□國中□高中職□專科□大學

　　　　　　　　　□研究所

　　　　　　　　　□其他（＿＿＿＿＿＿）

　　　　職業及職位：＿＿＿＿＿＿＿＿＿＿

2. 母親：□本籍　□外籍

　　　　教育程度：□國小□國中□高中職□專科□大學

　　　　　　　　　□研究所

　　　　　　　　　□其他（＿＿＿＿＿＿）

　　　　職業及職位：＿＿＿＿＿＿＿＿＿＿

3. 經濟狀況：□低收入戶 □中低收入戶 □小康 □寬裕
4. 住所狀況：□自宅 □租屋 □借住 □其他（＿＿＿＿＿）
5. 家庭功能（針對以下各指標作質性描述）

(1) 經濟狀況：父母的職業、家庭居住狀況、收支情形、有否接受任何補助等。

(2) 家人角色：每個家人實際擔任的角色功能，家人對自己及其他人的角色有什麼看法？彼此的角色期待及滿意度如何？父母二人的整體功能如何？婚姻滿意度？親職能力？孩子的照顧情形？照顧及管教子女方面能否互相支持、作法一致？父母是否有身心方面的疾病或障礙？有酗酒、藥癮等問題嗎？有暴力問題嗎？

(3) 家庭規則：家庭規範其成員有關權利、義務及適當行為範疇的法則。
規則的明確度？一致性？彈性程度？

(4) 問題解決能力：家庭應付日常生活和處理危機的能力如何？碰到問題能勇於面對或習慣逃避？能有效解決問題或常陷入爭執而無解？

(5) 權力結構：家中誰擁有最多權力？誰最沒有權力？家中的決策模式如何？通常由誰做決策？誰的決策最有效？

(6) 溝通模式：家庭成員彼此如何溝通？溝通方式是直接、開放且清楚嗎？

(7) 家人的互動關係：夫妻次系統、親子次系統、手足次系統之間的界限是否清楚、模糊或過度緊密？有沒有結盟關係（譬如三角關係）？與原生家庭的關係是緊密或疏遠或衝突？

(8) 家庭優勢：家庭整體和個別成員擁有哪些優勢和資源？

6. 家人對於孩子問題的看法、態度、關注重點、期待及動機？

家系圖 （至少包含三代的家庭組成）	家庭生態圖

三、問題分析及處遇建議

問題分析	處遇建議
1. 經濟狀況 　□不需協助 　□中低收入戶 　□低收入戶 　□其他 _____ 　說明：_____ 　　　　_____ 　　　　_____	□建議申請低收入戶資格 □提供福利諮詢 □提供或協助申請生活補助 □其他 _____ 說明：_____ 　　　_____ 　　　_____

問題分析	處遇建議
2. 對於孩子發展問題的適應 　□對於問題的認識不夠 　□對於問題接納及期望不適當 　□參與療育的動機不夠 　說明：＿＿＿＿＿＿＿＿ 　　　＿＿＿＿＿＿＿＿ 　　　＿＿＿＿＿＿＿＿	□提供家庭諮商 □提供書面資料以及諮詢服務 □提供相關家長團體資訊 □轉介早療通報轉介中心，接受 　個案管理服務 □其他＿＿＿＿＿＿＿＿ 說明：＿＿＿＿＿＿＿＿ 　　　＿＿＿＿＿＿＿＿ 　　　＿＿＿＿＿＿＿＿
3. 照顧問題 　□不需協助 　□過度保護 　□照顧人力不足 　□教養技巧不足 　□家人間教養理念落差大 　□照顧者更換頻繁 　□期待過高，親子關係緊張 　□照顧者壓力調適不良 　□其他＿＿＿＿＿＿＿＿ 　說明：＿＿＿＿＿＿＿＿ 　　　＿＿＿＿＿＿＿＿ 　　　＿＿＿＿＿＿＿＿	□提供親職教育 □提供家庭諮商 □提供「臨時托育服務」資訊 □轉介「臨時／短期照顧」 □轉介早療服務機構，名稱 □轉介早療通報轉介中心，接受 　個案管理服務 □其他＿＿＿＿＿＿＿＿ 說明：＿＿＿＿＿＿＿＿ 　　　＿＿＿＿＿＿＿＿ 　　　＿＿＿＿＿＿＿＿

問題分析	處遇建議
4. 家庭功能 　□不需協助 　□角色功能不適當 　□問題解決能力不足或不當 　□家人間溝通不良 　□社會支持系統不夠 　□親職功能欠佳 　□父母婚姻關係不協調 　□家庭結構不完整 　□父母身心健康狀況不佳 　□家庭暴力（虐待及疏忽） 　□其他 ＿＿＿＿＿＿＿＿ 　說明：＿＿＿＿＿＿＿＿ 　　　　＿＿＿＿＿＿＿＿ 　　　　＿＿＿＿＿＿＿＿	□提供家庭諮商及諮詢 □轉介其他諮商機構： □轉介早療通報轉介中心，接受 　個案管理服務 □通報家暴中心 □其他 ＿＿＿＿＿＿＿ 說明：＿＿＿＿＿＿＿ 　　　＿＿＿＿＿＿＿ 　　　＿＿＿＿＿＿＿
5. 其他：＿＿＿＿＿＿＿＿ 　　　　＿＿＿＿＿＿＿＿ 　　　　＿＿＿＿＿＿＿＿	說明：＿＿＿＿＿＿＿ 　　　＿＿＿＿＿＿＿ 　　　＿＿＿＿＿＿＿

第九章

與家庭工作的技巧

—— 張如杏

第一節　與家庭工作的目標

第二節　專業與家庭的關係

第三節　與家庭工作的方式

學習目標

- ✔ 學習與發展遲緩兒童家庭工作的步驟與目標。
- ✔ 瞭解親職能力及其對發展遲緩兒童的意義。
- ✔ 與家庭會談的方法與內涵。
- ✔ 家庭訪視對於發展遲緩兒童的意義。

本章摘要

　　家庭是發展遲緩兒童早期療育服務對象之一，早療服務必須評估家庭功能與需求，與家庭合作進行服務，協助家長面對發展遲緩兒童、學習有效的親子互動，對兒童與家長都有利。本章將介紹與家庭工作的目標及親職能力、與早療家庭工作模式，介紹家庭會談與家庭訪視的原則和技巧，提供實務工作者參考運用。

關鍵字

- ◆ 家庭參與（family involvement）
- ◆ 家庭服務金字塔（service pyramid）
- ◆ 親職能力（parenthood）
- ◆ 會談（interview）
- ◆ 家訪（home visiting）

　　大部分兒童的生活需要家庭的照顧，兒童降臨雖然帶來喜悅，但是從家庭生命週期來看，新手父母照顧兒童的壓力對婚姻的影響是負面的，照顧嬰幼兒會影響婚姻關係與動力。發展遲緩兒童比一般兒童需要更多的照顧，對家庭造成的壓力與需求比較多，過去發展遲緩兒童的服務聚焦「早發現早治療」，許多家長認為早期療育的重點在於發現問題、評估診斷、安排療育，透過早期療育，兒童的遲緩情況得以改善，恢復「正常」，因此兒童是早療主角，「以兒童為中心」（child-centered）的早療模式提供對兒童的療育，家庭要配合專業人員的建議進行療育，這樣的模式以兒童的進步為父母的努力成果，忽略對家庭整體的評估與支持，忽略環境與照顧對兒童發展的影響。

對於大部分遲緩兒童，早期療育可以改善遲緩、避免障礙，也有部分兒童必須終身與障礙為伴，家庭要隨著孩子成長慢慢學習因應障礙，與不同專業一起幫助孩子。大多數的早療專業人員是針對兒童問題提供服務，但是早療社工師的重要角色在於關注家庭（特別是父母）如何因應兒童發展遲緩的壓力，協助家庭度過危機，強化家庭整體功能及對兒童的支持。因此社工師在早療方面的服務重點著重於支持家庭、增強父母能力，提供以家庭為中心的服務，協助家庭形成療育計畫，並有效執行療育。

實務上，許多家長為子女付出與奉獻，常常忽略自己或其他家人的需要，家庭長期籠罩在悲傷與失落的氣氛，但是在以遲緩兒童為主的服務模式，家庭的需求很少被關注。大部分兒童的主要生活環境是家庭，家庭穩定合作才能有效協助兒童療育，因此提供家庭服務、協助家庭度過危機、充權家庭是早療社工服務的重點，協助家庭從受助中成長、形成家庭新的平衡。

第一節　與家庭工作的目標
▶▶▶▶▶

家庭是障礙兒童主要的成長活動空間，與障礙兒童的發展關係非常密切，當家庭面臨障礙兒童時，父母必須身兼數職（Turnbull, et al., 2006b）：被當成造成障礙的來源、家長組織的成員、發展服務者、接受專家建議者、老師、政策倡導者、教育決策者、專業人員的夥伴，家長必須同時學習為人父母及成為發展遲緩兒童的父母，這些角色同時並行，讓家長倍感壓力。

一、影響兒童發展的保護因子及危險因子

Davies（2004）認為兒童發展過程有兒童本身、父母或家庭及社會環境的保護因子與危險因子，其中父母和家庭對兒童發展的影響是重要的保護因子，也可能成為危害兒童發展的因子。下表分析兒童發展的各項因素的影響：

兒童危險因子	兒童保護因子
・早產、出生異常 ・懷孕時暴露於有毒物質中 ・氣質（難養、慢吞吞） ・智能不足或低智商 ・兒童期創傷 ・反社會同儕團體	・健康良好 ・氣質（好帶）、正向特質、正向的適應方式、正向自尊、好的社交技巧、內控、在尋求協助與自主上達到平衡
父母或家庭危險因子	父母或家庭保護因子
・不安全的依附關係 ・父母：不安全的成人依附關係 ・單親缺乏支持 ・嚴厲的親職、虐待 ・家庭解組、父母沒有監督 ・孤立缺乏支持 ・家庭暴力 ・父母衝突大 ・分居或離婚 ・父母有精神疾病 ・父母有藥物濫用 ・父母生病 ・父母或手足死亡 ・領養安置	・安全的依附關係、正向溫暖的親子關係 ・父母有安全的成人依附關係 ・孩子遇到壓力時，父母會支持 ・家庭有規矩和結構、父母適當監督 ・有擴展家庭的支持，例如照顧小孩 ・父母間的關係穩定 ・父母有適當的親職能力、照顧技巧和社會行為 ・父母教育程度高

社會或環境的危險因子	社會或環境的保護因子
·貧窮 ·缺乏適當的醫療照顧、健康保險、社會服務 ·遊民 ·不適切的兒童照護 ·種族隔離 ·學校不良 ·經常搬家或轉換學校 ·暴露在有毒物質的環境 ·危險的鄰居 ·社區暴力 ·暴露在暴力媒體	·中產家庭或中上社經地位 ·醫療照顧和社會服務的可近性 ·父母持續就業 ·適當的住屋 ·父母有宗教信仰 ·學校良好 ·家庭外的成人支持

資料來源：Davies, D. (2004). *Child Development: A Practitioner's Guide*. New York: The Guilford Press.

二、「家庭參與」的意義

Brooks-Gunn、Berlin與Fuligni（2000）從過去對發展遲緩兒童的研究，整理早療方案成功的因素，其中「家庭參與」（family involvement）是重要的因素，由於「家庭參與」的需求也被關注，發展遲緩兒童的服務更完整。家庭參與是早療政策重要的訴求，落實到實務層面就是父母重視兒童的發展，將投資兒童視為家庭優先的事，父母在照顧時優先以兒童的需求為考量。將政策層面的宣示落實到專業服務是重要關鍵，父母是推動早期療育方案的引擎，專業必須有效與家庭合作，慎重評估家庭功能、提供服務，才能真正幫助家庭與兒童。

過去許多早療研究發現家庭的因素對兒童發展有重要影響：貧窮、父母管教態度不一致、母親憂鬱、父母本身親職經驗不好、親子互動不良等因素都會影響早療方案成效，這些因素必須盡早發現處理。

Bailey等人（1985）提出「以家庭為焦點的介入」（family-focused intervention），家庭介入的效果包括：家長教導技巧的加強、家長有效的教導兒童改變行為、照顧者與兒童互動的進步、家長功能進步、手足與障礙兒童相處能力的增進、減少父母壓力。

從長遠的發展來看，應該將早期療育提升到疾病預防，就是從三級預防提升到初級預防，Greenspan（2006）認為專業服務的基礎是與家庭（或主要照顧者）建立關係，最好在婦女懷孕過程就開始參與親職課程，學習兒童發展的基本概念，此時專業人員可以針對準媽媽定期訪視，以建立與專業的關係，也可以盡早發現家庭問題、高風險家庭、針對特殊家庭提供其需要的服務。Greenspan在1980年代以「臨床嬰兒發展方案」（clinical infant development program, CIDP）設計針對新手媽媽和第二胎以上的家庭提供不同的服務，找出造成家庭不利的危險因素，例如在母親的部分：對於十八歲之前就當媽媽、離開學校、沒有完成學業、有精神疾病、有受虐或疏忽紀錄等問題的女性，專業人員盡早介入協助照顧兒童。國內近年針對「高風險」家庭（high risk family）也提出整合性社工服務，以家庭需求提供服務。

Trachtenberg、Batshaw與Batshaw（2007）也認為家庭在經歷兒童障礙的過程，診斷的時間較久，造成家庭與專業人員合作時轉移憤怒、將矛頭指向專業人員，影響日後家庭與專業合作。Brooks-Gunn、Berlin與Fuligni（2000）認為過去早療方案以「家庭為中心」（family-centered）、「父母為中心」（parent-focus）的作法之所以成功，主要是有效增強（或強化）父母的技巧和能力，並持續協助兒童能力進步，父母的能力是早療方案的中介變項，早療專業人員必須將與家庭合作融入服務中，讓家庭可以提升照顧兒童的能力、增進為人父母的信心，建立與專業較平等的關係。

Turnbull、Turnbull、Erwin與Soodak（2006a）認為家庭功能受到兒童發展遲緩影響，例如經濟功能，由於照顧遲緩兒童的負擔，

母親必須辭去工作，家庭經濟因收入減少及療育費用增加而產生壓力，同時母親無法兼顧障礙兒童與其手足，父母心理壓力增加、手足的競爭增加照顧壓力。Bailey（1985）提出「適配」（goodness-of-fit）概念：當家庭與兒童的特質在需求、期望或環境上適配時，結果最好。家庭傳統與兒童的節律適配時，家庭比較可以適當的照顧兒童。因此家庭介入要將重點放在如何使家庭與兒童適配（fit），對家庭的服務也要注意個別家庭的特質，幫助其調適。

三、Greenspan的家庭服務金字塔模式

Greenspan（2006）提出針對家庭服務的金字塔模式（the service pyramid），這模式是建立在一般兒童的發展需求，從一般需求到特殊需求，讓家長瞭解兒童的照顧原則。家庭和人一樣有不同層次的需求，發展遲緩兒童的家庭也和一般家庭有相似或不同的需求，專業人員提供服務時要瞭解家庭的一般需求與特殊需求：家庭的基本需求，例如食物、住屋、衛生、安全、一般醫療等，是所有家庭都有的基本需求，發展遲緩兒童的家庭也有這些需求，屬於金字塔的最底部；其次對發展遲緩兒童的家庭，除了基本需求的滿足外，還有特殊需求，專業人員要定期訪視跟家庭建立穩定關係（評估、瞭解父母的情緒並因應）有些遲緩兒童的家庭可以透過專業的訪視協助，慢慢穩定，發展有效的照顧方式；接著，有些家庭需要更多協助，專業人員要示範與教育強化父母照顧效能，有些父母需要轉介參加課程或個別教導，以學習相關的技能；最後針對特殊家庭（單親、移民、貧窮或特殊兒童家庭）提供較深入、個別化的介入服務，部分家庭需要先處理父母的問題（例如父母本身需要就醫）或引進其他資源（安置）以協助家庭。

家庭服務金字塔模式，強調盡早開始對所有家庭服務，讓所有

新手父母都可以得到專業人員的服務，透過初步的工作關係盡早發現特殊家庭或發展遲緩兒童的家庭，依據家庭的狀態與需求，進一步提供不同需求層次的家庭所需的服務。該模式的服務從瞭解兒童開始，有其不同層次：

層次	特點	說明
第一層	分享兒童注意力和規律性	每個嬰兒需要在安全與被保護的環境中發展，需要結合兒童保護系統、司法、教育、健康與醫療照護系統的合作，協助一般家庭和特殊家庭瞭解兒童的注意力、規律性的發展。這樣的學習最好是到宅協助父母，讓父母在自己熟悉的環境學習爲人父母、認識兒童的特質。
第二層	與家庭連結	讓父母成爲有效的照顧者、滿足兒童的需求。父母與專業人員形成聯盟，學習專業人員的技巧。
第三層	雙向的情感溝通	專業人員示範如何瞭解兒童的信號與兒童互動，建立溫暖的親子關係。
第四層	父母學會觀察兒童信號、形成有效親子互動	透過觀察與學習，父母能夠瞭解兒童信號的意義，可以處理或滿足兒童的需求。
第五層	父母能描述兒童	父母瞭解兒童的舉動信號所代表的意義，可以提出自己因應這些信號的作法和意見。
第六層	針對特別需求兒童的作法	父母從專業人員的示範、區辨兒童的信號與需求，然後學習、練習與兒童的互動，滿足兒童的需求。父母在第五與第六層次的學習必須由專業人員示範、修正，或與兒童互動，讓家長觀察、實際演練對兒童的照顧。這個模式是以兒童的發展與需求爲基礎，並不是以兒童診斷爲服務依據，比較不涉及標籤，家庭可以依照兒童的發展接受各層次服務，家庭的接受度比較高。

　　這個模式的優點是將所有兒童納入關心的對象，家長可以依兒童的情況滿足基本需求，不必奔走尋求服務。

　　家庭是發展遲緩兒童最重要的保護系統，強化家庭照顧與保護功能，間接幫助遲緩兒童得到良好的照顧，增強家庭因應兒童照顧的壓力，協助父母有效執行對兒童的養育與療育。

第二節　專業與家庭的關係
▶▶▶▶▶

一、建立親職能力

　　家庭與發展遲緩兒童都是早療服務的對象，Harbin、McWilliam與Gallagher（2000）認為美國的早療服務模式在政府的法規中已經清楚界定家庭的角色與參與，但是早期療育服務是服務發展遲緩兒童與家庭，因此許多家庭在兒童的問題尚未被發覺前，並沒有得到服務，也有不少遲緩兒童的家庭也沒有得到需要的服務，或是得到稀少不足的服務，因此發展家庭為中心的服務，讓家庭更有能力照顧遲緩兒童，專業人員可以成為家庭的夥伴、督導，父母親職能力訓練是讓父母可以盡早覺察兒童發展問題，避免錯失早療時機。

　　Bigner（2006）、Roggman、Boyce與Innocenti（2008）認為父母的「親職」（parenthood, parenting）是親子互動的、隨著兒童的發展與需求調整，兒童發展需要學習認知、情感、語言等方面的能力，父母的親職重點也要根據兒童的需要調整，就如同不同發展階段有不同需求要被滿足。「發展性親職」（developmental parenting）是以不同階段兒童的親職為重點，作法上是以兒童和父母互動，透過對父母的服務間接對兒童提供服務、強調父母親職是要依兒童發展與需求彈性調整、適用的年齡層較廣、同時服務兒童

與父母，且不只針對遲緩兒童，一般兒童的家庭也適合學習運用。在「發展性親職」方案中，父母的親職角色被尊重、父母學習有效的親子互動技巧可以運用在日常生活，減少治療角色、強化父母親職信心。

Roggman等人（2008）提出「輔助性取向」（facilitative approach）以提升「發展性親職」的作法，這是兒童發展與親職行為同時進行，以親子互動為焦點，運運策略建立家庭優勢，教導父母瞭解兒童各發展階段的需求。發展遲緩兒童家庭的服務方案建立在兒童發展與需求，強化父母的親職角色、增進家長的自信，減少家長對服務與標籤的阻抗。對家長進行親職教育，強調教育的目的，是父母學習為人父母的方式，教導父母學得相關知識，因此比較不是以治療為目標。親職教育是以增進父母管教子女的知識、改善親子關係為目標，父母因兒童的年齡調整管教、兒童特質與反應也會影響父母的管教方式（林家興，1997）。

依據Bailey的親子適配理論，專業人員協助父母的目標就是要讓父母學習認識兒童的特質、親子有效互動的方式。Scott（2002）建議父母訓練課程的內容包括：(1) 提升父母以兒童為中心的親職技術；(2) 學習與兒童遊戲（play）、增進與兒童遊戲的能力；(3) 教導父母增進兒童可被接受的行為之技巧，例如給予獎勵或增強；(4) 教導父母設定清楚可行的期待；(5) 減少兒童不被接受的行為的技巧，例如忽略、暫時停止（time out）。這些課程協助父母從與兒童遊戲到處理兒童行為問題，依據兒童的不同狀況進行，早療服務強調提升家庭照顧能力，與家庭合作是課程的目標，透過與家庭建立關係。親職能力從認識一般兒童發展到特殊兒童的照顧，家長可以漸進學習。

就發展遲緩兒童的親職教育而言，必須先讓家長學習為人父母，從生活中展現父母的角色，認識兒童的特質與需求，然後針對

特殊兒童（遲緩兒）的需求，積極學習相關的互動技巧，協助兒童發展，由父母角色擴大到半專業治療師，在親職的基礎下進行治療。

二、與家庭建立專業關係

國內外發展遲緩兒童的服務方案非常多，各種模式也有其優缺點，不論哪一種早療方案，「與家庭工作」是協助發展遲緩兒童的必要方法，也是社會工作在早療團隊中重要的角色與任務。家庭是早療服務的對象，也是影響早療成效的中介變項，與家庭工作是早療社會工作與其他專業最大不同之處。

萬育維、王文娟（2002）提出「充權」（empowerment）為早療與家庭工作的重要目標，在充權的過程中，家庭由被服務的對象變成主動選擇服務、形成目標，參與服務過程。充權是指人可以用自己的力量掙脫生活中的束縛、追求自己想要的，身為助人者充權自己及他人是責任也是義務。傳統的專業關係是不平等的，專業人員擁有專業知識與技能，因此可以指導無知無助的案主與家屬，近來「充權」概念強調專業人員的角色不只是給案主魚、教案主釣魚，也讓案主未來有能力規劃如何釣魚維生，自己掌握生活。

Eisler（2002）提到家庭會談是觀察家人、從家人得到相關資訊、讓家人參與兒童的評估與治療，形成治療性介入，在會談中可以看到家人的互動，進行家庭評估及治療。McCormick（2006）認為，家庭與專業要成為夥伴關係（partnership），需要有效的溝通技巧，包括目標取向的溝通技巧、關係取向的溝通技巧。夥伴是為共同目標一起工作的人，因此需要溝通工作目標，由於一起工作需要建立關係與默契，關係取向的溝通也很重要。

除了和家長建立關係，社工也需要有敏銳的觀察力，從觀察兒童的行為、兒童與家人的互動，評估兒童與家長（或主要照顧者）

的關係，畢竟家長的焦點是在兒童的發展，因此與家長建立關係時，不能忽略家庭對兒童的關注，適時的提供簡單的建議，讓家長較快建立對專業的信任，家長對於不瞭解兒童的專業人員是難以產生信任的。

工作技巧是為了達成工作目標，工作目標的達成需要採階段性，考量家庭的狀況，有些家庭需要較多時間建立工作關係，有些家庭可以很快進入工作關係，因此與家庭合作時要依家庭狀況建立專業關係。社會工作在醫療、福利、教育領域提供發展遲緩兒童與家庭服務，協助遲緩兒童得到良好的照顧與療育，協助家庭強化照顧功能，讓家長對從受助角色充權為有能量、自信的父母。

Roggman、Boyce與Innocenti（2008）提出與家庭工作的ABC，A（approach and attitude）是指工作取向和態度、B（behavior）是指行為，C（content）是與家庭工作的內容，ABC是提醒早療工作人員在與家庭工作、協助家長發展親職能力需要的準備，從事早療工作，不論哪個專業都需要與家長工作，其中針對家長親職能力的提升，是透過與家庭工作的歷程，協助家庭發展其各自的模式。

要達成有效與家庭工作的目標，需要透過許多方法，包括：會談、團體工作、家庭訪視（評估與示範）、個案管理。其中團體工作與個案管理將有專章討論，因此本章將就會談與家庭訪視進行介紹。

第三節　與家庭工作的方式

一、與家庭會談

社會工作者需要具備與人建立關係、溝通的技巧以進行專業服務，會談（interview）是與人建立關係的方法，專業會談與一般談

話不同，透過會談與觀察以瞭解、評估案主的問題與需求，會談是與社工與案主工作的方法，不論在哪個領域社會工作者，會談都是必要的方法，會談的進行可以依據目的、進行場所、特質與參與人數而不同。

與發展遲緩兒童的家長會談，可以收集家庭資料、兒童成長史、家庭對問題的反應與情緒、親子關係等，與家庭建立信任關係（establishing rapport）、傳達對家庭的支持，透過面對面的溝通建立與家長專業關係，這些任務都可以透過會談達成。

會談的方式可以是面對面會談，也可以透過電話或視訊會談，由於一般人對於談論個人隱私時通常希望可以看到對方，面對面會談比透過電話會談更有助於建立關係、讓與談人感到安心，面對面會談的特質在於社工可以和與談人面對面的接觸、可以觀察其態度、表情、身體狀況，隨時處理突發的狀況。一般會談的與談者包括個人、家庭、團體，大部分是個人，但是家庭和團體也可以是會談的對象。會談的時間、次數可以依情況而調整，通常要考量與談人的狀況，例如兒童、病人的會談時間不宜太長，初次會談時間也不宜太長，會談的進行通常要有準備、選擇合適的環境進行（潘淑滿，2000）。

Hepworth等人（2006）認為，會談除了有助與會談者建立信任關係，也能聚焦深入的主題，在進行會談之前與談者要確定會談的主題與結構，並從與談者的肢體語言觀察，調整會談進度和內容。

McCormick等人（2006）提出目標取向的溝通技巧包括：清楚界定問題、找出現有優勢、以開放的心胸找尋方法、發展適當的目標、尋找分析相關訊息、解釋釐清計畫、將資訊整理摘要，透過這些技巧形成夥伴的共同目標。其次，夥伴工作過程需要有效的溝通，需要下列技巧：參與他人討論、開放心胸接受意見、互相妥協討論、不同觀點間的協調、給予回饋、澄清觀點與感受、將概念轉

換成技術，建立信任的工作氣氛等。專業與家庭的夥伴關係是建立在共同目標上，Turnbull（2006d）認為正向溝通是合作基礎，從非語言溝通技巧（例如身體接近、傾聽）及語言溝通技巧（例如立即回應、給予短評、情感的回饋、詢問、摘要等），與家庭溝通要採取正向的溝通策略，尊重家庭的偏好與選擇。

與家長會談的基本技巧包括非語言、語言的溝通技巧，非語言的溝通包括和與談者身體的接近、會談過程傾聽（listening）、同理心（empathy）（黃惠惠，1995）以及語言的溝通技巧，例如聚焦（focusing）、重新架構（reframing）、釐清與解釋問題（clarify and explain）、整理摘要（summary）等。以下將針對早療領域的例子進行說明。

(一) 傾聽與同理

傾聽是認真的聽與談者的談話內容及意義，包括語言與非語言內容（如肢體、表情等），從對方的整體反應瞭解其想法、感受狀況。傾聽是會談的基礎能力，參與會談者必須身體接近，讓說話者可以用適度的音量說出他想說的話，傾聽包括聽懂談話的內容、聽出話中的意義、聽出話中的情緒。認真傾聽可以讓與談者覺得被接受、被理解與被支持。

發展遲緩兒童的家庭對於發展遲緩相關資訊的瞭解，因人而異，社工在會談前需要先說明其角色、會談目的，然後傾聽與談者的回應。除了認真地傾聽家長的話，適切地同理其情緒，也有助於會談的進行。家長照顧嬰幼兒的辛苦、對兒童問題的困惑、家庭對兒童問題意見的不一致等，都可以是會談中會出現的資訊，這些訊息傳達出家長的心理負擔與壓力，社工要能從會談中掌握家長的情緒，適時同理家長的情緒。

同理可以是客觀地反映出會談者的心聲，讓會談者感受被瞭解、建立信任關係，讓互動更順暢，同理的能力是助人者必要的基

礎能力，同理不是贊成、接納對方的所有言行，而是讓對方知道：你知道他們的感受，用你的話說出對方的感受，其重點是讓雙方的情緒先對焦（focus）。

傾聽與同理是建立專業關係的技巧，也是助人者貼近案主、理解案主的方法，也是有效會談的技巧。

(二) 聚焦、重新架構

社會工作的會談通常是有目標的，和一般的談話不同，一般談話可以不斷變換主題，可以說無關緊要或事不關己的事，會談必須在預定的時間完成預計的任務，因此掌握會談的重點、聚焦在預設的主題、協助與談者針對主題提供意見，是社工會談的要領，社工要能針對問題深入淺出的詢問。會談中要能引導會談者：「接著我需要瞭解關於孩子的照顧過程，有哪些人、如何照顧？你可以從他出生後的照顧開始談」「我想知道孩子曾接受哪些早療服務，你可以告訴我，你何時發現問題？曾經在哪裡做過哪些處理？」當會談偏離主題時，社工要能引導回到這些主題。

除了聚焦主題，對於會談中的訊息，社工要能重新架構其意義，例如面對一個無助、抱怨的家屬，讓他用不同的觀點看事情，是脫離無助的好方法：「你剛才說到孩子在機構沒有學到什麼，老師都叫他幫忙其他人，沒有個別教他，這是不是代表他是班上程度較好的孩子？他從幫忙其他人的過程學到觀察和接受指令，這是否意味他的進步較快，可以增加幼托的融合時間、減少機構安置？」這作法和面質有點不同，這是從抱怨和失望的狀況找出希望，讓家庭以不同觀點解讀現況。

許多家屬在面對專業服務時難以聽懂複雜的建議，或是擔心自己是否錯過應有的療育，藉著聚焦與重新架構技巧，讓家屬有不同的思考。

(三) 釐清、解釋與摘要

溝通時需要釐清、解釋彼此的意見，讓雙方可以針對主題繼續深入的互動，專業人員必須注意使用專業術語時家長是否理解，例如「融合教育」、「療育」、「轉銜」、「兒童氣質」等，這些專業用語對於初次接觸的家長不容易理解，專業人員在會談過程要用家長的語言說明，然後詢問家長是否理解，盡量依家長的程度提供說明，放慢說話速度，讓家長可以隨時提問。

會談的摘要是將會談的內容整理、簡述出來，會談過程可能討論許多不同的主題，因此在會談結束前，要將此次會談的主要內容摘要整理，以協助家長整理記憶，如果可以用紙筆寫下來更好，特別是提醒家長日後要做的工作，例如要辦理補助或是聯繫相關服務等，這些內容要列入社工的服務紀錄，並於下次會談時核對進度。

會談是社工的基本工具與技能，會談的技巧是日常與人互動的技巧，專業的會談是有清楚目的的談話，有效的會談可以收集資料、診斷問題、建立關係及解決問題。發展遲緩兒童家庭會談可以建立家庭與專業的關係，由於家庭是大部分兒童生活與活動的空間，因此家庭訪視也是早療常用的服務方式。

二、家庭訪視

家庭訪視（home visiting）是早期社會工作常用的方法，特別是對貧窮家庭、兒童青少年的服務。19世紀後期由於都市化與工業化，貧富差距加大，許多兒童淪為童工，英國與美國的社工開始進入貧民區挨家挨戶的訪視，瞭解家庭的問題與需求，到了美國推動"Head Start"時，進入家庭探查家庭的需求，將服務送到家庭的作法，是後來早療服務的特色。家庭訪視對於兒童保護有預防的效

果，也可以清楚評估兒童的生活環境、家長的功能。

　　家是大部分兒童的主要活動與生活的地方，它不只是空間大小，也是兒童的情感與關係的來源，兒童在家的表現是最自然、放鬆的，家庭對兒童發展的影響無可取代。美國 "Head Start" 的成功原因在於對兒童的家庭提供服務，強化兒童家庭功能。Greenspan（2006）主張提供家庭到宅服務可以盡早發現、協助家長，從懷孕起就可以針對高風險的家庭提供服務，家庭訪視可以擴大成到宅（in home or home-based）服務，提供初期預防，減少日後兒童發展遲緩所需要的社會成本。

　　家庭訪視是最傳統的社工服務，不需要特殊的工具，訪視者本身敏銳的觀察與詢問就是訪視的工具，訪視者觀察環境，包括空間、擺設、清潔、對於空間使用的說明、兒童的活動空間、餵食、衣著等，家長如何處理兒童的需求（例如兒童哭鬧、大小便、遊戲），家人間的互動等，除了觀察之外，和家庭成員詢問兒童照顧相關的訊息也是訪視要收集的資訊，藉此評估家庭照顧的優勢與問題。

　　Roggman等人（2008）提出「到宅發展輔助性親職方案」，讓家長與兒童都可以在最熟悉與自在的環境提升親職能力、親子關係。訪視者到兒童的家庭觀察環境、評估環境與空間，然後針對兒童的發展年齡提供親子互動的遊戲和技巧，訪視者可以先示範然後由家長演練學習，訪視者從旁提供建議。由於是到家裡訪視，因此可以完整評估家庭的硬體、軟體環境（譬如家庭結構、父母功能、親職能力），依據每個家庭的情形提供建議，這樣的作法落實「以家庭為中心」的服務、「個別化」的服務，不只是對發展遲緩兒童有幫助，對家庭也有直接的幫助，父母學習觀察判斷兒童需求，與兒童互動回應其需求。

Noonan（2006）提出「自然的課程模式」（naturalistic curriculum model），「自然的課程模式」在兒童所在的環境（家庭或是托兒所）進行，可以強化兒童的環境控制、參與、與環境互動的能力，這些能力是在所屬文化和家庭的經驗與價值一致的環境中發展，課程則是依兒童的發展年齡去規劃。對於缺乏早療機構和醫療資源的家庭，到宅提供自然課程的教導，讓家長可以在家庭或社區進行相關課程，可以減少到機構的標籤，也可以提升家長參與的主動性，同時也能客觀完整地評估家庭。

Cook與Sparks（2008）認為家訪是將專業服務直接送到家庭裡，將治療家長的概念轉換成教育家長、教導家長相關照顧的方法，受惠的是整個家庭，對於父母的成長幫助最大，讓父母成為半專業的治療者、充權父母，有助於拉近專業和家庭的關係。由於訪視是專業人員到家裡去，專業人員對環境比較陌生，與在機構內進行服務會有不同，在工作時需要更大彈性，並且以整個家庭為服務對象，訪視者必須關注家庭和社區環境，與家庭建立關係，提供家庭資訊、服務與支持，讓家庭在他們最熟悉自在的環境接受服務。由於家庭訪視的成本較高，在出發前就應該要有充分的規劃和準備，訪視者不是要改變家庭，而是讓家庭瞭解他們的優勢和如何做可以讓兒童與家庭更好，示範與兒童的互動，提供家長策略，讓家長可以從和兒童的互動中建立依戀、與兒童遊戲、以及從飲食衛生處理時互動等，了解兒童的特質與需求，讓家長從日常生活的照顧上建立信心。

家庭訪視是提供弱勢家庭服務，也是缺乏早療資源的地區最直接的服務方法，發展遲緩兒童的家庭合併有其他福利需求，家庭訪視可以完整的評估家庭與兒童，與家庭建立關係，介入家庭照顧、兒童照顧的教導，符合「以家庭為中心」的服務，是值得推薦的一種家庭工作方式。

　　早療到宅服務更是將家訪服務擴大，從評估到積極的將治療帶到家庭，協助家庭發展優勢，強化家長的能力，是對發展遲緩兒童與家庭整體的服務。這樣的服務需要具備更廣泛的專業能力，包括對家庭與兒童的評估及治療，特別是要教導家長在家裡進行對兒童的訓練，協助家長擬定目標、修正方法、檢核進度等，社工在執行家訪時需要先有相關專業的準備（包括學習觀察、評估家庭內外環境與互動，擴大到家庭與社區的關係，使與社區資源連結），以利實際執行。早療到宅服務的治療師更需要有家訪、與家庭工作的技巧訓練，避免把「到宅服務」只當成「將治療搬到家裡做」。

　　發展遲緩早期療育的服務雖然是以改善兒童問題為目標，但是兒童的生活重心在家庭，家庭是影響兒童發展最重要的環境因素，改善家庭不利因素、強化家庭優勢因素，對於家庭與兒童都可以互蒙其利。

　　與家庭工作的目標不只是解決問題，而是充權家長、發現家庭優勢，讓他們有能力自助，從學習為人父母擴大到參與療育，甚至成為半專業的治療師。社工透過會談和家訪與家庭建立關係，將服務傳送到家庭，提升家庭與發展遲緩兒童的能力。會談與家訪都是社會工作最基礎的能力，但是社工需要整合早療專業知識與會談、家訪，讓服務可以有效送達至家庭與兒童。

自我評量

1. 早療社工與家庭工作的目標為何？

2. 請說明Greenspan（2006）的家庭服務金字塔模式（the service pyramid）？

3. 請說明何謂親職能力？如何協助家長建立親職能力？

4. 與家庭建立關係的目的為何？如何建立有效的專業關係？

5. 請說明會談技巧中的聚焦、重新架構？

6. 請說明家訪的目標。

7. 家訪對早療家庭的幫助？

參考書目

一、中文部分

林家興（1997）。《親職教育的原理與實務》。台北：心理。

黃惠惠（2005）。《助人歷程與技巧》（增訂版）。台北：張老師文化。

潘淑滿（2000）。〈社會個案工作的會談技術〉，《社會個案工作》。台北：心理。

萬育維、王文娟譯（2002）。《身心障礙家庭──建構專業與家庭的信賴聯盟》。台北：洪葉。

二、外文部分

Bailey D. B. Jr., Simeonsson R. J., Winton P. J., Huntington G. S., Comfort M., Isbell P., et al. (1985), "Family-Focused Intervention: A Functional Model for Planning, Implementing, and Evaluating Individualized Family Services in Early Intervention." *Journal of Division for Early Childhood*, 10 (2): 156-171.

Bigner J. J. (2006), *Parent-Child Relations: An Introduction to Parenting* (7th ed.). Upper Saddle River, NJ: Pearson Merrill prentice Hall.

Brooks-Gunn J., Berlin L. J., & Fuligni A. S. (2000), "Early Childhood Intervention Programs: What about the Family?" In J. P. Shonkoff & S. J. Meisels (Eds.), *Handbook of Early Childhood Intervention* (2nd ed.), pp. 549-577. Cambridge: Cambridge University Press.

Cook R. E., & Sparks S. N. (2008), *The Art and Practice of Home Visiting: Early Intervention for Children with Special Needs & Their Families*. Baltimore: Paul II. Brookes.

Davies D. (2004), "Risk and Protective Factors: The Child, Family, and Community Contexts." In *Child Development: A Practitioner's Guide*, pp. 61-108. New York: The Guilford Press.

Eisler I. (2002), "Family Interviewing: Issues of Theory and Practice." In M. Rutter & E. Taylor (Eds.), *Child and Adolescent Psychiatry* (4th ed.), pp. 128-140. London: Blackwell.

Greenspan S. I., & Wieder S. (2006), *Infant and Early Childhood Mental Health: A Comprehensive Developmental Approach to Assessment and Intervention.* Washington, DC: American Psychiatric Publishing, Inc.

Greenspan S. I., & Wieder S. (2006), "10 Infants in Multirisk Families: A Model for Developmentally Based Preventive Intervention." In *Infant and Early Childhood Mental Health: A Comprehensive Developmental Approach to Assessment and Intervention* (pp. 299-331). Washington, DC: American Psychiatric Publishing, Inc.

Harbin G. L., McWilliam R. A., & Gallagher J. J. (2000), "Services for Young Children with Disabilities and Their Families." In J. P. Shonkoff & S. J. Meisels (Eds.), *Handbook of Early Childhood Intervention* (2nd ed.), pp. 387-415. Cambridge: Cambridge University Press.

Hepworth D. H., Rooney R. H., Rooney G. D., Strom-Gottfried K., & Larsen J. (2006), *Overview of the Helping Processing.* In *Direct Social Work Practice: Theory and Skill* (7th ed.), pp. 33-53. Australia: Thomson.

McCormick L. (2006), "Professional and Family Partnerships." In M. J. Noonan & L. McCormick (Eds.), *Young Children with Disabilities in Natural Environments: Methods & Procedures.* pp. 27-45. Baltimore: Paul H. Brookes.

Noonan M. J. (2006), "Naturalistic Curriculum Model." In M. J. Noonan & L. McCormick (Eds.), *Young Children with Disabilities in Natural Environments: Methods & Procedures.* pp. 77-98. Baltimore: Paul H. Brookes.

Roggman L. A., Boyce L. K., & Innocenti M. S. (2008), *Developmental Parenting: A Guide for Early Childhood Practitioners.* Baltimore: Paul H. Brookes.

Scott S. (2002), "Parent Training Programs." In M. Rutter & E. Taylor (Eds.), *Child and Adolescent Psychiatry* (4th ed.), pp. 949-967. London: Blackwell.

Trachtenberg S. W., Batshaw K., & Batshaw M. (2007), "Caring and Coping: Helping the Family of a Child with a Disability." In M. L. Batshaw, L. Pellegrino & N. J. Roizen (Eds.), *Children with Disability* (6th ed.), pp. 601-612. Baltimore: Paul H. Brookes.

Turnbull A., Turnbull R., Erwin E., & Soodak L. (2006a), "Family Functions." In *Families, Professionals, and Exceptionality: Positive Outcome Through Partnerships and Trust* (5th ed.), pp. 48-69. Upper Saddle River, NJ: Pearson Merrill Prentice Hall.

Turnbull A., Turnbull R., Erwin E., & Soodak L. (2006b), "Historical and Current Roles of Families and Parents." In *Families, Professionals, and Exceptionality: Positive Outcome Through Partnerships and Trust* (5th ed.), pp. 100-112. Upper Saddle River, NJ: Pearson Merrill Prentice Hall.

Turnbull A., Turnbull R., Erwin E., & Soodak L. (2006c), "Communicating and Collaborating Among Partners." In *Families, Professionals, and Exceptionality: Positive Outcome Through Partnerships and Trust* (5th ed.), pp. 184-208. Upper Saddle River, NJ: Pearson Merrill Prentice Hall.

第三篇

社會工作方法的實施

第十章

團體工作

———— 張如杏

第一節　團體工作的概念與基礎

第二節　團體工作提供發展遲緩兒童的服務

第三節　團體工作提供發展遲緩兒童家庭的服務

第四節　團體工作的發展

學習目標

✔ 認識團體工作的內涵。

✔ 運用團體工作進行對發展遲緩兒童與家庭的服務。

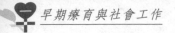

本章摘要

社會團體工作是社會工作的基礎方法，隨著團體工作的專業化發展，愈來愈多領域都以團體工作為服務方法。

本章將介紹社會團體工作的發展、類型、目標、形成、組成等，接著說明發展遲緩兒童團體與家長團體，並以國內碩士論文補充家長對於參加早療家長團體的意見，家長團體是早療服務的重要內容，具多元類型、成員與目標的家長團體將持續發展。

關 鍵 字

- ◆ 團體類型（group type）
- ◆ 團體目標（group purpose）
- ◆ 團體形成（group forming）
- ◆ 團體組成（group composition）

人是團體動物，無法離開團體獨活，我們每天的生活、活動和工作大部分也是在團體中進行，以團體的方式改善個人的問題是社會團體工作很重要的精神。傳統社會工作的方法包括：個案工作、團體工作與社區工作，其中團體工作讓有共同問題的人，可以同時參與，透過團體的力量互相幫助，體現民主社會的自助、自我發展、自我滿足的精神。

社會團體工作雖然是傳統社會工作的方法之一，但團體的互動並不限於治療的目的，也有休閒、教育與社交功能，但是在20世紀初，團體被認為是達到教育功能的方法，隨著社會學、心理學、教育學的發展，團體工作成為許多領域的方法，團體的功能也包括教

育、支持、治療等，成為助人專業的重要方法（Schwartz, 2005）。

隨著發展遲緩兒童早期療育的推動，團體工作也被運用在對發展遲緩兒童與其家庭的服務上。家屬團體、支持性團體持續推動，讓家庭得以互相支持，甚至發展為倡導組織。隨著融合教育的概念，發展遲緩兒童與一般兒童一起學習，將團體方式運用在各種早期療育服務，成為重要的療育方法，團體工作在發展遲緩領域的發展值得關注。

團體工作的發展隨著專業組織與相關研究的發展，朝向專業化，團體工作不只是方法，同時也成為可以被檢驗成效的服務，本章將介紹團體概念，以及在發展遲緩早期療育的運用情形。

第一節　團體工作的概念與基礎
▶▶▶▶▶

團體是指彼此有關係的一群人，有共同的興趣或問題，為了共同目標（task）而集合在一起，透過活動以達成目標，目標可以是共商解決問題、也可以是休閒。團體工作是社會工作的方法（method），以團體的過程和互動提升、幫助個人改變，團體是改變的動力，團體工作者必須協助成員成為互助的體系（a system of mutual aid），促成成員個別的和集體的改變，同時要強化團體的自主性（autonomy），讓成員在參與團體過程形成團體感（groupness）或有團體是一體（the group as a whole）的感覺，團體工作者要依團體目標設計相關活動、評估團體動力、將專業知識帶進團體，以達成團體目標。團體的發展和20世紀的民主發展關係密切，民主強調每個人都可以參與表達自己的意見，每個意見都必須被重視，透過團體的力量改善環境，人也可以從團體中尋得知音（Hepworth, Rooney, Rooney, Strom-Gottfried, & Larsen, 2006a; Schopler, Galinsky, 1995; Wikipedia, 2009）。

一、團體工作的發展類型

團體在社會工作的發展已經百年以上，在不同的時空背景下，有不同的團體類型（group category or type），在19世紀到20世紀初，對於貧民區、移民的團體工作，當時的團體以「教育」任務為主，涵蓋休閒。1906年由Joseph Pratt第一次針對肺結核病人進行教育性團體，日後針對病患的團體也陸續開始，至今醫院裡的團體社會工作仍然是醫療社工重要的服務內容。

到了1940年代，因為心理分析的盛行，除了影響個案工作，也對團體工作造成很大影響，當時團體「治療」盛行，在醫院、兒童輔育院、診所、監獄和兒童機構等場所都有各類的治療團體進行，此時團體的進行是為個人調適、建立病識感、自我瞭解。1950年代，團體工作和個案工作成為社會工作的兩大主要方法，許多工作哲學、模式也開始建立，團體工作在當時被認為是一個領域、過程與技術（Schopler, Galinsky, 1995; Wikipedia, 2009）。

1950到1970年代，由於各領域的專業知識發展迅速，團體工作除了是社會工作的方法，也成為許多領域的工作方法，這個階段也發展各種團體模式：社會目標模式（social goal model）、互惠模式（reciprocal model）、治療模式（remedial model）。還有從理論延伸出來的取向（approach），例如源自精神分析的取向有：完形治療、溝通分析、精神分析團體治療、Tavistock；源自社會心理學理論的取向，有輔導團體的互動、自助團體、心理演劇等；源自教育心理學架構的有行為修正團體、訓練團體；源自社會運動的有社會變遷運動、會心團體運動等。隨著社會的演變，許多新的社會議題與各式理論出現，團體工作的類型也有新的演變，豐富團體工作的內容（Schopler, Galinsky, 1995；曾華源等，2000）。

1970年代以後，團體工作的發展更多元化，參與的對象、進行的方式、團體的形式等都繼續改革創新，隨著專業學術期刊（*Social Work with Groups in 1978*）以及會議的成立與推動，社會團體工作促進協會（The Association for the Advancement of Social Work with Groups）已經成為國際的組織，團體工作的學術地位更加穩固，團體工作不再只是「技巧、方法」，而是一種專業模式，在許多助人專業領域中被廣泛運用的工作模式。

Hepworth等人（2006a）認為社會工作團體的類別可以簡單分成：治療團體（treatment group）與目標團體（task group）。治療團體的目的是為了符合個人的社會情感需求，目標團體則是為了達成目標、完成使命，目標團體是因為要達成既定的目標而進行，比較有結構或具體目標，治療團體有時是沒有架構、不會設定步驟，團體工作的過程就是治療的過程。不論團體工作的類型與模式如何轉變，團體的目的都是希望參加成員可以在團體得到支持、增加社會適應、增進個人成長。

二、團體目標

社會工作作為助人專業的目的是為了改善社會問題，提升個人適應，團體的目標（group purpose）大致有：發展認同、獲得技術、社會控制與復健（曾華源等，2000）。Hepworth等人（2006a）指出，團體目標包括提供有類似遭遇或問題的人一個討論和教育的場域，成員可以參與討論提升生活品質、處理問題的意見與方法。Wikipedia（2009）則將團體目標簡單定義為包括導正或治療、預防、社會成長與發展、強化個人能力等，也可以是「生命轉銜的適應、獲得資訊和技巧、增進社會關係、調適失落情緒、疾病調適等」。可見團體是人互動的方式，團體可以達到「改善問題、分享經驗、得到知識」等目標。

　　由於機構設定團體成立或組成的目的不同，團體依照其目的可以分成：支持團體、教育團體、成長團體、治療團體、社會化團體等。因此每個團體在運作時設定的目標也會有不同，機構組織的屬性會直接影響團體目標，例如醫療機構的團體通常和疾病的預防、教育、因應與調適有關。教育體系以團體訓練成員，習得技巧。團體可以運用在許多領域，依領域、機構而設定不同的目標。

三、團體形成

　　團體形成（group forming）須按部就班，循序漸進。團體成立前需要先確定團體的目標、形式、帶領者、團體人數、次數、開放性或封閉性等要素，這些因素在團體運作時非常重要，也會因為團體目標不同而有取捨。例如治療性團體，人數不宜太多，必須考量成員信任關係，選擇同質性的成員，以封閉式團體避免人員流動、確保參與者隱私。教育性團體的人數可以比較多，可以採開放性團體讓新成員加入，成員和帶領者的互動較多。成長團體可以限定某年齡、背景，封閉式的團體比較適合。自助團體的同質性高，酒癮、家暴受害者、特殊疾病患者（愛滋帶原、乳癌）組成的團體，這類團體的成員幾乎都要有共同的屬性才能加入，相同屬性可以在議題上產生情感共鳴。

　　考量團體運作需要，團體前的篩選成員是重要的步驟，團體帶領者也要依不同團體屬性與目標，進行成員的篩選與邀請，透過團體前的面談，讓成員對團體有初步的認識，決定成員的資格與期待是否符合，帶領者也可以初步評估成員的特質是否適合參加團體，再決定是否邀請。

　　團體領導者的角色與領導方式（leadership）和團體目標關係密切，領導者的功能在於提供成員溝通的機會、成為成員溝通協調

的橋樑、讓每個成員的生命經驗可以在團體表達，就算是治療性團體，領導者不是在治療個別成員或團體，領導者的責任是團體過程（process），讓成員可以充分參與團體過程，讓團體可以用自己的方式發展（Schwartz, 2005）。

有的團體除了領導者以外還有協同領導者（co-leader），協同領導者協助讓團體運作時可以兼顧到更多人，協同領導者可以幫助領導者注意到一些領導者可能忽略的情形，例如領導者可能比較看不到身旁成員的表情（視野的死角）、團體進行的時間、處理突發狀況等，協同領導者同時也是學習成為領導者必經的過程，在團體前、後的討論過程對於協同領導者未來獨當一面是重要的學習。

進行團體的時間與次數、進行的場所也是在團體成立之初必須決定的，這些決定有的是依團體目標或機構的設定（依方案計畫的經費設定），通常在機構準備要進行團體工作時，都會先預定時間、次數與場地。

四、團體組成

團體的目標主導團體進行，團體的組成（group composition）可以從系統觀點、從團體動力、個人行為模式、個人認知模式、團體行為模式、團體的聯盟、團體權力與做決定、團體規範與價值、凝聚力等方面說明（Hepworth et al., 2006a; Schopler, Galinsky, 1995）。

(一) 系統觀點（systemic perspective）

不論以哪一種理論進行團體工作，都不能否認團體就是一種社會系統，在系統的概念下輸入不同參與者，就會有不同的結果，系統內的互動會產生新的變化，團體不是所有成員的總和，而是在成

員的互動下產生出新的結果，團體的結果是一加一大於二，團體可視為輸入、產出的系統。

(二) 團體動力（group dynamic）

團體成員參與團體的過程會形成團體氣氛、凝聚力、成員的不同關係，這些結果又會影響成員參與團體，當團體成員的關係緊張、不信任、衝突，也會影響成員參與團體，或是不願參與團體，在不同階段的團體過程，可能有不同的變化，這是團體動力，團體動力是針對團體狀態的描述，沒有好壞之分，而是在不同階段、目標取向、組成的團體可能出現完全不同的團體動力，領導者可以分析其中的演變。

(三) 團體規範與價值（group norms and values）

團體的規則或規範（rule or norm）的訂定如同家要有家規，國要有國法，團體的規則可區分為可以協商的規則和不能協商（non-negotiable rule）的規則，可以協商的規則可以包括團體進行的場地、時間的變更、使用的語言、團體中是否可以飲食等，這些議題可以是團體成員協商後決定。至於團體中分享的個人隱私、團體進行中不能抽菸是不能協商的規則（Hepworth et al., 2006a），不能協商的規則必須在團體前或團體開始時清楚說明，有的團體會要求成員簽署保密約定，以提醒成員保密的重要，對於非志願案主或是青少年組成的團體，必須在團體初期就要清楚告知，或是成員討論，確定團體規則。團體的價值是指團體認為是「好的」行為或作法。

(四) 凝聚力（cohesion）

是指對團體正向的感受、滿意度及個人調適，凝聚力強的團體成員會有「我們是一體的」（we feeling）想法。凝聚力是團體動力的一部分，凝聚力來自成員對於團體的認同，覺得個人行為模式

（individual patterned behaviors）將配合團體安排，適度修正：每個人的行為可分為有功能（functional）及失功能（dysfunctional）的運作；成員在參與團體前的表現可能造成人際壓力、焦慮、衝突等，團體的目的就是要輔導對自己問題的覺知（awareness），決定是否進行改變。成員在團體中也可能有次團體，成為地下領導者，成員在團體的表現可能和團體外不同，分辨成員在團體內的角色有助於團體運作，也可以協助成員學習不同的行為模式。

(五) 個人認知模式（individual cognitive pattern）

成員在團體的表現反映個人認知，領導者可以藉由詢問的過程讓成員的內在自我對話呈現出來，瞭解成員的認知程度與模式，運作時認知程度較接近的團體比較不會影響成員參與。

(六) 團體行為模式（groups' patterned behavior）

團體模式包括團體溝通、凝聚力、社會控制與規範、團體文化。團體的不同階段在團體行為模式上會不同，初期的溝通可能以領導者為中心，凝聚力在團體後期需要處理，讓成員好聚好散，團體的規範如果不明確，可能影響成員遵守意願。成員在團體的互動會形成各種的團體行為模式，成員的行為也可以區分為有功能的團體行為和問題的團體行為，這些行為交織出團體模式。

(七) 團體聯盟（group alliance）

團體的組成來自成員參與，每個成員的背景有相似，也有不同，當團體裡的成員有相近的態度、興趣或反應時就會形成聯盟，簡而言之就是覺得對方的意見深得我心、「他鄉遇知音」，容易形成次團體（subgroup），彼此坐靠近、互動頻繁，或是有私下的交流。當團體的人數比較多時就容易出現次團體，有時會有數各次團體，次團體間也有互相的競爭與合作，產生複雜的團體動力。

(八) 團體權力與做決定 (power and decision-making style)

團體在各階段會有不同任務要完成,團體決策考驗成員,有些成員在團體的決策比較被動,或是也有比較自我中心的成員主導決策。團體決策的方式也反映出團體內部動力,領導者要覺察團體動力並反映給成員。

團體是由多位成員組成,透過互動達成團體目標與個人成長調適,團體工作或團體治療已經被許多助人專業廣泛的運用,透過上面的團體要素可以評估團體、瞭解團體。Hepworth等人(2006b)與曾華源等人(2000)從團體的發展階段討論團體,不同階段的團體有其任務與動力,上面的團體要素也會隨之改變。

近期對團體的研究與討論也加上團體成效的評估、發展團體技巧,以及將團體工作運用在新的案主、新的問題上,專業發展必須清楚掌握改變的原因,服務要有效果,服務的成效要能被評估。

第二節 ▶▶▶▶▶ 團體工作提供發展遲緩兒童的服務

發展遲緩兒童的早期療育服務是以專業合作方式,提供發展遲緩兒童與家庭相關服務,過去對於發展遲緩兒童的服務強調個別化服務,其實發展遲緩兒童的特質有些相似性,以團體方式提供服務可以誘發個別能力的成長,而且一次可以同時有多位成員參與也比較經濟,因此以團體方式進行早療服務值得推動。

國內的兒童團體,可分為一般兒童與特殊兒童,對特殊兒童通常以障礙類別區分,例如自閉症兒童、亞斯伯格症兒童、罕見疾病兒童、過動症兒童、嚴重情緒障礙兒童等,這些團體的參與者通

常是經過診斷確定，年齡較大，語言或行為能力比較接近（例如高功能自閉症），問題類型比較接近（例如人際互動不良）（Jacobs, 2002），有些機構或學校會提供障礙兒童團體，希望讓成員在同儕的互動中發掘問題、學習改變、得到支持。

學齡前的發展遲緩兒童以團體方式進行服務，例如兒童職能治療、物理治療、機構日托課（小組課程），這樣的團體比較是由治療師或老師直接同時對幾位成員進行治療與教學，團體是治療性質，成員主要是與治療師或老師互動，這種模式的優點是治療師或老師可以同時提供幾位學生治療與教學，讓成員學習、同儕互動，這樣的團體應該是團體教學。

Noonan（2006）的「團體教學」（group instruction）：自發性地教導二到三位兒童就是團體教學，「團體教學」有許多優點，執行團體教學需要有團體帶領和直接教學的能力，依成員的狀況（年齡、發展程度）和需求、團體目標來決定團體人數，最少可以有2人，也可以10人以上。團體教學有利於對社交技巧訓練，透過同儕互動將溝通、社交融入教學，課程學習時與其他兒童社交互動。

發展遲緩兒童的團體教學成員同質性高，以程度相近的遲緩兒童分組進行，其優點是成員的學習目標接近，但是缺點是缺乏與其他非遲緩兒童的刺激與模仿，比較隔離。團體教學也可以運用在融合教育的環境，將遲緩兒童與非遲緩兒童安排在同一團體（小組）內進行教學，對於不同屬性的兒童都可以學習同儕互動，遲緩兒童可以得到不同程度的同儕刺激。

團體教學必須設計活動將學習以活動方式呈現，老師或團體領導者要能掌握活動的目標，引導成員學習。進行團體教學對發展遲緩兒童可以採取直接教學、參與團體、同儕互動與模仿等學習方式，比較符合自然的狀況。在教學團體中的成員是被治療的案主，其主動性比較弱，團體成員的互動需要由領導者（老師或治療師）積極的促動。

　　盧明（2001）介紹「以活動本位介入法」用於特殊幼兒的做法，可以個別方式和團體方式對發展遲緩兒童進行教學，老師對於團體的目標設定必須以個別化課程計畫、團體活動作息與團體活動計畫三項架構，將個別化課程融入團體作息與活動，老師要能瞭解兒童特質、主動引導團體的方向，這也是將課程與團體結合的作法。這類教學與治療並行的介入，對於機構或幼托員所的兒童都可以從設計過的活動學習各種能力。

　　另外，還有「團體治療」（group therapy），這是除了團體的理論，還有心理動力、行為理論、社交技巧等理論或概念基礎，可以運用於學齡階段的兒童、青少年，「團體治療」可以針對一般兒童、青少年或特定對象（如過動症、癌症、身心障礙青少年）提供行為改變、疾病相關教育、疾病適應等（Jacobs, 2002）。這類同質性高的病友團體產生的支持力量與影響是其他團體不易取代的，參與者可以從病友成為支持者、經驗分享者、助人者。但是兒童與青少年的治療性團體通常比較適合年齡較大、認知和語言發展較好的成員，人數也不能太多。

　　國內發展遲緩兒童的團體，比較是醫療復健體系、偏重以團體的形式對二位以上的兒童進行治療，由於發展遲緩兒童的表達、模仿的程度比較不足，因此是以團體形式教學，與團體治療不同。進行早療團體教學的老師或治療師需要對課程與成員程度和需求非常清楚，並且課程目標具體明確，初期先以遲緩兒童為主，兒童進步即增加融合時間，以增加同儕的模仿與學習。

第三節　團體工作提供發展遲緩兒童家庭的服務
▶▶▶▶▶

　　家庭是發展遲緩兒童的重要支持，早療的重要精神是「以家庭

為中心」的服務,因此除了個別評估家庭的需求,提供個別化家庭服務,家長參與也是重要的理念,希望家長與專業形成合作夥伴,一起協助兒童,透過團體工作的方式提供家庭支持,發展家庭互助,學習問題解決技巧。因此,家長團體在發展遲緩的早期療育服務中應運而生。Turnbull等人(2006c)認為專業和家庭可以用團體工作的方式解決不一致的問題,團體工作不只是專業服務的方法,也是解決問題的方法。

　　家長團體可以包括親職教育團體、親職治療團體,或支持性團體與治療性團體,家長團體也可以是針對一般為人父母進行準備、學習照顧技巧的團體(例如懷孕階段的準媽媽團體),也可以是針對特殊家庭(如自閉症、發展遲緩、單親、家庭暴力、青少年父母)進行較深入治療的團體,其中成員組成、團體目標都不同。

　　「親職教育團體」是最常見的家長團體,可以運用於一般家庭、特殊或高危險家庭,親職教育強調教育目的,是父母學習為人父母的方式,教導父母習得相關知識,因此比較不是以治療為目標。親職教育是以增進父母管教子女的知識、改善親子關係為目標,親職教育團體則是以增進父母親的親職能力、改善親子關係為目標的團體,這類團體可以是涵蓋教育(認識兒童青少年發展與問題)、支持性(情緒)、治療性(親子互動技巧)的團體。由於不同類型與目標的團體,親職教育家長團體的運作非常多元:親職教育團體可以是同質性高(以特定背景為對象)、封閉式的團體,例如以自閉症家庭、發展遲緩家庭、單親家庭等特質為對象的團體,也可以是以一般家長為對象的團體,或是異質性、開放的教育性團體,以改善一般家庭親子互動為目標(林家興,1997;Fine & Lee, 2000)。

　　國內許多針對發展遲緩兒童家庭的親職教育團體(王淑芬,2007;郭來心,2007)的研究,有質性和量化研究,有在社區或在

醫院進行的，其中王淑芬（2007）發現以親子成長導向團體的方式進行發展遲緩兒童家長的親職教育，透過質性研究，受訪者認為親子成長導向團體對發展遲緩兒童家長親職功能以及對發展遲緩兒童親子互動關係的影響都是正面的。郭來心（2007）則以量化與質性研究瞭解家長參與團體前後社會支持的差異，同時也發現醫院的親職教育團體受到參與家長的肯定，家長希望醫院可以持續舉辦家長團體。

隨著自閉症人數增加，對自閉症與其家庭的相關研究也大量出現在各專業領域的論文。針對自閉症家長與支持性團體工作的研究，顯示自閉症家庭的壓力大，支持性團體對家庭的情感支持有其功效（方璿雅，2008；陳蓉娟，2005；謝素真，2001）。方璿雅（2008）的研究發現，支持性團體的效果，家長從支持性團體中得到的收穫包括：能說出心裡的話，獲得共鳴的瞭解；情緒獲得改善；增加正面的觀點；獲得鼓勵、勇氣、力量與信心；認識朋友，擴展社交圈；獲得所需的資訊六個部分。除此之外，家長從團體中獲得的支持分別是：灌輸希望、普同感、傳遞資訊、利他主義、團體凝聚力、宣洩、存在性因子。不論是情感或是認知上都有幫助。

陳蓉娟（2005）在針對自閉症家長支持團體的建構與成效，所做的研究發現家長較關心的問題包括：孩子學前安置、溝通互動、情緒行為、就學轉銜、親師溝通及學習適應。家長最常分享與運用的資源是：家長分享、網路資源、自閉症相關書籍、自閉症研習活動、親人朋友和老師。在家長團體方案的成效方面：(1) 所提供課程大都能符合家長之需求；(2) 團體可提供家長選擇多元且不同的策略來教導孩子；(3) 已解決團體中家長部分的問題，但仍有家長希望可以再增加時間；(4) 家長對支持團體的服務大多感到滿意；(5) 家長參與期間獲得情緒支持，並在教導方面有實際收穫；(6) 家長運用團體所提供的策略並突破原有困難；(7) 家長培養正確的觀念，獲得更

多的助力；(8) 家長發現自己需調整的地方；(9) 家長已經要積極展開行動。

謝素真（2001）的研究發現，在團體互動中，團體的成效有情緒、資訊的支持以及支持網絡的建立等社會支持、澄清疑問、宣洩情緒及尋求經驗的認同，並經由成員彼此的經驗分享、共通性，以達經驗的獲得、希望的灌注、自我覺察及經驗的統整，最後達到自助團體雛形的形成。

家長團體可以直接提供家長支持，間接提升家長的照顧效能，除了針對兒童與家長的團體，還有針對身心障礙或遲緩兒童的手足組成的團體，Burke（2008）的實務研究發現，手足對於團體的反應熱烈，他們希望瞭解手足的問題、如何與他們相處、與他們溝通、照顧他們，手足團體讓手足可以得到支持。其他還有針對單親或祖父母隔代教養家庭、未婚母親的團體，除了提供對遲緩兒童的認識，也針對成員特殊的需求進行分享（Fine & Lee, 2000），可見對發展遲緩家庭的團體工作可以達成多元目標。

家長團體的參加對象是家長，參加者是「成員」還是「案主」？家長在家長團體中是期待被治療、得到專業的協助？或是學習知識與策略、瞭解其他家長的意見？在親職教育團體或支持性團體中，家長比較是參加團體的成員，領導者雖然是專業人員，比家長具有更多專業知識，但是其角色比較是在團體引導、促成團體互動，讓團體有效運作，其治療性角色比較少，有些家長團體可以變成家長自助團體。

參加早療團體的家長通常是為了瞭解孩子的問題而來，孩子有發展問題並不意味家長有問題，自閉症兒童的家長可能從低收入戶到大學教授都有，家長的多元性可以讓團體運作更豐富，領導者應避免將家長視為案主、以治療角色帶領團體，團體運作起動後，領導者的主動性可以減少。

　　至於「親職治療」是針對特殊兒童的家長，協助父母對兒童問題重新框架（reframe），使父母對疾病、症狀有正確的認知，減少對兒童的不當標籤與責備，同時對父母情緒支持，協助處理因兒童問題引起的壓力，教導父母以有效的技巧與方法去幫助兒童（張如杏，1998）。以治療不當親子關係為目的組成的家長團體稱為「親職治療團體」，這類團體強調其治療性目的，與「治療性團體」比較接近。

　　「治療性團體」（therapeutic group）以團體的方式對有類似狀況或問題的家長進行親職教育、親職治療、調整與子女互動的方式，讓家長學習適切的管教技巧（Graham, 1991），這類團體比較常運用於醫療體系，針對特殊家庭或議題（例如戒酒團體，精神科住院團體），這類團體是為了改善團體成員的問題，由成員、治療者的互動達成此目標，成員對問題的討論較深入，對改變抱持樂觀看法、成員覺得自己並不孤單、團體中會得到資訊和建議、利他主義是團體的出發點、從團體聽、看、模仿各種意見，接納其他成員的經驗，可以自我表露、情緒宣洩（曾華源，2000），治療性團體中的治療師需要有比較多的介入或面質，讓團體成員的問題可以在團體裡討論，引發其他成員的共鳴或回應。

　　治療團體也包括自助團體，由同樣有類似問題或狀況的人組成的團體，例如青少年認同問題、家暴亂倫團體、心理劇（psychodrama）團體等，這些團體同質性高，透過內部凝聚力讓參與者覺得受到支持。這些團體運作初期可能是由專業人員帶領，隨著成員穩定，漸漸由資深成員帶領新進成員運作，戒酒團體、精障家屬團體、同性戀者團體屬於這類團體。

　　家長團體很重要，家長團體可以是一般家庭的親職教育到特殊家庭或特殊兒童的親職治療，家長團體的運作已經從專業人員領導變成家長領導的自助團體，國內許多家長組織的運作都是從家長團

體開始，慢慢延伸為倡導團體，家長的力量透過團體集結形成更大
的影響。

　　針對發展遲緩兒童的團體教學強調團體學習，治療師要將教學
內容以團體方式進行，其特質是以團體進行教學。家長團體內容與
性質可以依照團體目標與對象界定，家長團體的情感支持功能被肯
定，但是團體目標與成效的評估，則需要再釐清。

第四節　團體工作的發展
▶▶▶▶▶

　　過去團體工作運用在許多領域，其方式與內容因團體目標不同
而各異，團體工作的未來強調服務成效，在專業的基礎上發展互助
互利的人際關係，社工專業是團體運作的推手，協助人們在團體裡
釋放壓力、激盪共識、尋求支持。

　　早療強調融合教育（inclusion），讓遲緩兒童可以在正常環境
學習，以團體教學的方式，讓相同程度的兒童一起學習，也有將遲
緩兒童與非遲緩兒童混合共同學習，讓所有兒童都有機會學習與
各種兒童相處。家長團體可以從一般的親職教育團體到治療性的親
職治療團體，甚至組成家長組織，從事倡導工作，家長團體的支持
性、情感性功能受到肯定。

　　未來早療團體工作可以結合研究、團體成效評估及多元團體模
式，提供發展遲緩兒童與家庭更多元的服務。

自我評量 ─────────────

1. 團體的定義？團體工作的定義？

2. 團體類型與其定義？

3. 團體可以有哪些目標？

4. 團體的規則如何產生？團體規則可分成哪些類別？

5. 團體動力是什麼？對團體運作的影響？團體凝聚力強對團體的影響？

6. 早療教學團體的定義及其運作方式為何？

7. 請說明親職教育團體的目標與運作？

8. 國內研究認為家長團體對家長有哪些幫助？

參考書目

一、中文部分

方璘雅（2008）。《自閉症家長參與網路支持性團體之經驗探討》，國立彰化師範大學特殊教育學系碩士論文。

王淑芬（2007）。《親子成長導向團體對發展遲緩兒童家長親職功能之影響》，國立台中教育大學早期療育研究所碩士論文。

林家興（1997）。《親職教育的原理與實務》。台北：心理。

陳蓉娟（2005）。《自閉症兒童家長支持團體方案之建構與成效研究》，國立台北教育大學特殊教育學系碩士論文。

郭來心（2007）。《發展遲緩兒童家長支持團體成效探討——臺北市某醫學中心為例》，實踐大學社會工作學系碩士論文。

張如杏（1998）。〈親職治療的初探〉，《中華醫務社會工作實務》，第1期，頁36-47。台北：中華民國醫務社會工作協會。

孫碧霞、劉曉春、邱方晞、曾華源譯，曾華源校閱（2000）。《社會團體工作》。台北：洪葉。

盧明譯（2001）。《活動本位介入法：特殊幼兒的教學與應用》。台北：心理。

謝素真（2000）。《支持團體對自閉兒母親生活品質之影響及團體歷程分析》，國立成功大學護理學研究所碩士論文。

二、外文部分

Burke P. (2008), "Support Group for Children and Young people." In *Disability and Impairment: Working with Children and Families.* pp. 116-127. London: JKP.

Fine M. J., & Lee S. W. (2000), *Handbook of Diversity in Parent Education: The Changing Face of Parenting and Parent Education.* San Diego, CA: Academic Press.

Graham P. (1991), "Group Therapy." In P. Graham (Ed.), *Child Psychiatry: A Developmental Approach* (2nd ed.), pp. 413-416. Oxford: Oxford University Press.

Hepworth D. H., Rooney R. H., Rooney G. D., Strom-Gottfried K., & Larsen J. (2006a), "Forming and assessing social work groups." In *Direct Social Work Practice: Theory and Skill* (7th ed.), pp. 283-312. Australia: Thomson.Brooks/cole.

Hepworth D. H., Rooney R. H., Rooney G. D., Strom-Gottfried K., & Larsen J. (2006b), "Intervening in social work group." In *Direct Social Work Practice: Theory and Skill*, pp. 495-520. Australia: Thomson Brooks/Cole.

Jacobs B. W. (2002), "Individual and Group Therapy." In M. Rutter & E. Taylor (Eds.), *Child and Adolescent Psychiatry* (4th ed.), pp. 983-997. London: Blackwell.

Noonan M. J. (2006), "Group Instruction." In M. J. Noonan & L. McCormick (Eds.), *Young Children with Disabilities in Natural Environments: Methods & Procedures*, pp. 251-268. Baltimore: Paul H. Brookes.

Schopler J. H., & Galinsky M. J. (1995), "Group practice Overview." In NASW (Ed.), *Encyclopedia of Social Work*, pp. 1129-1143. Washington, DC: NASW.

Schwartz W. (2005), "The Group Work Tradition and Social Work Practice." From http://www.haworthpress.com/web/SWG. 2009/8/27.

Turnbull A., Turnbull R., Erwin E., & Soodak L. (2006c), "Communicating and Collaborating Among Partners." In *Families, Professionals, and Exceptionality: Positive Outcome Through Partnerships and Trust* (5th ed.), pp. 184-208. Upper Saddle River, NJ: Pearson Merrill Prentice Hall.

Wikipedia (2009), "Social Work with Groups" From http://en.wikipedia.org/wiki/Social_work_with_groups. 2009/8/27.

第十一章

早期療育資源的
連結與運用

—— 朱鳳英

第一節　資源的定義與類型

第二節　早療資源的生態觀

第三節　資源連結的策略

第四節　資源運用的理論與技巧

學習目標

- ✔ 瞭解早療資源類型。
- ✔ 介紹資源的生態觀。
- ✔ 早療資源的連結。
- ✔ 早療資源的運用。

本章摘要

　　兒童接受早期療育的成效與所處環境的接納、支持及資源息息相關、影響甚鉅。有社會的接納、支持及適當的資源，療育成效必定加乘。本章闡明早療家庭與生態資源間的關係，早療家庭的需求與資源類型，協助早療個案連結資源的五大策略、運用資源的架構、理論與方法，並輔以實務案例、生態圖及資源評定表加以示範說明。

關鍵字

- ◆ 資源連結（resources connecting）
- ◆ 資源運用（resources implement）

　　早期療育是一種人性化、主動而完整的服務，透過各種專業整合性服務，解決發展遲緩或發展障礙兒童的各種醫療、教育以及家庭與社會的相關問題，以便能支持並加強孩子的發展，一方面開發孩子的潛力，一方面減輕障礙程度及併發症，使發展遲緩或發展障礙兒童能增強與同齡孩子過正常生活的能力與機會。同時，為使家庭獲得連續且適切的服務，並且增強家長運用資源的知識及能力，進而增進兒童發展、提升家庭功能（朱鳳英，2007）。

　　身處現代社會生活的我們，不可避免地對他人或正式資源產生依賴。傳統農業社會，人們輕而易舉地過著自給自足的日子，愈是先進、進步的社會，在多元複雜的環境下，沒有人具備所有必須的技能或技術面對外在的挑戰，各種專業逐漸為社會大眾所重視並依賴。

　　早期療育服務即符合上述，儘管醫療、教育或社會福利專業技術日新月異，但沒有哪一項專業可以單獨滿足早療兒童或家庭的需要，必須要各專業摒棄本位、展現跨專業、跨領域的態度，以服務對象之需求為前提的合作模式，才能創造多贏。

第一節　資源的定義與類型
▶▶▶▶▶

　　身為社工實務工作者，對於早期療育個案的需求進行全面評估時，對於資源存在的分析亦須同步進行。J. R. Ballew & G. Mink將資源定義為一切可提供物資服務，以維繫生活或成長發展之人或機構皆謂之（王玠等，1998）。我國《社會工作辭典》（第四版）則將社會資源（social resource）定義為人力、物力、財力之統稱。以支持系統的觀點而言，社會資源包括內在與外在資源。內在資源指的是可以解決問題和滿足需求的個人人格特質和家庭生活品質。外在資源則包括非正式和正式資源。非正式資源中的自然協助者，指的是不同住的親戚、朋友、鄰居、同事、同鄉，而志願服務人員也是自然協助者中重要的社會資源；正式資源則包括經過一定法定程序成為財團法人和社團法人的民間服務部門，常以基金會、人民團體、服務中心和安療養機構等形式呈現。而所有的政府服務機構，也理所當然歸屬於正式資源。

　　將個人特質與家庭動力合稱的內在資源，以及自然協助者與志願服務者合稱的非正式資源，連串之建構為家庭及社區的支持系統。而包括民間和政府的正式資源，需要以服務網絡的專業工作手法，將存在的資源，以合作方式提供服務於需求人群。而將內在與外在資源共同形塑成為社會支持系統。物力資源包括土地、建築物、設施設備等實質存在的資源。財力資源則囊括政府的各項預

算、企業贊助、民間捐款、服務收費，以及類似社會福利聯合勸募的制度化福利經費籌措工作所得等。

因此，資源依其存在的型態可分為有形的人力資源與財物資源，以及無形的知識技能、價值、信念、承諾、訊息、權力等資源。若依個案主體性而論，並依內在與外在資源之分類，彙整早療資源清單如表11-1。

表11-1　資源的類型

資源					
內在資源		外在資源			
個人資源	家庭資源	正式資源		非（半）正式資源	
		公部門	私部門	自然性	自願性
·障礙或遲緩程度 ·智力 ·體力 ·健康狀況 ·溝通能力 ·自理能力 ·行為能力 ·勇氣決心 ·適應能力 ·合作能力	·接納度 ·支持度 ·經濟功能 ·教養功能 ·溝通能力 ·合作能力 ·行動能力 ·決策能力 ·動機 ·主動性 ·信仰、價值	·學前幼、托園所 ·特殊學校 ·衛生所、健康服務中心、醫院 ·機構 ·法規、政策 ·補助辦法實施計畫	·學前幼、托園所 ·身障兼辦早療機構 ·早療機構 ·醫院、診所 ·營利單位 ·非營利組織 ·聯合勸募	·血緣性的關係，如親戚 ·地緣性的關係，如鄰居、鄉里長或同鄉、朋友 ·工作的關係，如同事	·宗教團體 ·職業團體 ·休閒團體 ·社會團體 ·志願服務團體

資料來源：王玠、李開敏、陳雪真譯（1998）。《個案管理》。台北：心理。

基於早療兒童與家庭需求之特殊性，並依筆者二十二年的社工經驗，其中十年專職於早療實務體系，將現行資源分類為非正式及半正式資源與正式資源（朱鳳英，2008）。

一、非正式及半正式資源

這些資源多半源於自願性、自然性的關係，沒有合約關係，且多以情緒支援為主，或以問題解決為任務，其中包含：(1) 鄰居或社區善心人士；(2) 親戚、朋友；(3) 同事、同鄉；(4) 宗教或志願服務團體。

二、正式資源

專業人員、機構、組織都屬正式資源，這些資源透過政策、法令提供服務，其相關規定通常都以書面呈現並可索取。這些資源有些是政府部門依據法律規範，由人民納稅的經費支持；有些則是民間募集善款捐助，並由正式計劃或程序提供。而服務所需之費用，有些是免費或使用者部分負擔或全額付費，需視提供單位或組織之屬性與財源募集狀況而定，茲分述如下。

(一) 家庭式服務

以外展方式，將所需之服務輸送到家裡，以配合年幼、體弱、適應困難個案；或因照顧者有特殊狀況，如年邁、懷孕……等之需，常見之服務有：

1. 到宅療育或到宅示範。
2. 個案管理服務。
3. 居家坐月子及托育。
4. 經濟補助：療育補助及交通補助。
5. 諮詢服務：含資訊提供、家庭諮商及親職服務。
6. 喘息或臨托服務。

(二) 社區服務

讓發展遲緩或身心障礙兒童能就近在社區中得到就醫、就養、就學、休閒及學習適應等服務。此乃符合IDEA C部分所強調的「早期介入需在自然情境或環境（natural environment）提供」之理念，其服務型式可分為以下三類。

1. **中心或機構式的早療服務**：日托班、部分時制班或稱早療班、幼幼班、親子班……等。
2. **教育式的早療服務**：如幼稚園或托兒所（依照顧法草案，未來幼托整合後，將統稱為幼兒園）提供的融合教育、自足式特教班，並搭配資源服務或巡迴輔導……等。
3. **醫院式的早療復健服務**：含醫療評估與療育，其中醫療評估含門診、聯合門診或聯合評估；醫療復健療育則包含一對一的時段治療，如物理、職能、語言、心理治療……等；或日間留院治療。此類型療育大都由健保給付相關費用，個案僅需負擔掛號費。然而，由於早療服務之蓬勃發展，醫療院所紛紛開立各項自費療育課程，如音樂治療、遊戲治療或行為治療……等。

早期療育推動最重要的是方式、價值觀以及對父母親的期待和要求，都必須以原本的家庭脈絡為起點，否則所有的介入都可能引起原本系統中的失衡（Turnbull & Turnbull, 2002；萬育維、王文娟譯，2002）。因此，如何致力於建置完整的早期療育資源服務（如圖11-1），使社區內的服務與資源有效整合、促進專業人員合作機制的建立，期待將整合性的療育服務及時且有效率地輸送給每一位發展遲緩兒童及其家庭。

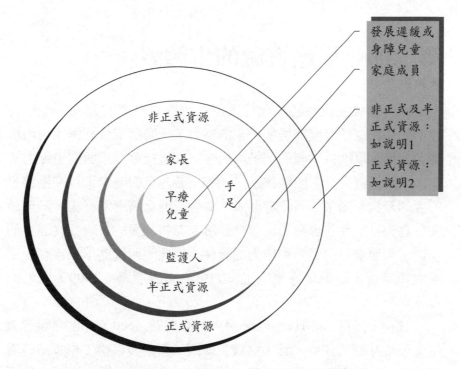

非正式資源

家長

早療
兒童

手足

監護人

半正式資源

正式資源

發展遲緩或
身障兒童

家庭成員

非正式及半
正式資源：
如說明1

正式資源：
如說明2

說明：1. 非正式及半正式資源包含：
　　　(1) 鄰居或社區善心人士。
　　　(2) 親友。
　　　(3) 志願服務團體。
　　　2. 正式資源又可分為：
　　　(1) 家庭式服務：到宅療育、個案管理服務、居家坐月子及托育、經濟補
　　　　　助（如療育補助及交通補助）、諮詢服務、喘息服務、家庭諮商服務
　　　　　及親職能力、提升與家庭支持服務……等。
　　　(2) 社區服務依型態又可區分為：
　　　　①中心或機構式的早療服務：日托班、部分時制班、幼幼班、親子
　　　　　班……等。
　　　　②教育式的早療服務：如幼稚園及托兒所提供的融合教育、自足式特
　　　　　教班、資源服務或巡迴輔導……等。
　　　　③醫院式早療服務：含評估與療育，其中評估含門診、聯合門診或聯
　　　　　合評估；療育含時段治療（如物理、職能、語言……等治療）及日
　　　　　間留院。

圖11-1　以早療兒童與家庭為核心的資源圖

資料來源：朱鳳英（2007）。〈台北市早期療育服務社區照顧經驗〉，《護理雜
　　　　　誌》第54卷第5期，頁18-23。台北：台灣護理協會。

第二節　早療資源的生態觀
▶▶▶▶▶

　　家有遲緩兒或身心障礙兒，家長可尋找專業的介入，以取得改善或減緩孩子發展落後所帶來的壓力，此乃個案身心需求與環境資源交換，以維持平衡的例子。另一方面是社會要求與案主能力的交換，如負擔生計、照顧孩子……等出於善意的要求，以交換穩定的生活及親子團聚，若未符要求，資源或機會將漸漸耗盡，乃至消失。身為社工實務專業者，清楚瞭解家有特殊兒的家庭往往面對的是需求與要求超過資源和能力的負荷，因此如何協助早療家庭找到或維持平衡，是與早療家庭工作的核心（潘淑滿，2000）（如圖11-2）。

　　實務上採用Ann Hartman所發展的生態圖（eco map）可瞭解案主與環境互動的評估工具，透過生態圖，案主與專業工作者清楚看到此時此刻與資源聯繫的質量、緊密度以及互動向度。所謂生態圖是指將家庭視為是社會大系統的一部分，評估家庭與外界社會環境之互動關係。因此，社工實務工作者在建構家庭生態圖時應分為內

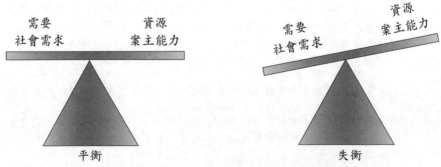

圖11-2　案主需求與資源的平衡關係

資料來源：潘淑滿（2000）。《社會個案工作》，頁351。台北：心理。

部系統（internal system）與外部系統（external system）兩部分。
所謂「內部系統」是指將個案家系圖繪製於中間，並以圈圈表示
內、外系統之界線；之後將與家庭有關之「外部系統」資源，例如
醫療、社會福利、教育、非正式及其他資源等，依序環繞家庭系
統，並以圈圈表示系統與系統之界線（Harrold, Mercier, & Colarossi,
1997）。

　　早療的介入目標是希望案主與資源間可以維持平衡、無壓力的
關係，可惜生命總是有許多不圓滿，因此，實務上大多數個案面對
的是與資源有聯繫，但關係疏離或緊張。若未適時處理這些失衡的
壓力，必然會帶給家庭負面影響，當壓力與問題逐漸累積，生活將
益加困難、挫折與無力感油然而生。對社工實務工作者而言，生態
圖可以成為他們與案主討論問題與研商策略的溝通媒介，同時也可
以成為處遇成效評估的依據（Dorfman, 1996）。生態圖之於工作
者最重要的好處是，可藉此立刻由圖生義，判斷出家庭的問題、需
求、資源，甚至互動等相關之情況（Harold et al., 1997）。下面以
五歲先天多重障礙的案例、圖11-3生態圖及表11-2資源評定表說明
之。

案例

　　　五歲的阿弟是位出生即障礙的非婚生男孩，已領有重
度多重障礙手冊，二年前媽媽無故離家後就無消無息，目
前與爸爸、曾祖母、爺爺、奶奶、大叔及姑姑同住。爺爺
因少年得志，揮霍無度，整天喝酒看電視，與家人關係緊
張。曾祖母和奶奶對於阿弟非常溺愛，隨時隨地以滿足他
的需要為主。阿弟爸爸工作不穩定，態度消極，對於阿弟
漠不關心，在鐵工廠擔任臨時工作。

　　　阿弟出生時，媽媽前段婚姻仍存續，因此曾冠媽媽前
夫的姓，後經DNA檢驗，阿弟監護權歸媽媽，爸爸原本想

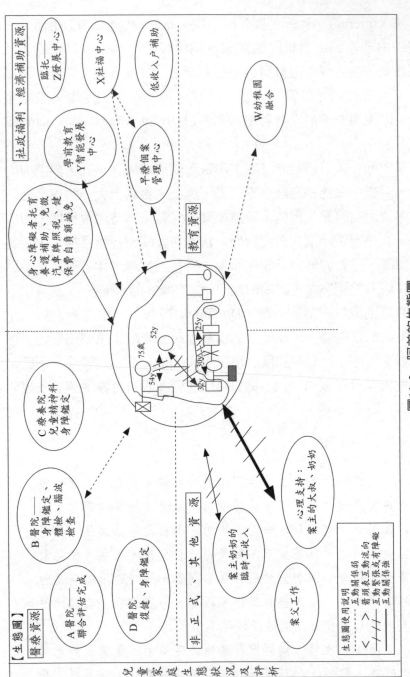

圖11-3　阿弟的生態圖

資料來源：修訂自伊甸基金會工作指導標準作業書，2007。

等媽媽離婚後即辦理認領手續，因媽媽行蹤不明未能如願。

　　阿弟家潮溼有點異味，樓下為客廳，樓上為寢室，對外交通不方便，需有機車代步。居家附近，鄰居稀少，步行距離15分鐘以上，少有來往。家中經濟主要靠奶奶做臨時工的收入維持。大叔及奶奶會協助辦理相關社會福利及安排阿弟醫療教育相關事宜，曾祖母假日會協助分擔照顧阿弟。奶奶及大叔使用資源能力很弱，需說明每個步驟並隨時提醒及陪同，方可完成資源連結，大叔今年年初剛結婚，妻子為越南人。

　　阿弟於二年前由媽媽帶至A醫院做過幾次復健，情況不明且斷斷續續，半年前為了進入身障機構兼辦早療接受部分時制訓練而至B醫院接受身心障礙鑑定，復健科醫師診斷阿弟除了腦性麻痺外，智能也有問題，建議至C療養院或D醫院做心智評估。社工陪同奶奶帶阿弟至C療養院做身心障礙手冊重新鑑定，確認診斷結果為重度智障。另安排至E醫院進行聯合評估，至B醫院做體檢，現安置於Z教養機構，原本是每天接送的日間托育，因家庭接送配合不易及在家照顧問題，近日改為教養住宿，每週返家一次。

表11-2　阿弟的資源評定表

外在資源	內在資源
1. A醫院聯合評估。 2. B醫院復健科——身心障礙鑑定及托育養護補助的體檢及腦波檢查。 3. C療養院兒童精神科——身心障礙手冊重鑑及智能鑑定。 4. D醫院復健科——復健及身心障礙鑑定。 5. 身心障礙者相關福利——健保費減免、托育養護補助、臨托補助、免徵汽車牌照稅。 6. 早療個案管理服務——心理支持、資源連結、親職教育。 7. Z智能發展中心——臨托、日間托育、托育養護安置。 8. X社福中心高風險家庭服務。 9. W幼稚園融合教育。 10. 奶奶臨時工收入。	1. 奶奶與曾祖母的疼愛與照顧。 2. 阿弟聽得懂別人對他說話的意思，認知發展有進步的空間。 3. 大叔可協助相關福利申請。 4. 爸爸有意認領阿弟。 5. 阿弟是家中長孫，長輩重視其出生序與性別。
外在阻力及要求	個人需求及內在障礙
1. 奶奶、大叔使用資源能力很弱，需說明每個步驟並隨時提醒及陪同，方可完成資源連結，例如社會福利、醫療、教育等。 2. 目前有社工協助處理案主之事宜及Y發展中心的特殊教育介入，但入小學後回歸教育體制又是一大問題，譬如相關福利的辦理，教育案主的教導、親師溝通等。	1. 爸爸媽媽沒有結婚，阿弟缺乏父母的教養，成長環境不利的情況下，使得阿弟先天障礙加上後天照顧、刺激不足，發展遲緩情形更為明顯。 2. 媽媽無故離家，行蹤不明，而爸爸又疏忽不管事，祖母與曾祖母僅能照顧生活起居、打理三餐，阿弟僅靠正式資源，如Z發展中心特教或個管到宅服務介入，家中無法發揮親職教育的功能。 3. 阿弟明年即將入小學，生活常規、生活自理、認知及語言溝通能力之提升需優先加強。 4. 爺爺因年輕得志而揮霍無度，整天喝酒看電視，加上爸爸工作不穩定、不負責任，致使奶奶挑起家庭經濟與照顧重擔，心力與體力負荷沉重。 5. 阿弟的監護權歸媽媽，媽媽行蹤不明，對於他未來的就學、就醫、就養或福利申請……等形成困擾與障礙。

資料來源：格式參考伊甸基金會工作指導標準作業書（2007）。

　　完成上述生態圖後，實務工作者可邀請個案敘述其看法，對於與各生態資源關係之強弱、距離之遠近是否貼近事實？如何維持平衡？強而有力且持續的聯繫是否可改善薄弱或不存在的聯繫？接下來即可藉此發展資源連結的介入計劃，如發展聯繫不存在的資源、強化鞏固弱聯繫、舒緩壓力關係，強化個案與家庭能力以因應環境與資源之要求與適應。由此觀之，生態圖不僅將片段零碎的資料彙整呈現，實務工作者亦將其視為評估工具，而個案家庭則藉此增加對現況的瞭解。此外，實務工作者亦可依據自己蒐集的資料獨自完成生態圖後，藉此整理思緒與個案此時此刻之需求與資源現況，研擬進一步的介入策略。

第三節　資源連結的策略
▶▶▶▶▶

　　為了維持案主與生態間之平衡，實務工作者必須在兩者間建立共識，瞭解雙方之期待，由於早療家庭面對的是「非單一需求或資源可滿足」的挑戰，因此有經驗的實務工作者必須整合服務資源系統，以案主需求為核心，讓案主與資源系統關係得以維繫，並監視系統中資源的穩定度與充足度，並避免重複與衝突產生。

　　資源的存在有其特質，實務工作者應強調邏輯概念，在資源分類上要清晰，如何分析、歸納、統整及演繹，並做出好的推論、適當的行動策略方案。執行細節採用科學方法，分析方式愈具體，成功的可能性也愈高，所以資源連結不僅要有想像力，執行能力也要用科學的方法運作，才可能達到整合資源、建構社區網絡的願景。

一、資源連結的特性

首先，有關資源的連結，從點到面可分為個人資源、社區資源及社會資源三部分。每一個人都是資源，個人的人際關係，可以影響多少人？依美國偉大的汽車推銷員指出，一個人可以影響二百五十人，所以在為個案建立人際網絡時，個人是非常重要的基礎資源，從這個基礎資源拓展出去，有很多的可能性產生，所以對個體資源的尊重與珍惜是很重要的，無論是心意、情感、態度，都是實務工作者應具備與一個早療家庭工作的條件。

以家庭為基礎的社區網絡、居住的空間，也就是以家庭為核心組織資源的機會，影響著服務的有效性。依據我國《社會工作辭典》（第四版），所謂社區資源係指運用社區的各種正式與非正式資源，協助需要長期照顧的人士，能住在自己家裡，生活在自己社區中，而又能獲得必要的照顧。除了在社區內提供照顧（care in the community），並動員社區資源提供照顧（care by the community）外，家庭與家庭之間的聯結也是同等重要。社區資源的連結，不只是垂直的關係，水平的關係也很重要，家長間或家長團體之間的結盟更是影響綿延，並可提昇家庭的處境跟地位，組織內依不同專業需要彼此互訪，這種多元的社團連結是早療家庭的優勢。

有關社會資源部分，可再細分為三個部門，即政府部門、企業部門和非營利部門，這三個部門都是很好的社會資源，在利用這些社會資源時，要清楚認識資源的主體性與個案需求是否相符。

瞭解上述資源特性後，如何達到取得資源以滿足案主基本需求？尋找需求機會以實現願望？於資源連結上有何策略？這些行動皆有助於我們達成案主與環境生態間的平衡，進而增進兒童發展、提升家庭功能。

二、取得資源的策略

實務工作者在協助個案取得外在資源時，主要是代表案主，並為案主發聲，且以個案的最佳利益（best interest）為優先考量，或者如老師角色般，協助案主發展能力，從示範為案主連結資源，到與案主一起尋求資源，最後促使案主可以自動自發、獨自連結並運用資源。為順利結合資源以協助早療家庭達成上述目標，以下提出五個取得資源的策略（王玠等，1998）。

(一) 連結（connecting）

此行動有尋求資源、接觸提供者、教導案主、陪伴案主及監督服務；而連結策略包含將資源告知案主、請案主自行回報、協助案主明瞭可預期的事；打電話給資源提供者；教導案主或陪伴案主前往。

(二) 協商（negotiating）

所謂協商是指增強服務需求及服務提供者兩者間的配合。協商可運用於正式助人機構、和自己組織交涉及非正式助人者和資源內熟識者維持固定的聯繫。協商策略包含服務個別化、澄清各方需求、協商差異及調整外在要求，以協助個案克服連結資源之困難。

(三) 倡導（advocating）

當協商無法克服環境資源限制，或助人者不願提供協助時，此時倡導是協商的延伸，但也是一把雙面刃，因此建議必要時才採用。倡導有六個循序漸進的步驟，它們的層次逐漸昇高，逐漸增強，包含：(1) 直接果斷、態度堅定的要求；(2) 運用專門知識；(3) 訴諸高層權威；(4) 運用申訴管道；(5) 向外界權威呼籲；(6) 採取法律行動。

(四) 監督（monitoring）

資源連結後，服務成效的檢視，監督服務是否已依承諾、計畫一一執行、順利提供，此動作可增加服務確實提供的可能性。

(五) 協調（coordinating）

指各專業合作的可能性，不論是採專業間、多專業或跨專業的合作模式，皆希望透過不同的協調幫助各專業助人者，相輔相成、減少歧異、避免服務重疊，最終希望個案可以順利取得資源。

三、資源連結的有效性

資源連結的有效性必須增強與相關資源的工作關係，例如：(1) 瞭解資源之新要求、申請程序、服務目標；(2) 與資源內熟識者維持固定聯繫；(3) 詮釋案主問題與優點；(4) 瞭解資源期待；(5) 常和資源建立關係。在增強與資源關係的四個重要步驟有：(1) 設定目標；(2) 聯繫關心案主議題的人；(3) 發掘長期合作的可能性；(4) 增強及維持關係或發展同意書或契約。

當外在資源就位時，卻常發生案主表達已無需求、狀況改變；拖延與資源會談的日期；或表面說好，但往往在重要關鍵時刻無故消失、迴避……等。實務工作者在此時必須改變策略、發展個案成功經驗以動員其內在資源，例如：(1) 使用記憶中的經驗；(2) 創造目前的經驗；(3) 運用個案進展記錄。由於案主的優點是開啟改變的力量，上述策略重點是在尋求或建立個案成功的經驗，發掘其潛在優點並發展新技巧。

第四節　資源運用的理論與技巧
▶▶▶▶▶

一、社會資源的評估架構與運用理論

　　實務工作者首要之務就是對個案的問題與需求進行全面評定，並對應其所處環境之內、外在資源與支持系統，進行完整的評估（如圖11-4），以確定資源運用的恰當與否。圖11-4上半部是潛在的支持資源，是改變個案現況的助力，左上方是正向的外在資源，

朋友、親戚
鄰居、同鄉、同事
社會福利
收入、利息
社區支援團體
職業、宗教、
志工團體

成長發展中、
情緒範圍、
有表達能力
有學習意願
可生活自理
家人接納、關係佳

不符合申請資格、
缺乏資訊資源、
缺乏可用之資源、
付不起治療費或學費、
資源不合作
中低收入、失業

先天障礙、遲緩
無法生活自理、
表達能力有限、
療育不合作、
障礙程度嚴重

助力

個

人

能

力

個人因素

個

人

需

要

及

內

在

阻

力

阻力

外

在

阻

力

求

要

及

環境因素

外

在

資

源

案家

圖11-4　案主之資源評估架構

右上方是案主及家庭的內在資源。然而下半部是個案現況的阻力，右下方是案主未滿足的需求與內在障礙，左下方則是外在阻力與要求，實務工作者藉此架構進行評估、分析，對案主內、外資源進行全面評估，並依此增進案主能力、強化個案資源及支持系統，以減少其內、外資源運用的阻力與限制。（潘淑滿，2000）

實務工作者就資源進行評估時，以下五個理論架構可供參考（黃維憲，1995）：

1. **差別潛力的功能論**：讓個人或機構間相輔相成、截長補短以發揮最大效能。

2. **互為資源的互動論**：讓個人或機構可相互支援、互為資源、主客易位與互通有無。

3. **優先順序的行動論**：讓個人或機構運用現有資源，並持續開發各種潛在可用資源。

4. **教育動員的過程論**：對於已存在之資源提供運用途徑與方法，並將過程制度化、系統化。

5. **系統運用的結合論**：為有效協助個案，將相關資源採綜合規劃，如以機構為主體，將資源分為機構內資源、機構外資源，以及機構與機構間互為資源後再創造之資源。

二、資源提供者的特色

資源的存在或提供一定有其規劃初衷與動機，若依資源參與者之理念、動機與意向，約可歸類為以下五種（潘淑滿，2000，p. 367）：

1. **互助論**：基於互相關懷的血緣、地緣、興趣或專業的核心組職。

2. **濟弱扶傾論**：基於愛人、救世的宗教、慈悲為懷的宗教精神，為社區內之中、低收入戶、弱勢家庭提供關懷、慰問或資助……等各項服務。

3. **中國的積善論**：傳統社會富有人家的鋪路造橋、賑災、佈施……等，即為了行善積德，獲取生活的安寧與平靜，同時可庇蔭後代子孫，此乃華人社會最典型的公益理念，且影響至今。

4. **成就感**：無論個人、組織或企業在擁有一定地位或財力後，為了回饋社會，建立個人或企業形象，因而積極投入公益服務，成立基金會……等，以獲取民眾與社會的認同與讚許。

5. **歸屬感**：積極參與理念相同且信任的社福機構，並以機構成員自居或與之相處融洽，一切以社會公益為已任。

三、資源運用的方式

前述之需求與資源連結，有許多方式可資運用，在早期療育領域中，依多年的實務經驗，運用方案資源連結進行的網絡建構是落實以家庭為中心的理想方法。所謂的「方案資源」（program resources）係指由網絡內社福機構針對服務對象的需求所提供的重要服務與服務方案。網絡內各單位或機構所規劃的方案資源必須連結，方能滿足早療兒童與家庭的需求，並透過方案交換與合作方式，達到機構與機構、單位與單位間的合作與資源交流，其運用方式分述如下（引自張秀玉，2003）。

(一) 方案連結

透過網絡內各機構或單位所提供的資訊、刊物，或辦理之個案研討、工作會議、聯繫會報、聯合接案或教育訓練……等方式，使網絡內的成員可互相交流、參與，以強化網絡組織之功能與默契。

(二) 職員連結

指機構或單位間相互提供員工專業訓練的機會，或跨機構或單位遴派專業人力組成任務小組，以共同完成某項特別服務。例如社區內小而美的單位或機構將人員送至資深有經驗、人力充足的單位代訓、觀摩或實習；或各自貢獻不同專業，如社區要執行一項名為「跨專業團隊模式對早療家庭的影響」，為此，甲機構的社工與教保老師、乙醫院的醫師及治療師、丙學校的特教老師和幼教老師，由於此研究案形成任務小組，一起參與該項研究，貢獻所長，待任務完成即自動解散。

(三) 行政連結

結合機構間之技術和諮詢，共同設計工作指引與工作指標或共享服務設施。如衛生署委託慈濟醫院於民國97年11月修訂完成第二版的《兒童發展聯合評估中綜合報告書與操作手冊》，提供各評估醫院、通報轉介中心及家長閱讀或使用報告書時參考；或兒童局補助中華民國智障者家長總會出版之《早期療育個案管理實務工作手冊》，以利全國各地早療通報轉介中心、個管中心或資源中心執行個案服務參考。

(四) 財政連結

1. **服務購買**：如甲機構代表個案向乙機構或A專業人員購買專業諮詢或療育示範服務。
2. **聯合財政預算**：如各縣市積極推廣之公辦民營服務，縣市政府提供場地、部分經費，由乙基金會承接負責早期療育通報轉介中心之人事、場地管理及其餘財源籌措，或委託丙協會辦理個案管理等。

　　資源之於個案初期服務猶如潤滑劑，可協助實務工作者與個案建立信任的專業關係，個案會感受到「有人願意且可幫忙」；於重要緊急事件發生時，更讓個案感受到如久旱甘霖，問題不再艱鉅、困難，需求得以找到出口。而資源之於機構，猶如商品，每項資源都有其標價，有些事機構可自行生產或購買而得，有些則需透過策略聯盟，分別出錢、出力而取得，但無論是何種方式，都以個案的需求為前題，讓早療家庭獲得連續且適切的服務，並且增強家長運用資源的知識及能力，進而增進兒童發展、提升家庭功能。

自我評量

1. 何謂社會資源？其類型有哪些？
2. 何謂生態圖（eco maps）？用於實務評估的重點有哪些？
3. 請說明五個取得資源的策略。
4. 請說明資源提供者的特色以及資源評估的五個理論架構。
5. 何謂方案資源？請簡述資源的運用方式。

參考書目

一、中文部分

朱鳳英（2007）。〈台北市早期療育服務社區照顧經驗〉，《護理雜誌》第54卷第5期，頁18-23。台北：台灣護理協會。

蔡漢賢主編（2009）。《社會工作辭典》（第四版）。台北：內政部社區發展雜誌社。

黃維憲、曾華源、王慧君（1995）。《社會個案工作》。台北：五南。

張秀玉（2003）。《早期療育社會工作》。台北：揚智。

潘淑滿（2000）。《社會個案工作》。台北：心理。

王玠、李開敏、陳雪真譯（1998）。《個案管理》。台北：心理。

二、外文部分

Dorfman R. A. (1996), *Clinical Social Work: Definition, Practice and Vision*, p.115. New York: Brunner/Mazel Publishers.

Harold R. D., Mercier L. R., & Colarossi L. G. (1997), "Eco Maps: A Tool to Bridge the Practice-research Gap." *Journal of Sociology and Social Welfare*, 24 (4): 29-44.

第十二章

個案管理與早期療育

—— 林幸君

第一節　早期療育個案管理的意涵與本質

第二節　早期療育個案管理的實務應用

第三節　早期療育個案管理的挑戰

學習目標

- ✔ 認識個案管理的本質精神，培養從多元觀點來看待服務使用者在服務體系中供給與需求回應的思維方式。
- ✔ 瞭解早期療育個案管理服務模式的執行策略，強化對於執行實務內容與工作方法的瞭解與掌握，以儲備整合性基礎能力的養成。
- ✔ 探討本土化早期療育個案管理在台灣發展現況下的熱門討論議題，以增進對於個案管理服務模式應用成效的檢視分析能力。
- ✔ 發揮社會工作者運用整合性服務取向之實務知能與態度理念，落實與服務對象一起倡議權益維護的公平正義使命角色。

本章摘要

　　早期療育服務是體現跨專業整合精神的具體落實，尤其身為個案管理員的系統樞紐角色，更被期許承擔起運用資源回應家庭需求的重責大任。此時，個案管理員如何將家庭視為團隊合作中的重要成員，尊重其想法並鼓勵其表示意見，則成為啟動家長與專業間夥伴關係的首要入門法則。個案管理從社會個案工作開始發展，並於1990年代引進台灣，歷經觀念萌芽、規劃試辦、推展發展與服務檢視階段，至今應用在早期療育服務體系中，除了被視為一種方法與模式外，也著重在充權個人能力提升與策動資源系統層次的網絡建立，因此不單只是資料管理，也兼顧了服務介入的功能。

　　本章首先就個案管理在社會工作人群服務所關切的焦點以及引進早期療育服務體系後的背景趨勢與應用基礎加以介紹，其次針對個案管理多元模式理念基礎在現行早期療育個案管理模式的運作現況，以及運用信任關係建立、進行需求與資源評估、擬定服務計畫、連結療育資源、追蹤資源網絡的落實與結束關係六大執行策略原則以及角色功能發揮情形分析探討，最後拋出實務工作中最常爭議的倫理議題，以及分別從「解決了案家實質的問題嗎？」與「促成了跨系統的運作及合作成效嗎？」兩大目標，整理出服務成效檢視依據，共同來思考未來台灣早期療育個案管理的發展藍圖。

關 鍵 字

◆ 個案管理（case management）

◆ 整合性服務（integrated service）

◆ 資源網絡（resourse network）

第一節　早期療育個案管理的意涵
▶▶▶▶▶　　與本質

家長的心情告白

　　過去經驗當中，我常常為了提供孩子所需要的服務而
東奔西跑、四處嘗試，往往等到孩子找到所需的服務時，
已錯過許多最佳療育時機。我企盼早日見到家長不再為孩
子的各項服務東奔西跑，任何一位兒童都能在完善的照顧
體系下快樂的成長。

（中華民國智障者家長總會（1993），《推波引水》創刊號。）

　　相信很多人第一次從家長口中聽到生命歷程的深刻回憶時，
總是心有戚戚焉，除了被家長永不放棄的心情感動外，也對於服務
體系下的制度設計滿腔熱血，這就是進入實務場景中最常揭幕的開
場，反映出專業人員與服務使用者期待整合性服務的共同願望。

一、解讀社會工作個案管理的本質

　　許多人第一次聽到個案管理這個外來的專業服務，總是十分
疑惑地詢問：管理的範圍有哪些？所有人都可以納入成為服務對象
嗎？個案管理（case management）和照顧管理（care management）
聽起來很像，指的是同一種服務模式嗎？以下我們就從說文解字開
始，解釋「個案管理」的意涵、個案管理在國內的發展趨勢以及最
常被運用的服務範圍，開始來認識個案管理的特色。

　　根據美國社會工作專業人員協會（NASW），個案管理的定義

為：個案管理是一種方法，由專業社工人員評估案主及家庭需求，也以多元角色來滿足個案複雜且獨特的需求，因此個案管理是一套採取微視或鉅視觀點與服務使用者共同在個人層次（client-level intervention）與系統層次（system-level intervention）上合作的多元且專業的實務方法。（NASW, 2009；劉瓊瑛譯，2008）。另外，國內最早將個案管理概念引入台灣，並由中華民國社會工作專業人員協會所彙編翻譯的研習手冊，則介紹個案管理是「提供一種有效地組織及協調服務、資源與支持網絡，以保證回應案主需求，獲得所需個別化服務與資源為目的，因此服務焦點需同時著重人與環境兩者，由個管員與案主一同努力合作設計服務計畫與評估結果」（鄭麗珍譯，1990；林方皓譯，1990）。國內最早開辦個案管理服務的台北市政府在民國86年則以協助面臨多重問題家庭獲得聯繫、適切服務，並增強家長運用資源的知識、技巧及能力為推動個案管理服務試辦的重要理念（台北市政府社會局，1990）。內政部兒童局為建立個案管理服務模式而委託民間出版的「早期療育個案管理實務工作手冊」則指出：「個案管理絕對不僅有個案檔案管理的價值，是一種運用工作方法以強調資源連結與服務整合輸送的支持系統（中華民國智障者家長總會，2000）」。

另外，在實務工作中最常被列為參考必備手冊的《社會工作個案管理》一書中則引用Ballew與Mink（1996）的看法（王玠、李開敏、陳雪真譯，1998），他們認為個案管理是提供給那些正處於多重問題且需要多種助人者同時介入的案主之協助過程。萬育維（1997）接受內政部委託所進行完成的「發展遲緩兒童早期療育之研究——轉介中心與鑑定中心合作模式之規劃」研究報告則指出：個案管理是一種「樞紐」的工作，透過對案主系統地評估，進而發現解決問題之道。許多實務工作者針對服務現況檢視的成果報告中也不約而同發現：個案管理是一種理念，也是一種協助過程，由主要的關鍵人物協助家庭綜合各個資源，再將資源管理系統

化、組織化，以一同和案主面對多元且需要不同協助管道的工作方法，旨在促使案主與服務體系發揮功能，達到服務輸送的可接受性（acceptability）、可及性（availability）、可近性（accessibility）與責信度（accountability），以杜絕資源運用上不必要的浪費（宋麗玉，2007；顏長儀、簡璽如，2006；張秀玉，2003；葉孟珠，2003；陳政智，2002；楊玲芳，2000；高迪理，1990）。

　　近年來，個案管理在國內許多專業領域逐漸成為政策研議過程中被認同、最受寵的新興名詞，我們最常在許多會議上聽到許多專業人員口中的個案管理服務強調「個案資料管理」的重要性，認為透過個案管理系統可以有效掌握服務資料庫，如此可以達到便捷有效的目標。然而若回歸國內外對於個案管理的詮釋運用，則不難發現個案管理模式同時關切人與環境的基礎精神，也就是個案管理的本質在實務運作過程中需先釐清個案是誰？兒童還是家庭，誰需要服務？單一問題還是多重需求。服務計畫的目標要如何設定？服務範圍要管理些什麼？是個案或資源資料的建檔？還是服務體系的串連與整合？

　　儘管個案管理具備了多元處遇觀點與工作策略，但非萬靈丹，個案管理工作模式的適用對象仍以下列特質之服務對象為優先考量（Summers，2009；黃劍峰，2007；童伊迪，2007；台北市政府社會局，2002；中華民國智障者家長總會，2000；Rothman & Sager, 1998）：

1. 案主面臨多重且複雜的問題，且需要多個助人者或不同專業資源以幫助問題的解決。
2. 案主在服務體系中易於成為被責難的對象，呈現出低自尊、有威脅感壓力狀態，面臨無法有效使用資源的困境。
3. 案主缺乏內在支持系統，且缺乏維持日常生活功能的能力，因此需要外在支持服務的補強平衡。

4. 案主缺乏相關資訊的取得，以判斷對於既有與潛在資源的選擇與使用機會。

綜上所述，無論是個案管理或照顧管理都強調了服務管理的概念，只是前者強調的社會支持關心層面與範圍相較於生理、心理層面的照護，更著重生態系統的觀點。Summers（2009）也指出，個案管理提供了兩大主要功能：主要在於提供擬訂個別服務計畫以滿足每一位個案，並監測計畫內容是否有效發揮的重要方法。其次，確保國家公共政策及私人保險經費能適切、有智慧且有效能地被運用。NSAW（2009）也強調個案管理的主要目標在於透過有品質的服務啟動有效率、效能的態度去回應個案複雜且多元需求，以達成「提升並發展個案因應或解決問題能力」、「創造及促成服務系統的效能」、「連結個案在服務過程所有資源、服務及機會」、「改善輸送系統的型態及能力」以及「檢討並改善社會政策」為重點工作。因此個案管理是一種方法與模式，綜融了社會工作服務的方法。不單單只處理個案資料的管理，服務介入更需提升至回應個案與家庭之案主層次，以及服務輸送體系之系統層次的資源整合層面。整體而言，個案管理的目的，主要在於進行審慎專業且多方面的需求與資源評估後再動員相關且完整的資源網絡，藉由強調發展資源網絡的建立以及強化使用者取得資源的充權（empowerment）能力兩大重點，讓服務輸送系統運作更順利，使得服務的需求與供給之間可以達到適切性的滿足，並減少資源的浪費。

二、個案管理引進早期療育服務體系的發展趨勢

個案管理雖然是一個新興名詞，但早在1800年代，當服務輸送方式試圖被更組織化地以回應人類需求時，睦鄰組織社會（the charity organization society）即開啟了一套方法，以系統化的方式

去收集資訊，奠基了個案工作需求評估的重要基礎。二次大戰之後，隨著當時貧窮問題與家庭解組所伴隨來的多元問題，協調服務就顯得十分重要，以預防問題再度發生。1960年代，隨著回歸主流趨勢的影響，機構所服務對象面臨了需要適當服務支持，使能更獨立於社區生活的需求，也帶動人權運動（civic right movement）對於案主角色從負向消極求助者轉為主動積極參與者的觀念，影響社會工作者與案主之關係由傳統單向輔導轉為協同案主一起計畫和解決問題角色。1980年代，隨著政府資源減少、案主群不斷成長的趨勢下，「個案工作者」（case worker）被發展成「個案管理者」（case manager）一詞，因此管理者有更多責任要去管理資源，發掘潛在支持以及協調服務，以促進個人運用網絡資源（network）與發揮支持功能。機構也大量使用個案管理作為評估需求程序以找出回應需求的方法，並且追蹤個案使用服務情形與關注瞭解資源運用情況，致力於提供一套整合方法以發展出個人專屬的服務計畫，而非僅是套用於一體適用的服務內容。「美國身心障礙教育法」（Individual with Disabilities Education Act，簡稱IDEA法案）在1997年也將「個案管理」（case management）更換成專業團隊「服務協調」（service coordinate）的用詞，從此家庭不再被視為需被管理的被動接受者。甚至發展至今，個案管理者在所有社會服務單位已被委以重任，被認可為預防復發、追蹤需求及支持健康維持的重要方法（Blasco, 2001；宋麗玉，2002；葉孟珠，2003；黃源協，2007；Summers, 2009）。

　　回顧個案管理概念最早引進國內時，正值台北市社會局嘗試提升社會福利服務中心社工員個案輔導品質的時代，也是為了因應複雜的服務輸送體系而興起，個案管理所著重的生態系統觀點（ecological perspective）正得以回應服務使用者多元需求下必須建立整合性服務的發展背景。以下針對國內早期療育個案管理的發展

階段整理說明（林幸君，2008；黃劍峰，2007；李淑貞，2005；周文麗等，2000；中華民國智障者家長總會，1995）。

(一) 民國83至85年（1994-1996）概念萌芽期

最早由內政部邀集專家學者與民間單位共同組成的殘障職能評估（個案管理）規劃小組於民國83年4月14日舉行第一次會議，會中決議：依據「殘障者職能評估辦法」，分別就零至六歲殘障者個案管理以及十五歲以上殘障者個案管理作業程序進行研議，成為國內第一次跨專業與行政系統的規劃團隊，工作重點以草擬完成「職能評估（個案管理作業程序手冊——零至六歲殘障兒童早期發現與療育篇）」以及專業團隊評估診斷工具為主要任務，並同步委託中華民國智障者家長總會於台北、台中、高雄與花蓮四個縣市進行「發展遲緩兒童早期療育個案管理實驗計畫」，強調以案主為中心（client-centered）的首要原則。

(二) 民國86至88年（1997-1999）規劃試辦期

隨著個案管理服務規劃的開啟，民間單位也於民國86年首度辦理第一場「殘障福利服務個案管理研習班，針對個案管理概念與服務操作技巧進行介紹，並將國外服務轉譯成「社會工作個案管理」一書出版。此時，並同步由內政部持續進行服務制度的規劃，縣市政府則開始著手針對早期療育個案管理與成人身心障礙者個案管理計畫進行試辦。並將個案管理法制化於「身心障礙保護法」第十五條的規定內容中，其中指出：各級主管機關及目的事業主管機關應建立個別化專業服務制度，經由專業人員之評估，依身心障礙者實際需要提供服務，使其獲得最適當之輔導及安置。前項個別化專業服務制度包括個案管理……等。

(三) 民國89至92年（2000-2003）推展發展期

隨著內政部補助經費的挹注，以及民間單位積極宣導的成果，各縣市通報轉介中心與個案管理服務方案如雨後春筍般形成，此時期內政部兒童局（2003）所頒佈的「發展遲緩兒童早期療育實施方案」第四條指出：設立通報轉介中心，建立單一窗口，統籌彙整疑似發展遲緩兒童資料，辦理個案管理及定期追蹤等服務，以利各項轉介工作。「身心障礙者生涯轉銜服務整合實施方案」則於民國91年擬訂「建置身心障礙者個案管理系統，以促進各主辦單位服務銜接、資源整合及專業服務間之有效轉銜」，並載明實施原則為：策劃單位應規劃訂定轉銜服務統一資料格式，建置整合式身心障礙者個案管理系統（含福利、教育、衛生、就業等服務），俾利服務資料轉銜。因此，從現行兒童少年服務法所保障的發展遲緩兒童以及身心障礙保護法規範之障礙兒童皆需要透過個案管理服務系統提供資料建檔、專業化評估、服務銜接與定期追蹤，奠定了現行早期療育個案管理實務工作的主要依據。然而，成人身心障礙個案管理的推動進度則未有擴展，銜接身心障礙者全人照顧的長期照顧管理制度則才開始起步。

(四) 民國93年至今（2004- ）服務檢視期

有鑑於各縣市個案管理模式的蓬勃發展，為促成更多社區化服務資源的合作以及保障服務使用者的法定權益，因此將個案管理辦理成果納入社會福利績效考核指標中，有關服務績效的檢核指標也逐漸發展，個案管理操作手冊也陸續出版中。

儘管個案管理在國外從1970年代開始受到重視，並於1990年移植回國內的社會福利體系開始推動，不論是服務建置模式以及發展訴求目標皆有相似之處，且都以「增進個人能力」與「改善社會環境」雙重焦點（dual focus）作為社會工作介入的重要原則（Greene,

1999；引自宋麗玉，2002）。強調個案管理與傳統社會工作相異處在於處遇重點與尋求改變的層面不同（NASW, 2009；Summers, 2009；黃源協，2007；蕭孟珠，1990；鄭麗珍譯，1990；林方皓譯，1990），即個案管理處遇焦點由案主層次的人際關係議題轉移至系統層次的資源協調，個案管理員採取任務取向的短期服務模式，面對和案主一起分享做決定的責任，案主被視為問題的解決者，不再只是問題的受害者。因此，整合性個案管理服務的工作焦點皆以伙伴關係展開與家庭工作的第一步，強調家庭參與的重要意義，並從案主所生活的個人、家庭、社區及國家系統來共同致力於提升個人福祉，改變生活的機會。

三、早期療育個案管理的特色

> 到哪裡去找另外的15分鐘？

> 　　長期和家長一起合作的過程中，專業人員給予父母的建議往往都是片斷，想到什麼就建議什麼，徒然造成父母步調上的匆促與混亂（萬育維、王文娟譯，2002）。照顧孩子是一輩子的事，任何專業都只是短暫的治療過客。

從上述對於個案管理的概念介紹以及釐清後，究竟個案管理方法如何運用在早期療育服務系統中？相信引發了大家的關心與好奇，以下先提出兩個案例帶領大家一起來討論：

> 案例一

> 　　伴隨兒童發展而來的是全面性相互影響的因素，家人對於突來的一連串問題亂了方寸，家庭要如何處理多重需求的壓力？

案例二

　　家庭面對遲緩兒童療育所需的多元服務，但欠缺使用服務的管理、機會或能力，也無法與專業人員順利溝通，更沒辦法配合在家中操作練習，如果你是專業人員，會如何協助這個家庭？

　　由於發展遲緩兒童及家庭所面臨的問題常是多元、複雜但又個別、獨特的生活事件，其需求也必須仰賴不同專業、不同機構的資源提供才能滿足。Guralnick（1997）則指出，第二代早期療育方案（second-generation of early intervention）強調了生態系統論點（ecological model），以整個家庭為服務主體，重視家庭特質、互動型態與支持環境的融入參與。從歐美長期推動早期療育的經驗也發現，以家庭為中心（family-centered）是服務提供的主要原則，跨專業團隊被視為最理想的服務模式，因此服務整合必須是主動、不間斷的過程，以協助家庭獲得權利和充權（empowerment）以及服務程序上的保護（傅秀媚等，2006）。O'Conor（1998）指出，個案管理應用在早期療育服務的重要意義在於針對正式與非正式資源提供整合性、系統化的服務安排（引自楊玲芳，2000）。因此，個案管理被視為一種積極幫助個人與家庭獲得及時服務介入的過程，尤其各服務提供單位分散在不同主管機關或者服務系統下，需要有人協助居間協調並選擇合適的服務，避免資源的重複浪費。

　　無論從法源依據、相關研究發現與實務經驗皆認為，早期療育服務必須由醫療、社政、教育等專業人員以團隊合作方式來提供整合性、系統性、持續性、可近性的正式或非正式、家庭內在或外在服務資源，以最有效率的服務輸送方式滿足發展遲緩兒童及家庭需求，而運用個案管理工作正可以符合服務需求者與服務體系的期待，使得個案管理成為早期療育發展潮流的重要工作方式（萬育

維，1997；張秀玉，2003；林美瑗等，2006；童伊迪，2007；黃劍峰，2007）。

　　經過本節對於個案管理的介紹，相信您已能從發展脈絡與實務應用場域中清楚區辨出個案管理最常見的幾項迷思，在此重新再整理個案管理的幾項觀念，讓讀者有清楚的認識，所謂個案管理包含了以下幾點意涵（張秀玉，2003；中華民國智障者家長總會，2000；周月清，1998；王玠、李開敏、陳雪真譯，1998）：

1. **重點一**：是一種方法、模式或概念，而不單純只是一項方案或者一個服務中心。
2. **重點二**：不只是資料管理，是一種服務體系的整合。
3. **重點三**：個案管理是針對多重需求的案主提供服務，但絕對不是問題解決的萬靈丹。
4. **重點四**：個案管理並不是社工專業的專利，只要有心運用整合性服務的策略依據，任何熟識案主的專業人員，甚至是服務使用者都可以成為服務體系的個案管理經理人（case manager）。

　　整體而言，個案管理不是萬靈丹，也不見得所有的個案都需要運用個案管理服務模式，應該從服務對象本身的需要來看待服務體系的現況是否需要多元、跨單位間的服務來協助。另外個案管理模式強調個案共同參與的重要性，以及透過專業的支持與討論，幫助家庭找出更適合的方法或資源來解決目前所面臨的問題。

第二節　早期療育個案管理的實務應用
▶▶▶▶▶

　　個案管理在基礎知識上融合了個案工作、團體工作及社區工作的原則，並加強對外連結、協調追蹤的工作機制，塑造出個案管

理方法得以滿足多元需求的迷人形象。當實務界開始重視個案管理時，究竟應該以一種方案、一種方法或一種學派定位，或者該由誰來擔任個案管理員，便成為了目前早期療育工作中倍受討論的議題。依據IDEA法案的界定，服務協調者主要責任有以下幾項：協調評估、促進發展、完成評估IFSP、幫助家人識別服務提供者、協調並監測服務的提供、協調醫療及健康照護，以及促進學前轉銜計畫。Turnbull A.與Turnbull R.（2002）指出，家人以及專業人員在共同協助障礙兒童時，必須盡力落實在資源提供者、組織成員、服務啟動者、決策互惠者、教導者、政策倡導者、教育決策者與合作者角色的發揮（引自萬育維、王文娟譯，2002）。因此，一套整合性的早期療育服務必須建構在理念依據、服務方法以及角色功能的重要基礎上，以下分別介紹國內現行服務現況與實務策略的原則。

一、早期療育個案管理的服務模式

從個案管理發展脈絡的變遷中，我們可以感受到這套服務方法引導了服務輸送體系對於服務使用者需求的多元觸角與視野，無論從Rose與Moore（1995）依據互動關係所發展的案主取向（client-driven model）主導選擇觀點與供給者取向模式之效能管理觀點（provider-driven model），或者Woodside與McClam（1998）基於服務輸送方式選擇所區分的角色基礎（role-based）多元通才者、組織基礎（organization-based）服務建構與責任基礎（responsibility-base）資源運用觀點，或者Summers（2006）依據服務涉入程度深淺發展出的行政層次（administrative level）、資源協調層次（resource coordination）與密集層次（intensive level）模式，Ross（1980）所發展出的模式將個案管理分為以案主為本位的極小模式、建立支持系統的協調模式與強調生態觀點和提升案主能力的完

整模式，以及DOH/SSI（1991）就英國照顧管理服務網絡團隊合作方式所整理出的領導機構模式（lead agency model）、單一機構模式（unitary agency model）、聯合機構模式（joint agency model）、多機構模式（multi-agency involvement）和獨立機構模式（independent agency model），皆強調以案主、個案管理者以及服務體系作為建構支持網絡的重要元素，並從目的體系（goal system）、案主體系（client system）、運作體系（operating system）、資源體系（resources system）與改變司體系（change agent system）來建構個案管理的服務輸送運作體系，以提供評估（assessment）、計畫（planning）、連結（linking）、協調（service coordinating）四大服務內容為主。因此，無論採用何種服務模式作為實務運作的依據，個案管理的基礎知識主要仍奠基在生態系統模式（ecological model）的理論架構範疇中，即回應了社會工作個案管理工作焦點中對於充權案主個人身心功能與因應技能以面對生活問題解決之機會，另同時強調組織結構、法令政策與預算分配的資源支持網絡的連結，以穩定支持系統的提供（Summers, 2009；劉瓊瑛譯，2008）。

　　若對照上述所引用的學派或觀點，進一步分析出台灣目前早期療育個案管理在有限資源系統中為了能同時達成提升弱勢家庭解決問題能力以及促成資源有效運用的目標，皆處於醫療模式供給者取向與社會模式消費者取向的兩種型態，一方面強調重視服務使用者的表達與選擇，但又必須掌控服務體系的輸送情形。再者，個案管理員被賦予通才的角色，嘗試連結社區資源網絡以提供全面性支持，兼顧了角色基礎與組織基礎的服務模式。此外，運用個案分級方式與登錄發展遲緩兒童個案管理系統，依據服務介入頻率分為密集性介入、穩定性支持、間歇性追蹤、定期追蹤與結案追蹤五種等級，同時含括了Summers（2009）所區分的行政、資源協調與密集

個案工作屬性。整體而言，早期療育個案管理從試辦階段的通報轉介資源管理功能，直至各縣市蓬勃發展下的家庭處遇服務，各縣市正處於多元發展聘用社會工作專業背景辦理通報轉介中心及個案管理中心，共同提供整合性早期療育服務內容，然而由於各縣市推動的時間點、觀摩學習對象、投入經費規模以及區域特色不同，因此各有不同的服務模式，綜合整理大致可分為通報個管合一或者通報個管分開兩種模式，若搭配由政府自行辦理或者委託民間單位辦理，則又可分為四種執行型態，以下針對模式特色加以整理說明。

(一) 單一模式

適用範圍為當地資源不豐富且服務品質不均的縣市，已有當地社區資源單位長期投入並累積深耕的經驗，對於專業團隊的運用較能掌握充足資源。目前主要優勢在於：有助於資源的統籌規劃、服務項目及人力配置運用可以較彈性。但需要面臨的挑戰包括了：掌握發現通報處理的及時性與回應時效性、分級指標及派案機制需緊密連結，再者對於多元角色及服務項目如何兼顧。

(二) 分區模式

適用於政府與民間展開合作基礎的縣市，且資源體系對於早期療育方向有清楚規劃方向與共識基礎，雖然行政預算與人力不足，但民間已發展出具體服務模式且願意參與的階段。主要優勢在於能深入家庭服務的執行及服務追蹤，並針對區域性資源進行盤點及分析，另外有助於各自分工，發展出多元服務項目。需要思考的議題包括了：分區辦理結果如何進行整合、服務需求與資源系統的全貌如何掌握、業務督導管理機制如何具體回應。

然而，究竟該選擇何種合作模式則需要考量到經費財源、組織資格條件、服務程序、信任基礎、合作態度、專業背景、服務內

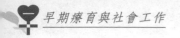

容與案主解決問題能力等影響因素（中華民國智障者家長總會，2006；林惠芳等，2001；Hazel, R., Barber, P., Roberts, S., Behr, S., Helmstetter, E., & Gress, D., 1998）。

二、早期療育個案管理的實務策略

　　由於個案管理工作模式十分多元化，因此在運用上究竟要選擇何種模式成為了初入門新手的困擾。蕭孟珠（1990）針對個案管理引進國內社會工作的服務方法，提出BRACES六大原則，也就是：行為取向（behavior oriented）、轉介服務（referring to related agency）、專業責任（accountability）、協調（coordination）、評估（evalution）與系統取向（system-oriented），王玠、李開敏、陳雪真（1998）依據實務工作經驗彙整出一套模式，包括：建立關係、評定、計畫、取得資源、整合與結束關係六個工作階段。台北市早期療育個案管理員工作手冊（2002）則分為通報派案、接案評估、陪同示範、連結資源、追蹤服務五大工作階段。陳順隆（2005）在早期療育個案管理工作模式的介紹則分為：受案與關係建立階段、評估階段與處遇階段。目前各縣市在進行早期療育個案管理服務有不同的工作模式與服務定位，以下依據筆者多年執行早期療育個案管理服務經驗並彙整相關實務手冊，就共同的工作項目與內容加以整理，以作為參考依循之方向（陳順隆，2006；台北市政府社會局，2002；林惠芳等，2001；楊玲芳，2000；中華民國發展遲緩兒童基金會，2000）。

(一) 建立信任關係

■服務資格確認

　　首先掌握與通報來源互動的管道，進行初步服務戶籍資格與標

準化發展能力篩檢，完成確認後，即著手運用個案管理系統完成個案資料的建檔。

■建立初步關係

個案管理員對於兒童發展與早療資源的專業知識以及個人溝通形象成為與家庭建立合作關係的重要基礎，因此找到家庭所關心想討論的話題，並給予適當資訊提供是重要的，此外，面對面的將同意書上所列的的事項一一說明給家長聽，並進行確認，以完成服務簽訂，是啟動合作關係的第一步。

■協商服務內容

安排與家庭或通報單位碰面溝通的機會，參考派案轉介資料與澄清待解決的問題，必要時邀請社區重要資源一同前往訪視，宣導早期療育服務概念與內容，並統整案家與重要他人的服務共識，以取得服務內容的協定，亦成為與合作單位建立初步關係的重要使命之一。

(二) 進行需求與資源評估

■找出所關切的事項

採取當面或電話接觸方式與案家及其重要他人保持聯繫，並參考案家基本資料、就醫史、案主現行能力的觀察記錄、家庭互動情形的分析，收集多元訊息以綜合整理出家庭在醫療復健、療育安置及家庭支持的需求項目與優先順位，作為擬訂處遇計畫及對於未來資源體系期待的參考依據。

■評估資源使用情形

針對案家所擁有的內在及外在、正式及非正式資源進行評估，除了瞭解使用資源之內在與外在障礙外（例如，過度保護心態、

缺乏面臨選擇的習慣或能力、對資源提供不具信心、獲知訊息管道封閉且不流通、過度濫用資源已被列為黑名單、資源體系間意見不一，未能取得協調或缺乏聯繫對話機會），更需要發掘出案家執行的優勢（例如，使用資源態度積極、符合資源使用條件，且資源點願意主動提供服務名額、能主動掌握足夠資訊以因應後續療育、使用資源經驗正向且合作態度信任度高、案家有良好的非正式支持系統）。

■轉介安排發展評估

由個案管理員依據初步訪視結果與個案需求評估結果，加上考量服務需求方向、現行想解決的問題、家庭交通距離、使用資源習慣、家庭支持條件、療育內容等納入考量，作為安排評估型態的參考，並說明各評估醫療院所的發展評估流程及服務方式，與主要照顧者共同討論所期待、可配合且較合適的評估資源（例如特別門診、聯合門診與一般門診），並將個案初訪資料或轉介摘要表彙整乙份轉介至評估單位參考。個案管理員並依據家庭執行能力以角色扮演示範或親自陪同至指定醫院進行早療評估工作，一方面旨在瞭解或補充家庭相關資訊，另一方面則培養家長與醫療專業人力對話能力，協助澄清家長疑問，作為媒合團隊與家長之間溝通的橋樑。

(三) 擬定服務計畫

■參與療育會議討論

信賴關係的建立就從耐心聽取家人說出所在意、關心、感到困擾以及擔心恐懼的事，因此擬定服務計畫前需要有更仔細的準備與合作氣氛的營造，首先要從召開會議以及邀請合適、家人期待的人選參與著手，其次從分享與兒童有關的共同經驗或觀點出發，接著就正式進入了計畫擬定的準備。通常在療育會議前，由個管員主動

與家長澄清討論彼此需求以及策略可行方向的溝通，再由個管員彙整，提至個案討論會中與相關專業人員討論。療育會議的目的主要在於討論個案療育訓練方向，以及進行案家執行療育計畫的優弱勢分析。療育目標必須由個管員、家長、專業人員與家庭重要關係他人共同討論並達成共識。

■擬訂個別化家庭服務計畫

　　個別化家庭服務計畫是個案管理服務體系中為每個家庭所量身製作的服務計畫，主要功能是為了保障服務使用權益與發揮服務介入成效，通常在療育會議前個管員會評估出未來處遇方向，而服務目標的優先順序則必須考量療育重點的迫切性、案家實際執行的可行性與現行資源體系可供給性，作為構思計畫重點的參考。個別化家庭服務計畫（簡稱IFSP）內容包括：執行目標、執行策略、執行方式與對象，另附上追蹤人力與時間，通常會將最渴望、最迫切且容易成功的內容納入考慮，共同決定出合適的目標，再從分析執行策略與資源配搭的最新現況開始進行討論，個案管理員給予的意見必須掌握「逐步添加，而非全盤改變」的原則，增加選擇機會。服務計畫文件中須取得專業人員及案家的同意與署名，後續再完成個別家庭服務計劃，以作為未來提供服務的依據。另需每半年重新檢視案家需求一次，進一步修正並討論個別家庭服務計畫執行情形。個管員並檢視目前資源情形，若無適當資源則規劃替代方案。

(四) 連結療育資源

■療育資訊的掌握

　　目前通報轉介中心或個案管理中心透過多元資源管理方式（例如繪製資源網路圖、參考資源手冊、建置資源檔案）進行療育資源的收集與彙整，並定期更新。以生態觀點來看，資源是無所不在

的，沒有所謂的好壞，只有問題解決程度與使用方便的差異，因此運用多元支持，特別是發掘出貼近社區化的自然支持者，一方面可以達成對於社區基礎資源體系的掌控，另一方面也在於增強案主日後解決問題的能力與機會。

■進行療育資源的試探與媒合

　　常見的資源運用策略從簡單至複雜的順位依序為：連結、協商與倡導。以下簡要說明之。

1. **連結**：此種個案管理介入策略較溫和，故必須對資訊保持最新的掌握與定期更新確認。通常運用於資源存在，但家長與資源之間未有所聯繫。處遇對象主要為「案主」與「資源」，介入重點在於搭起資源與家庭之間的橋樑。目前實務工作上的適用範圍包括：探尋早療資源、聯繫適切與課程性的療育資源、教導家庭使用資源的能力、陪同家庭與重要他人使用早療資源、監督療育資源的現況。

2. **協商**：屬於資源協調過程中的第二層次，主要處理時機為當資源存在，但與案家的需求無法配搭時。個案管理介入重點在於「資源」，即針對資源協調，以找出能配合案家需求的服務模式，致力於找出需求與資源供給的密切結合。常使用的資源運用策略包括：服務提供個別化思考、澄清資源與案家需求、協商彼此對資源提供的差異、調整資源的要求。

3. **倡導**：此種方法屬於較激進的策略，重點在於處理資源之間的開發。介入重點在於調整或開發療育資源的型態。早期療育個案管理服務策略包括：透過直接請願發起社會運動進行資源的要求、運用知識或權威開發療育資源的新型態、透過委員會進行申訴管道、召開記者會或公聽會。

(五) 追蹤資源網絡的落實

■療育資源的媒合與協調

　　個案管理員媒合資源與案家服務試探後，若療育資源已額滿或目前無適當資源，則列入療育機構內的輪候名單之中，由個管員持續提供家庭相關服務；若療育機構可提供服務，則由個管員事先提供轉介資料，再依案家使用資源能力決定以電話協商、書面轉介資料或陪同至療育機構安排療育訓練事宜，以正式提供轉介。若輪候時間超過半年以上或案家需求改變，則視實際需要再次參考其他專業建議以檢討IFSP修改的必要性，且重新修訂個別家庭服務計畫，另一方面統整個案所需求的療育資源種類，定期回報給通報轉介中心，以公權力方式致力於區域性療育資源的拓展。

■資源體系的經營與開發

　　運用多元方式展開與社區資源體系單位互動的機會（例如辦理個案研討會、聯繫會報、聯合訓練等）並建立資源單位間穩定的合作及互惠關係外，同時也必須與公部門維持定期的督導業務討論，針對現行區域資源進行檢視，並著手開發潛在或創新性服務內容的試辦。另外，為能具體回應服務過程中所發現的待突破困境，因此除了定期將個案基本資料與處遇情形整理成月報表，回覆至個案管理系統外，也透過資源聯繫會議之機會溝通需要協助的部分工作，並整理成相關議題，以推動並掌握早期療育服務規畫執行情形。

(六) 結束關係

■進行服務轉銜準備

　　目前多數縣市所提供的個案管理服務年限長達至發展遲緩兒童年滿六歲且就讀小學時，因此小學轉銜前個案管理員必須於入學前

一年開始與家長討論對未來孩子入學的期待，並提供未來入學相關福利資訊，此外，於半年前開始安排案主的發展評估，作為鑑定安置輔導委員會審查教育安置環境的參考，並於孩子入學前進行教育安置環境的拜訪與相關資料收集，透過入學前父母經驗分享講座，提供父母選擇孩子入學環境的參考，最後將案主曾接受的相關早期療育資料彙整成小學轉銜摘要表，或協助其他服務單位完成轉銜系統的登錄，並於孩子入學後一個月追蹤孩子學校適應情形。

■進行使用者服務回饋的檢討

持續提供服務，隨時透過電話及家庭訪視、講座、團體、親職圖書室等方式，並填寫個案服務記錄表，檢視個案執行療育計畫情形，以增強家庭面對發展遲緩兒童成長上所面臨各項問題的解決能力。並肯定家人正向能力的進展，瞭解服務使用者對於個案管理服務的回饋與期待。

■進行結案後的追蹤服務

依據現有個案管理服務指標，結案標準包括：初步篩檢無發展遲緩症狀、經指定醫院鑑定無發展遲緩症狀、療育服務後續追蹤無發展遲緩症狀、家長有能力運用資源且選擇退出早療服務、轉介至療育機構且安置穩定、死亡、移民或遷徙至外縣市、已屆學齡、自動退出、資格不符等。另個管中心定期追蹤療育服務提供情形及家庭使用資源情形，同時瞭解發展遲緩兒童與其家庭需求的改變。並依轉介中心的要求，進行結案後六個月的追蹤工作。

經過上述彙整台灣早期療育個案管理的實務執行原則與特色，可以看出個案管理的主要服務範疇除了在家庭執行能力的充權提升外，也致力於朝向資源整合目標努力，以保障服務者權益、建立服務輸送系統的良性關係，使其能發揮服務系統的最大效益，整體而

言 ，早期療育個案管理是建構在專業與家庭、專業彼此間信賴聯盟
的跨系統合作基礎之上（相關服務流程，詳見圖12-1）。

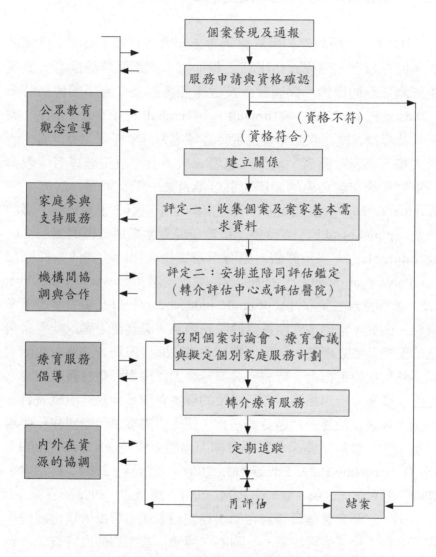

圖12-1　發展遲緩兒童早期療育個案管理服務流程圖

資料來源：整理自林惠芳等（2000）《早期療育個案管理實務工作手冊》，頁24；
　　　　　台北市社會局（2002），《台北市早期療育個案管理工作手冊》，頁
　　　　　14。

三、個案管理角色的功能發揮

　　IDEA法案所界定的服務協調者主要責任有以下幾項：協調評估、促進發展、完成評估IFSP、幫助家人識別服務提供者、協調並監測服務的提供、協調醫療及健康照護以及促進學前轉銜計畫（Blasco P. M., 2001）。Turnbull A.與Turnbull R.（2002）指出：家人以及專業人員在協助障礙兒童時必須盡力落實在資源提供者、組織成員、服務啟動者、決策互惠者、教導者、政策倡導者、教育決策者與合作者角色的發揮（引自萬育維、王文娟譯，2002）。Summers（2009）整理出個案管理者的工作指引，主要包括：事前規劃（plan ahead）、言行與記錄需確保對案主與社區的責信（be accountable）、保持樂觀、隨時邀請案主參與計畫的決策與回饋（involve your client）、到達服務的實地場域（go where your clinet are）、促進自主獨立性（promote independent）以及努力發展更多資源。因此，當個案管理員處於服務體系、服務使用者以及專業角色的三角關係立場時，無論以直接服務或間接服務方法運用在個人與系統層次的工作上，皆需要具備社會工作微視與鉅視觀點的專業能力。彙整分析出相關文獻所提及的個案管理員角色功能應兼具面對個人需求以及經營社區資源任務，使能協力解決問題與強化使用資源能力，並有效確保品質並發揮服務體系成效（NSAW, 2009；Jay B., Jacqeline B., & Edward M., 2007；黃源協，2007；林幸君，2006；張秀玉，2003；Blasco P. M., 2001；周月清，1998）。

　　另外，個案管理員無論在與服務使用者或者與提供單位展開合作互動時，除了表現出關心、耐心、溫暖、毅力的態度特質外，也需要有很好的交際手腕引導團隊伙伴共同商議出最適切回應案家的支持策略。因此，若對照檢視現行早期療育個案管理的工作項目，則主要有六大任務需要達成：

1. 告知家庭參與的權益。
2. 協助家庭補強執行能力。
3. 協力共同完成家庭服務計畫。
4. 促成服務銜接完整性。
5. 協調資源的提供。
6. 建立團隊合作機會。

整體來說，個案管理員在早期療育服務工作上扮演了舉足輕重的角色，一方面在於掌握資源與家庭的調和，一方面則在於促成資源與資源間的巧妙合作，因此綜合整理個案管理員需要扮演的角色有：

1. 福利資訊的諮商者與教育者。
2. 療育資源的協調者與整合者。
3. 服務資源的開發與倡導者。
4. 發展遲緩兒童家庭福利服務的評估者與監督者。
5. 個案管理服務模式的提供者與執行者。

第三節　早期療育個案管理的挑戰

　　台灣的早期療育個案管理歷經了各服務系統的建構，現階段並以強調暢通發現、通報、評估、轉介系統的銜接與完整性為重點工作，同時在資源體系中，也喚起更多專業對話交流的討論平台。另外，檢視本土化服務模式的特色發展也成為近幾年來積極推動的引領方向。

一、現行所關切的討論議題

(一) 兒童本位與家庭主體的兩難權衡

雖然在三歲之前，一年的療育勝過往後十年的成效是從事早期療育服務的奉行原則，但是家庭內部的其他需求或者成員有時候仍須被照顧到，或是家庭需求先被滿足後，才有心力關切到療育議題，此時個案管理員從充權家庭以及維護兒童權益的兩難抉擇中，需要提醒自己從家庭整體的角度來看待家庭的需求，也嘗試從用心同理家庭的不安、混亂與困惑的心態出發，逐漸和家庭討論出可以先處裡的問題以及找出行動策略，一步步累積彼此信任的關係。楊玲芳（2000）與黃淑文（2000）分別在針對個案管理員以及家庭的研究成果中也都提醒專業人員：避免過快以非自願性家庭的名義退出與家庭合作的機會。

(二) 專業主導與家庭參與的決策依歸

專業人員在服務過程中往往為了協助家庭解決眼前面臨的困境，有時候在不自覺中，熱心地給家庭過多意見，想避免減少使用服務過程中的阻礙，卻有可能忽略了家庭自主選擇的機會與想法，特別是擬定個別化家庭服務計畫時，專業人員要聽聽家庭成員的想法，協助分析各項選擇的優弱勢，鼓勵家人一起商量後做決定。相關研究與實務工作都發現，早期療育工作焦點在於支持與增強發展遲緩兒童家長的信心與能力，且更是影響發展遲緩兒童早期療育實施成效的關鍵（黃淑文，2000；周月清等，2001；王篤強、張秀玉，2004）。別忘了！唯有家庭參與的角色投入，陪伴遲緩兒童共同成長的能力才能長久累積下來。

(三) 資源管理與家庭服務的定位爭議

隨著個案管理模式在各縣市的多元發展，其被賦予的角色任務也有所不同，雖然目前已運用分級指標針對服務量進行控管，然而在實務過程中仍會發現，在人力不足與資源有限下，對於服務計畫深度與廣度的取捨。究竟在社會工作基礎下，個案管理要優先發揮系統層次的資源管理角色，還是從個人層次的支持充權努力，成為了重要的關切話題。

(四) 有權有名與有名無實的服務形象

由於目前早期療育個案管理服務皆採取委託民間辦理方式進行，因此往往面臨了在需求評估後，欠缺資源配置權限的授與，也引發了實務場域中對於個案管理中心實質角色的討論與服務品質成效的檢視爭論。

個案管理是　套強調多元整合、精簡效率的服務模式，隨著專業整合分工的時代趨勢來臨，專業人員被賦予了更多角色發揮的展現責任。然而正因為個案管理工作者瞭解貼近家庭的需求，且能協助各專業伙伴間進行有效的協調分工，以促成彼此合作的成果。因此，當我們運用個案管理理念時，應該讓我們的工作擁有更多彈性以及創新，而不是設計更多的程序以及條件來侷限服務原本存在的用意。

二、服務成效的檢視

中華民國智障者家長總會（1997）在推動發展遲緩兒童早期療育個案管理實驗計畫發現：個案管理的最大成效在於將家庭處於尋求服務及本身調適時所遭遇的種種困境，由個人至社會結構，有系

統地展現出來。因此早期療育個案管理發展至今，究竟是否達成推動試辦計畫時的原始目標，以下拋出兩大主題共同來腦力激盪。

(一) 是否已解決了案家實質的問題

　　傳秀媚、林巾凱（2007）接受內政部兒童局委託進行「本土化早期療育服務成效對兒童及主要照顧者影響評估之研究」，其結論發現：經由專業人員轉介並有詳細資訊提供與說明有助於降低進入服務體系時的焦慮與抗拒，另外家長的正向態度、教養知能的充權有助於提高療育成效。照顧者認為個案管理員的介入對於家庭內夫妻、社區鄰里的問題改善較有限，突顯出個案管理服務著重於個案服務，對於家庭與社區支持體系的影響角色功能仍有發展空間。另外值得注意的現象為：沒有接受個案管理服務的家庭對於精神支持的滿意度較高，是否過早給予太多資訊反而造成家長的心理壓力，值得未來持續探討。Landy S.與Menna R.（2006）針對多重風險家庭（multi-risk families）的早期療育服務方案成效檢視則發現，同理父母所經歷的困難之情緒支持、分享正向或有希望的信念、擁有正向人際互動能力、感受到誠懇真實態度以及提供適當合理的服務計畫有助於家庭參與的投入。因此，從使用者所進行的回饋分享皆提醒我們在信賴聯盟基礎的支撐下，有助於啟動家庭內在資源系統的累積，至於外在資訊管道的介入時機與提供方式，則有待更多的敏察與智慧。

(二) 是否已促成了跨系統的運作及合作成效

　　王篤強、張秀玉（2004）協助台中縣政府委託進行的「台中縣發展遲緩兒童早期療育之通報轉介與個案管理服務規劃研究」分別從需求面與供給面來提供規劃參考，並以合理經費與工作量計算出服務效能的推估，此外，影響資源整合的主要因素包括：組織領導者態度與觀點、組織內部授權與支持，以及行政體系回饋支持的重

要性。另外，陳順隆（2005）則指出，執行單位內部評估的主要目的在於提高資源配置有效性、資源投入正當性、檢視資源運作有效性以及提高機構對外責信角色。張秀玉（2003）則提醒可以從投入度、理論整合度、普遍度、深化度、未預期作用等作為觀察要素。綜合整理分析目前各縣市個案管理服務成效的評鑑指標，主要有下列幾項檢視面向：

1. **專業服務**：建立結案標準、服務理念整合度、法定政策的落實性、服務流程、服務指標、服務計畫、服務記錄、督導回應。
2. **組織支持**：人力配置、經費運用、執行宗旨。
3. **資源管理**：資源互動頻率、方式、內容、資源整合成效。
4. **服務提供**：服務模式、方案類型、場次、參與者滿意度。
5. **服務檢視**：執行特色、困境、議題反應或解決策略。

　　整體而言，現行早期療育個案管理的服務成效檢視仍屬於起步階段，各縣市儘管透過方案評鑑機制控管服務輸送品質的效益或作為計畫續約的參考依據，然而對於充權家庭能力與充實資源網絡個人與系統層面的質性指標仍待研議，尤其除了人力、物力與財力的組織結構層面關切外，對於組織態度與服務取向觀點以及引領組織發展方向之檢視指標則較少著墨。另外，由於個案管理是一個重要的樞紐角色，因此如何具體回應服務體系、服務使用者與個案管理員三方互動關係的過程與結果，也值得進一步思考。

三、服務檢討與展望

　　內政部社區發展雜誌社（2009）探討台灣社會資源開發與倡議的發展趨勢指出：社會工作者不應將焦點放在個人身上，認為是個人問題所導致，應該將處遇轉為以「需求為焦點」強調社會資源

分配之公正性、可及性和可近性對個人社會適應有關鍵性影響。因此，強調生態系統觀點的個案管理模式所能發揮的時代重任可以有更多的省思機會。以下針對現行早期療育個案管理服務模式之執行實況提出檢視。

(一) 個案管理的共識有待建立

隨著個案管理成為顯學，相關教育、醫療體系也紛紛建置資料庫作為個案管理的基礎，然而個案管理所能發揮的品質控管與成效如何與密集家庭服務方法巧妙兼顧，另外對於工作方法背後的理論依據之培訓與討論，仍待更多討論平台或教育訓練機會的促成，以免形成萬靈丹風氣下，使得第一線工作人員滿腔熱情投入後卻換來自信挫折之專業折損。

(二) 資源信賴關係有待提升

隨著個案需求的多元性以及複雜度，許多發展遲緩兒童家庭面臨了多重專業同時介入的處境，此時各資源單位若缺乏當面溝通討論服務計畫的機會，則在服務系統分散的現況下，反而容易造成案家辛苦奔波或混淆服務的困擾，影響到專業關係信任基礎的建立機會，為了回應家庭短期性與長期性服務計畫，個案管理單位必須付諸行動，結合服務方案，以協調多專業服務系統的介入，因此在強調資源網絡運作體系的經營前提下，需要建立起更多的合作意願與共識，使社區基礎的服務可以貼近使用者的生活情境，創造開發出一加一以上的成效。

(三) 資源配置權限有待賦予

由於各縣市個案管理服務投入成本與資源現況呈現不均特色，服務品質難以同等衡量，加上許多個案管理中心本身亦為直接療育服務提供單位，因此執行角色面臨球員兼裁判的窘境，在資源協調

與動員倡議過程中，角色難以中立客觀發揮，更重要的是有名無權的委託關係，形成資源分配與服務管理掌握不足之事實，加上資源倡議角色未凸顯，倡議經驗的不足，都呈現出未來對於系統層次的服務管理角色仍須更多澄清與政策支持。

(四) 工作方法效益有待強化

隨著社會生態系統環境的變遷，輔以萬靈丹形象所衍生的服務高負荷量，加上縣市政府財源預算的緊縮，因此進入個案管理服務體系的對象面臨多元服務定位的衝擊，究竟是家庭服務還是資源連結，造成服務處遇的深度與廣度遭遇瓶頸，加上在充權、參與及專業依賴衝突中，面臨合作關係的拉扯，因此在構思發展出更具體的成效檢視依據的同時，也必須重視家庭參與的催化，始能在信賴聯盟的基礎上，共同引領出政策規劃部門與執行單位共同努力的目標。

循著個案管理的發展脈絡，現階段實務工作者在服務輸送體系中需要重新聚焦服務主體對象的思考與關切層面，除了案主個人，還包括了系統層次；在強調服務的多元提供與輸送系統的整合性目標上，必須兼顧專業合作與資源網絡的支持建立。此外，當我們致力於發揮個案管理資源運用的效益，在節省福利經費支出的同時，也必須重視兼顧到服務使用者在社區基礎支持系統中的可近性與可及性需求。別忘了，所有專業關係建立的基礎就只是為了單純回應人的權益與助人角色，請提醒自己澄清使用者在服務過程中的參與機會，是為了保障提供者與需求者雙方的權益以及提升專業服務的品質，讓受助者有能力轉換成為資源伙伴之一，甚至成為助人者。仕開拓一起共創孩子未來成長的路上，我們需要停下來想想：欣賞家長自己的能量，重視任何服務的啟動者，建立彼此的伙伴關係，相互尊重彼此意見，持續為自己堅持下去！

自我評量 ----------------------------------

1. 什麼是個案管理？為什麼早期療育需要個案管理的運用？

2. 早期療育個案管理的執行步驟、原則或策略有哪些？

3. 請從你接觸過的案例或人物，就生態系統觀點來分析在生活情境中所面臨的個人與系統層次需求。

4. 現行早期療育個案管理所面臨的挑戰中，哪幾項是你所認同的？哪些議題你有不同觀點？

參考書目

一、中文部分

中華民國智障者家長總會（2006）。《台閩地區發展遲緩兒童早期療育通報轉介相關業務角色功能暨成效評估成果報告》。內政部社會司委託辦理。

中華民國智障者家長總會（1997）。《發展遲緩兒童早期療育個案管理實驗計畫執行成果報告》。內政部委託計畫。

中華民國發展遲緩兒童基金會（2000）。《發展遲緩兒童早期療育工作手冊》。內政部兒童局補助製作。

王篤強、張秀玉（2004）。《台中縣發展遲緩兒童早期療育之通報轉介與個案管理服務規劃研究》。台中縣政府社會局委託研究。

王玠、李開敏、陳雪真譯（1998）。《社會工作個案管理》。台北：心理。

曾華源、郭靜晃、翁毓秀主編（2009）。〈社會資源開發與倡議〉。《社區發展季刊》，第126期，頁1-4。台北：內政部社區發展雜誌社。

台北市政府（2002）。《台北市早期療育個案管理員工作手冊》。台北市社會局。

周月清（1998）。《身心障礙者福利與家庭社會工作——理論、實務與研究》。台北：五南。

宋麗玉、曾華源、施教裕、鄭麗珍（2010）。《社會工作理論——處遇模式與案例分析》。台北：洪葉。

林惠芳、林幸君、陳怡杏、曾雅倫（2000）。《早期療育個案管理實務工作手冊》。中華民國智障者家長總會出版。內政部兒童局獎助編撰。

林幸君（2006）。〈個案管理概念及其在早療領域的運用、社區資源連結與動員技術之介紹〉，《台北市早期療育社工專業人員進階班訓練研習手冊》，頁4-25。台北市社會局。

林方皓（1990）。〈個案管理實務模式〉，《個案管理》，頁41-50。台北：中華民國社會工作專業人員協會。

張秀玉（2003）。《早期療育社會工作》。台北：揚智。

高迪理（1990）。〈個案管理：一個新興的專業社會工作概念〉，《社區發展季刊》，第49期，頁42-54。台北：內政部社區發展雜誌社。

莊凰如（1996）。《發展遲緩兒童早期療育轉介中心實驗計畫評定》。陽明大學衛生福利研究所碩士論文。

陳順隆（2005）。〈早期療育個案管理工作模式介紹〉，《早期療育社會工作實務通報轉介暨個案管理》，頁56-78。花蓮縣：中華民國發展遲緩兒童早期療育協會。

陳嬿如（2003）。《我國早期療育政策過程研究：以倡議團體之角色分析》。中正大學社會福利研究所碩士論文。

陳政智（2002）。〈身心障礙者個案管理與個案工作服務模式之差異〉。《社區發展季刊》，第97期，頁190-196。台北：內政部社區發展雜誌社。

葉孟珠（2003）。《個案管理在非營利組織之應用——發展、限制與困境》。南華大學非營利專業管理研究所碩士論文。

黃劍峰（2007）。《家扶基金會推動早期療育服務之社會工作專業實踐》。輔仁大學社會工作研究所碩士論文。

黃源協、陳伶珠、童伊迪（2007）。《個案管理與照顧管理》。台北：雙葉。

傅秀媚、林巾凱（2007）。《本土化早期療育對兒童及主要照顧者影響評估之研究》。內政部兒童局委託研究案。國立台中教育大學早期療育研究所。

傅秀媚、王于欣、郭素菁（2006）。〈高度組織性支持之早期療育——美國與德國模式介紹〉，《兒童及少年福利期刊》，第10期，頁193-206。台中：內政部兒童局。

萬育維（1997）。《發展遲緩兒童早期療育之研究——轉介中心鑑定中心合作模式之規劃》。內政部委託研究。

楊玲芳（2000）。《早期療育服務個案管理者執行工作內涵與困境相關因素之研究》。東海大學社會工作學系碩士班。

鄭麗珍譯（1990）。〈個案管理：體系與實務〉，《個案管理》，頁18-40。台北：中華民國社會工作專業人員協會。

蕭孟珠（1990）。〈個案管理的理念——談台北市社會工作員的角色發展〉，《個案管理》，頁11-17。台北：中華民國社會工作專業人員協會。

顏長儀、簡璽如（2006）。〈個案管理概念與工作模式介紹〉，《早期療育社會工作實務通報轉介暨個案管理》一書。頁50-55。花蓮：中華民國發展遲緩兒童早期療育協會。

劉瓊瑛譯（2008）。《精神障礙個案管理理論與實務》。台北：心理。

萬育維、王文娟譯（2002）。《身心障礙家庭：建構專業與家庭的信賴聯盟》。台北：洪葉。

二、外文部分

Blasco P. M. (2001), *Early Intervention Services for Infants, Toddlers and Their Families*. Texas: PRO-ED, Inc.

Garyl A., Katherined S., & Michael B. (2001), *Handbook of Disability Studies*. CA: Sage Publication.

Guralnick M., (1997), *The Effectiveness of Early Intervention*. Maryland: Paul H. Brookes Publishing.

Hazel R., Barber P., Roberts S., Behr S., Helmstetter E., & Guess D. (1998), *A Community Approach to an Integrated Service System for Children with Special Needs*. Maryland: The University of Kansas.

Jay B., Jacqeline B., & Edward M. (2007), "The National Evalution of Sure Start." *Does Area-bases Early Intervention Work*? The Policy Press. University of Bristol.

Landy S., & Menna R. (2006), "Eerly Intervention with Multi-risk Families." *An Integrative Approach*. Maryland: Paul H. Brookes Publishing.

Summers N. (2009), *Fundamentals of Case Management Pracitice: Skills for the Human Services*. CA: Brooks/Cole, Cengage Learning.

http://www.socialworkers.org/practice/.

第 四 篇

多元早療家庭類型的處遇

第十三章

多元早療家庭類型的處遇（一）
——弱勢家庭常出現的問題及處遇策略

——— 朱鳳英

第一節　弱勢家庭的特質與類型

第二節　弱勢家庭的介入觀點與理論

第三節　弱勢家庭的處遇策略

案例探討　弱勢家庭常見的問題

學習目標

✔ 瞭解弱勢家庭的特質與類型。

✔ 早療弱勢家庭介入的觀點與理論。

✔ 早療服務的家庭維繫服務處遇策略。

本章摘要

　　早期家庭面貌隨著社會變遷的腳步，也深受老年化、少子化、跨國婚姻、高離婚率、全球經濟下滑、高失業率……等的衝擊影響。我國早療實務工作者接觸到愈來愈多的早療「弱勢家庭」。這些「弱勢中的弱勢」家庭，或因面臨「經濟弱勢」、「文化弱勢」、「資訊落差」或「環境弱勢」，而延遲或未及早接受早期療育服務。鑑此，本章將闡明早療弱勢家庭之類型、成因及問題。實務上面臨的困境，身為早期療育社會工作者如何及時介入？並提供因應現況之處遇策略與案例以協助實務工作建立明確的工作步驟與方法。

關鍵字

- ◆ 弱勢家庭的處遇（working with disadvantaged families）
- ◆ 家庭維繫服務（family preservation and support）

　　我國早期療育服務自1995年內政部辦理「早期療育服務轉介中心實驗計畫」至今（張秀玉，2003），服務系統逐漸從零零散散到百花齊放，近年則漸趨成熟、朝制度化目標努力。隨著政治、經濟及社會的變遷而多元化，婦女投入職場增加、婚姻觀念的轉變、人口發展趨向高齡化、少子化……等因素影響早療家庭面貌、衝擊家庭結構與子女教養方式。家庭不再只是我們所熟悉的核心家庭、折衷家庭或三代同堂大家庭而已，離婚或其他因素形成的單親家庭、再婚的繼親家庭、夫妻分隔台海兩岸的台商家庭、祖孫相依同住的隔代教養家庭、未婚生子的家庭、因為經濟風暴而產生的失業家

庭，以及俗稱有外籍配偶的新移民家庭……等，也紛紛因早療發現
系統走入社區，而由區域內的資源體系一一發現而轉介進入早療服
務系統。

第一節　弱勢家庭的特質與類型
▶▶▶▶▶

案例一

　　小珍，三歲，認知、語言發展遲緩，小珍父親是獨
子，因吸毒入獄，母親在爸爸入獄一年後，離家出走音訊
全無。小珍由祖父母照顧，祖父擔任大樓管理員工作，一
個月有20,000元收入，祖母在家照顧小珍，並從事家庭手
工，一個月約有8,000元收入。三人居住的是一棟二樓層的
祖產透天厝，社區都是老鄰居十分友善，常常主動關心一
家老小，因為祖父母年事已高，習慣用台語交談，祖母有
糖尿病，祖父有高血壓不能太過操勞，小倩在缺乏語言刺
激之下，語言比一般孩子落後約一年，因為祖父母無法擔
任療育工作，由A個管中心提供語言之到宅服務（一週一
次，一次二小時）。因不符合中低收入之申請資格，並未
使用其他福利資源。

案例二

　　小小是位五歲女孩，就讀托兒所大班，被診斷為認
知、語言發展遲緩。小小的爸爸，三十五歲，國中畢業，
擔任水電工，平時收入不固定，因經濟不景氣，常需至外
縣市工作。小小的媽媽二十四歲，高中肄業，家庭主婦，

平時照顧小小與妹妹們。小小的大妹——丫頭，四歲，經診斷為全面發展遲緩（臨界至中度）及環境刺激不足。小妹——妹仔，剛滿一歲，白天送社區托嬰中心。小小及妹妹在B醫院前後接受兩次的評估，有多次就診紀錄，曾在C及D醫院接受語言治療，但時間斷斷續續，未持續接受復健。媽媽常情緒不穩定，爸爸若與媽媽爭執或情緒不佳時，會對小小怒罵，並動手打媽媽，因而媽媽常自行通報家暴中心，她一方面自救，一方面擔心小小因目睹爸爸的暴力行為而導致在行為上有偏差。

案例三

大大是位六歲男孩，輕度智障、注意力不足過動，皮膚黝黑，與擔任清潔工的媽媽及四歲的妹妹與三歲的弟弟借住在外公家，大大的媽媽四十三歲，國中肄業，未婚生下大大手足三人，對此外公及阿姨、舅舅們非常生氣（外婆多年前已自殺身亡）。大大的爸爸在外縣市擔任廚師工作，已認領大大，因曾向外公借錢開店失利，不敢見大大一家，音訊渺茫。大大家幾經申覆已申請到低收入戶，三人皆免費進入公立托兒所就讀。在E醫院斷斷續接受語言、團體及親子遊戲治療。

案例四

大同是位二歲半、輕度聽障的非婚生小男孩，大同媽媽十八歲，煙不離手，懷孕中，已知孩子是女生，和大同同母異父，在市場賣菜的外公外婆原本經濟壓力就沉重，除了房貸外，家中還有就讀高中和國中的舅舅們要養育，

加上大同的媽媽常常夜不歸營，又無固定工作，外公外婆
覺得兩個非婚生外孫是丟臉的事，想要將新生兒出養。大
同因為媽媽的不穩定，無法配合發展中心的時制療育，
通報轉介中心只能銜接F教養院的資深教保員提供到宅療
育，但效果有限。

案例五

　　阿志是位三歲、有自閉傾向的小男孩，爸爸高中畢
業，擔任保全工作，媽媽是來自印尼、小學畢業的新住
民，家中還有一位剛滿週歲的弟弟，四人和祖父母住在三
房的公寓內。媽媽原本在早餐店工作，發現阿志有自閉傾
向後，辭去工作，在家照顧弟弟、負責接送阿志到私立幼
稚園上學。因為語言問題，每次就診、看醫生，祖父母總
是陪在媽媽旁邊，幫忙回答問題。

案例六

　　阿玲是位四歲、認知語言發展遲緩的小女孩，目前
讀公立幼稚園，接受巡迴輔導，阿玲哥哥讀小二特教班，
領有智障中度手冊，曾經接受早療服務。阿玲爸爸智能臨
界，擔任糕餅助手，媽媽領有智障輕度手冊，在麵店工
作。守寡的祖母及雲英未嫁的姑姑從事資源回收工作，
與阿玲一家住在兩房的小公寓，屋內堆滿回收物，環境紊
亂、婆媳及姑嫂關係緊張，阿玲祖母認為媽媽基因不好，
兄妹二人才會有智能問題。

一、弱勢家庭的特質

若仔細探究上述案例的家庭脈絡、家庭系統、家庭的權力結構、家庭的決策過程、家庭角色、成員的溝通風格、家庭強度或家庭生命周期，大多數類似的弱勢早療家庭，所遭遇的許多困難與議題，大致可歸納出以下特質：

1. 資源有限、文化刺激少。
2. 退縮、自信心低、自我形象弱。
3. 家庭變故多，並有老、弱、殘、病。
4. 人際關係困難，如夫妻不和、婆媳／翁姑衝突、親子關係疏離、一般社交互動薄弱。
5. 親職功能薄弱，親職技巧不足。
6. 社會連結薄弱、較孤立無援。

如前述弱勢家庭的特質，我們發現類似的早療弱勢家庭，大都同時面臨以下多元需求與多重問題：

1. 有多樣化、長期性或關連性的問題存在。
2. 經濟面臨弱勢，家計負擔者工作意願低或就業狀況不穩定。
3. 家庭成員關係複雜或缺乏正向功能。
4. 社會支持網絡薄弱、孤立。
5. 生命周期演變不明確、角色及階段性任務未充分履行。
6. 宿命觀強、生活態度消極、被動、無奈。
7. 對資源的使用呈現「依賴」或「抗拒」兩極化反應。

早期療育的成效，受親職關係、知能影響甚鉅。由於家庭功能不彰，發展任務不明，親職效能受限，關係疏離或薄弱，因此，早

療弱勢家庭親子間經常出現以下問題與挑戰：

1. 經濟匱乏：造成孩子學習與療育不足或不穩定。
2. 文化語言刺激不足：不利孩子及家庭與外在環境的互動。
3. 教養、認知不足：認知錯誤，延遲孩子早療需求，或出現教養行為不當或不一致，影響親子關係與兒童發展。
4. 特殊家庭型態伴隨經濟與功能問題，以致親職功能不全。
5. 親子關係疏離或緊張，造成家庭、社區及學校介入的負荷。
6. 家庭暴力潛在因素，危害兒童身心健康與發展，破壞家人關係並危及家庭功能。

二、弱勢家庭的風險因素

對於早療實務工作者而言，隨著實務經驗的累積，發現早療弱勢家庭正面臨著Jenson與Fraser（2006）所歸納的下述三大風險因素。

(一) 環境因素

1. 包容反社會行為的法律及社會規範。
2. 貧窮及經濟剝奪。
3. 缺乏經濟機會。
4. 社區環境解組。
5. 與社區鄰里關係淡薄。

(二) 人際及社會因素

1. 家庭溝通與衝突。
2. 親子關係不良。
3. 家庭管理技巧不足。

4. 家庭成員濫用藥物。

5. 在校表現失敗。

6. 投入學校教育程度低。

7. 被同儕拒絕。

8. 結交有行為問題的朋友。

(三) 個人因素

1. 家庭有酗酒問題或酒癮史。

2. 追求感官刺激的行為取向。

3. 衝動控制能力不佳。

4. 注意力不足。

5. 過動。

從上述分析可以得知，家庭陷入弱勢風險的因素包含貧窮、經濟剝奪、缺乏就業（經濟）機會、溝通不良、家庭衝突、親子關係不佳、家庭管理技巧不足以及家庭中有藥物濫用或酗酒等問題（馮燕、張紉、賴月蜜，2008）。雖然弱勢家庭的形成因素多元，但是家庭是影響孩子成長與發展的關鍵環境，因此我們更應具有預防觀點，關注這些不利因素的瞭解、介入與處遇。

三、弱勢家庭常見的問題類型

依作者十多年早療實務經驗，發現早療弱勢家庭與內政部頒布的「高風險家庭評估表」（內政部，2005）所界定的高風險家庭有高度雷同，大約包含以下七種狀況，影響著早療弱勢家庭與兒童：

1. 家庭關係紊亂或家庭衝突：如家中成人時常劇烈爭吵、無婚姻關係帶年幼子女與人同居、頻換同居人，或同居人從事特種行業、有藥酒癮、精神疾病、犯罪前科等。

2. 家中父母或主要照顧者從事特種行業或罹患精神疾病、酒癮藥癮並未就醫或未持續就醫。

3. 家中成員曾有自殺傾向或自殺紀錄者，造成家庭成員創傷、家庭功能受影響。

4. 因貧困、單親、隔代教養或其他不利因素，使兒童未獲適當照顧。

5. 非自願性失業或重複失業者：負擔家計者遭裁員、資遣、強迫退休等，使家庭經濟失衡、兒童無法獲得應有之照顧、教育或療育。

6. 負擔家計者死亡、出走、重病、入獄服刑等，使兒童未獲適當照顧。

7. 其他。

第二節　弱勢家庭的介入觀點與理論
▶▶▶▶▶

一、生態觀點的意涵

　　每個生物都有最適合他們居住與生活的棲息地（habitat）。每個家庭也一樣，他們也都有其生活方式與條件。生態觀（ecological perspective）是以網絡概念，探討「人與環境間」關係的連結。在兒童階段，家庭扮演著重要的角色，包含家庭成員互動，家庭、學校與社區間的資訊傳達與資源支持、連結……等。遲緩與障礙的孩子在生理、心埋的發展上已較一般孩子慢，加上年幼，更需仰賴家庭的資源及協助。此時，家庭給孩子什麼樣棲息的環境與條件，對於孩子發展的影響非常巨大。所以，家庭生態評估對於早期療育家庭而言，非常重要。如早期療育之到宅服務是為了協助因經濟、社

區、交通、教養等因素影響的家庭（也就是棲息地條件不好的家庭），藉由外在資源的介入，協助家庭改變不好的生態環境，並提供孩子較佳的發展與療育環境。

二、理論觀點

弱勢家庭介入之服務理論可以包含以下幾種，茲分述如下。

(一) 危機介入理論（crisis intervention theory）

危機介入是協助人們於危機發生時可以有效因應之實務工作，促使人們因此成長或改變（Barker, 1995）。早療弱勢家庭需密集服務階段屬危機介入服務期，此時實務工作者必須評估早療兒童是否有安全之虞？是否有兒童保護需求？如早療同時合併兒保需求，在生命安危優於一切前提下，即必須及時通報與介入處遇；且介入重點在於確保兒童安全，並兼顧維護家庭的完整，提供立即性反應與密集性家庭服務，讓早療家庭有機會學習與改變，包含確認問題、同意學習新行為、改變不當的行為或互動關係等（周月清，2001）。

(二) 生態理論

此乃著重於如何協助家庭中的個人及家庭與環境中各系統發展正向互動關係，包括個人與環境的互動。家庭生態評量的面向（Bronfenbrenner, 1979）可分為以下四個系統。

1. **微視系統**（microsystems）：生態系統觀點所提及之微視系統係指與個人交流最直接、最頻繁的系統。像是家庭社經地位、物理環境、社區環境兒童托育環境等。
2. **居間系統**（mesosystm）：二個微視系統之間的互動關係，

如家庭與托育中心之間的互動良好，將促使個人擁有較好的成長與發展優勢。

3. **外部系統**（exosystem）：外部系統係指兩個以上之關聯情境，同在一個間接的外在環境中發生關聯，雖不直接與個人互動，但卻對生活有著顯著的影響。如職業、醫療、交通、娛樂、住宅等，這些雖然與兒童有空間上的距離，不過卻影響兒童的日常生活及日後發展（馮燕，1997）。

4. **鉅視系統**（macrosystems）：鉅視系統則是指社會環境中的深層結構與其價值觀所形塑的體系，譬如政治經濟、社會文化、信念、宗教哲學和意識型態等。

(三) 社會依附理論

依附理論（attachment theory）是一個（或一組）關於為了得到安全感而尋求親近他人的心理傾向理論。當此人在場時會感到安全，不在場時會感到焦慮。此理論最早由John Bowlby在1950年代提出，主要指兒童時期所發展的社會關係，會影響其後來的人格特質。其依附類型可分為安全依附型（secure attachment）、焦慮矛盾型（anxious-ambivalent）、逃避型（anxious-avoidant）及紊亂型（disorganized attachment）。依據兒童發展需求，此時的兒童與父母及手足間的連結關係（parent-child bond & sibling bond）是非常重要的，且會影響其未來人際關係。從發展觀點而言，兒童與父母分離對此階段的兒童而言是極大創傷，讓兒童留在原生家庭成長，是優先考量（Maluccio, 1990）。

(四) 家庭系統理論

近年社工實務不斷透過生態觀的理論與脈絡，針對家庭與社會對個人的影響進行更深入的探討。其中Hartman及Laird（1985）則透過社工處遇採用生態圖（eco map），與Bronfenbrenner的生態理

論連結，並加諸時間概念，形塑成立體的生態觀（如圖13-1）（馮燕、張紉、賴月蜜，2008）。圖13-1不僅是生態架構，更可運用於解釋對兒童發展的環境影響，亦可運用於社會政策的分析架構，或檢視影響兒童發展的全人體系，也可作為社工處遇的分析架構，以協助實務工作者瞭解早療兒童的體系、找出介入重點，評估所需資源，是實用且重要的基礎理論。近年社工實務不斷透過生態觀的理論與脈絡，針對家庭與社會對個人的影響進行更深入的探

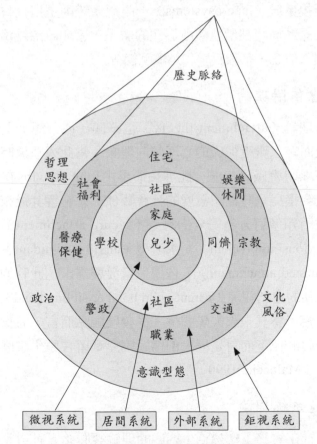

圖13-1　兒童及少年發展之立體生態圖

資料來源：馮燕、張紉、賴月蜜（2008）。《兒童及少年福利》，頁53。台北：國立空中大學。

討。其中Hartman及Laird（1983）則透過社工處遇採用生態圖，與Bronfenbrenner的生態理論連結，並加諸時間概念，形塑成立體的生態觀（如圖13-1）（馮燕、張紉、賴月蜜，2008）。

(五) 社會學習理論

實務工作者鼓勵家庭藉由學習改變其家庭認知、建立有建設性的溝通行為、學習親職角色、提升自我管理技巧等等，以協助家庭成員行為的改變，鼓勵發展正向行為，以促進家庭功能（Grigsby, 1993）。

(六) 社會工作功能論

此理論假設人是有改變潛能的。因此強調社會工作者與家庭是相互尊重的專業互動關係，並強調重視案家的優勢（strength），並賦於家庭權能重建，朝向更佳的發展。

第三節　弱勢家庭的處遇策略

一、風險概念運用於弱勢家庭

目前國內針對高風險家庭提供各式多元直接的服務與處遇；其中不乏許多可供早療實務工作者與弱勢家庭工作之參考架構。如東吳大學社會工作系所推動的高風險方案即指出，對高風險與弱勢家庭之協助主要為：運用風險管理，落實風險管理的理念，並透過運用社會工作個案管理，增強家庭權能等方式強化高風險或弱勢家庭的功能。適當的風險管理是一種趨勢，然而風險管理的目的並非百分百的避免風險，而是瞭解將會面臨哪些風險，並試圖預防、降低或移轉風險。誠如詹宜璋（1997）提及，風險管理有五大步驟，分

別是確認風險、衡量風險發生之頻率與幅度、考慮各種處理風險的方法、選擇最佳方法、定期評估。張菁芬、莫藜藜（2006）更將風險管理的步驟運用於服務方案之中（詳見圖13-2）。因此，誠如張菁芬、莫藜藜的分析，對於高風險與弱勢家庭的協助不能只針對家庭中的成員，更應考量以家庭為整體（family as whole）從事服務，透過風險管理與家庭服務的實踐，以提升高風險家庭與弱勢家庭的權能。雖然風險概念運用於各服務方案時有其差異，但是大部分的方案，透過服務的提供、家庭服務訪視及個案管理與轉介的方式，以達到資源輸送的主動性及關懷弱勢之目的，以使高風險家庭與弱勢家庭突破在不熟悉資源情況下，取得資訊困難之窘境（張菁芬，2006）。

　　以避免家庭因弱勢處境而不利於兒童教養與照顧，進而加速家庭破碎與下一代子女的社會排除。近年來，歐美各國重新模塑之家庭支持（family support），即非常強調對於社區的支持網絡建構、

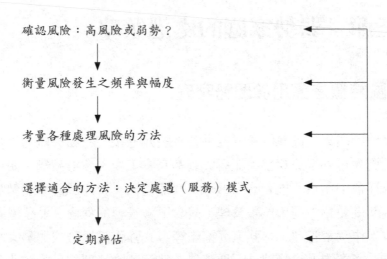

圖13-2　高風險與弱勢家庭的風險管理步驟圖

資料來源：張菁芬、莫藜藜（2006）。《多元取向的社會工作服務模式：台北市社子地區的推動與實踐》，頁81。台北：松慧。

以社區為基礎、以家庭為中心、強調從實證出發、有效的家庭干預計畫（許雅惠，2009）。如自一九六五年推動的啟蒙方案（ "Head Start" ），是美國有史以來最大的家庭訪視措施，希望可以達成家庭維繫的目標。旨在針對低收入家庭學齡前兒童提供完整的兒童發展方案，包括教育、衛生保健、父母參與、社會服務等四大內涵。方案的特色同樣強調文化察覺能力，以改變外在的世界；確實為整個家庭提供整合性服務（Kaplan and Girard, 1994）。

二、家庭維繫處遇的定義與關係

Pecora、Fraser與Haapala（引自周月清，2001）將家庭維繫服務（family preservation and support）區分為三種類型：以家庭為中心的服務方案、在家庭為基礎的服務，以及所謂的密集性家庭維繫服務。他將這三種模型以圖13-3表示其相互關係。

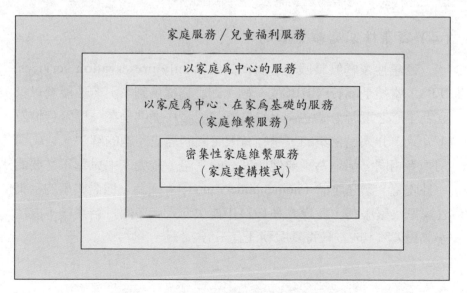

圖13-3　家庭維繫服務相關名辭關係圖

資料來源：周月清（2001）。《家庭社會工作——理論與方法》，頁201。台北：五南。

(一) 以家庭為中心的服務

以家庭為中心的服務（family-centered services）強調以支持家庭的完整作為服務提供的原則。一般可以包括政策性的考量，即相關福利方案措施的原則是否能符合支持家庭功能之原則，其中包括各項經濟補助措施，例如針對障礙者家庭支持性服務，像日托、喘息服務，也可以說是一種以家庭為中心的服務方案，支持家庭的照護功能不被取代。

(二) 以家庭為中心、在家為基礎的服務

在家為基礎的服務（family-centered, home-based services, FCHBS），指服務提供到家，而非案主到社工員的辦公室接受服務。FCHBS的目的乃在於維繫家庭的完整，及支持家庭的功能，避免家庭的瓦解，因此是以整體家庭為中心作為考量，進一步配合家庭生活作息，將服務送到案家。

(三) 密集性家庭維繫服務

密集性家庭維繫服務（intensive family preservation services, IFPS）當然是屬於FCHBS的一種（即服務提供到家），更屬於以家庭為中心之下游方案之一，只是更強調服務提供是在一種緊急情況下介入，介入是密集的，是在有限時間內達成問題的解決，目的與前兩者相同，都是為了要促使家庭的完整，避免家中兒童不必要的戶外安置。家庭建構（homebuilders model）即為一種最典型的密集性家庭維繫服務，此模式在1974年首次介入，三個月結案後，成功率高達92%，成本較寄養服務便宜三倍。

三、家庭維繫服務的價值觀與信念及介入

Maluccio（1990）指出，密集性家庭維繫服務的工作者應該具備以下價值觀、信念或態度：

1. 強調視家庭為一個介入單位，而非僅指個人。
2. 重視家庭及家中成員的強處、成長，以及可以改變的潛能。
3. 教導家庭發展因應技巧。
4. 重視健康與成長，願意與家庭共事。
5. 對家庭存有希望及強調家庭改變的動機。
6. 工作者和案主發展同仁和伙伴關係。
7. 充權（empower）家庭為自己付出。
8. 尊重文化上的差異。
9. 支持工作伙伴（同仁），且樂於協助家庭。

Schuerman、Rzpnicki和Littell（1994）提出家庭維繫服務的四個介入原則，分述如下：

1. **父母與子女之間的連結原則**（parent-child bond）：即以促使兒童在家成長為原則。寄養服務或機構安置是反家庭（antifamily），違反此原則的。
2. **理性原則**（reasonable effort）：家庭重整是比較理性、符合兒童需求的處遇，而非尋求替代性照護。
3. **永久性原則**：給予兒童一個家和擁有親人關係方為永久之計。
4. **最少限制選擇原則**：兒童成長與生長的地方是建立在最自然及最人性化的環境基礎上，而家庭之於兒童就是最佳的自然環境。

四、家庭維繫服務的實務操作

Cole和Duva（1990）將家庭維繫服務流程分述以下幾個步驟：

1. 問題的確立。
2. 分析問題和結果讓家庭瞭解。
3. 和各相關系統溝通。
4. 協助相關的家人對改變存有樂觀的期待。
5. 因應可能發生的衝突和挫折。
6. 和家庭一起發展處遇的目標。
7. 協助家中成員相互支持和發展互助關係。
8. 發展和成長的管理。
9. 評估。
10. 創新的。
11. 社工人員自我評量與檢討。

Cole、Duva（1990），與Schuerman、Rzpnicki、Littell（1994）等人將介入分為以下三大階段：

1. 初訪階段：
   (1) 評估兒童的發展、能力及安全，避免並預防家庭疏忽或虐待兒童。
   (2) 評估家庭基本需求。
   (3) 一般性評估。
   (4) 具體及特殊性評估。
   (5) 優先介入的焦點。
      ① 強調正向與優勢。
      ② 以增加家庭功能為介入重點。

2. 中期階段——充權策略：

   (1) 目標及優先性的確立。

   (2) 協助家庭進行組織性改變。

   (3) 整合相關服務，提供多元性服務給家庭。

   (4) 諮商及治療。

   (5) 具體提供服務。

   (6) 扮演教育者，協助家庭技巧建構。

   (7) 持續性評量。

   (8) 建立可行性的期待。

3. 結案階段——家庭穩定性的確立。

五、實務工作者須具備的技能

為落實上述目標，依據Whittaker（1991）以及Tracy、Haapala、Kinney和Pecora（1991）認為家庭維繫服務的社工實務工作者應具備以下能力：

1. 人在環境中（person-in-environment），視家庭為介入的焦點。

2. 視家庭為一個整體（family as a whole）。

3. 整合具體及臨床服務。

4. 評估及整合正式與非正式資源。

5. 評估及運用家庭的優勢，充權家庭。

6. 能與家庭共同確立介入的目標。

7. 能與各種不同系統與專業人員的服務溝通、共事、協調與合作。

8. 教導親職技巧、溝通技巧、生活技巧。

9. 能夠敏銳覺察文化的差異性，並提供適性服務。

10.評估方案的能力。

11.危機介入的處遇能力。

朱鳳英與周月清老師（2000）針對早療家庭進行到家服務為基礎的服務，發現以下服務策略有助於實務工作者協助早療家庭及早進入早療服務系統：

1. 尋找家庭延遲、拒絕或接受服務的原因。

2. 避免使用家庭個人因素歸因。

3. 充權（empowerment）觀點，探索案家的優點（strength），並予以鼓勵。

4. 分析參與與否及優缺點後，家庭有自我撰擇的權利及參與介入計畫、目標、執行、尊重家庭的自決（self-determination）。

5. 強調案家積極自決，提供案主資訊、傳達相關療育及早療重要性之知識、親職技巧、居家環境的安全、衛生、互動、健康（例如不吸煙），以及資源的連繫，以滿足案家的需求。

此外，也發現家庭中心及到家為基礎之工作重點包含：

1. 配合家庭生活作息，到個案家庭提供服務。

2. 社工員個案量低。

3. 社工員密集地與家庭成員、重要他人及相關家屬接觸。

4. 有督導及其他社工員組成的團體督導，並隨時支持社工員的介入。

5. 社工員提供的服務包括具體及臨床性的服務。

實務工作者介入早療家庭的原則如下：

1.介入密集的時間是有限的，如為期四週、八個單元或一季、半年。

2. 所有家庭成員都參與並建立信任的專業關係。

3. 由社工員和案家共同討論要解決的問題（例如個別家庭服務計畫或處遇計畫），排列介入的優先順序、資源與障礙分析、獲取內外資源、協調、結束關係並評估。

處遇的成敗，除了上述服務知能與技巧，尚需搭配以下配套措施與支持，服務方能展現應有的成效：

1. 職前及在職訓練：一位勝任的家庭維繫實務工作者除了應具備的知能，尚可透過訓練，學習如何將家庭問題分層化、嘗試發展解決問題的職務、組織並動員家庭的資源。

2. 定期督導：階段性且持續性的督導諮詢服務。

3. 同儕的支持、分享與討論，不僅達情緒抒解、經驗交流，並一起找出困難與因應策略。

4. 新進人員可以兩人一組進行介入：基於經驗的傳承與專業人力培訓需求，對新進工作者採雙人合作方式進行介入，有助新手進入工作狀況，並培植實務工作者。

5. 主動積極：工作者積極正向的特質，關係著服務的推展順利與否。

6. 初期密集介入：初期密集的介入不僅有利資料蒐集與分析，加強關係建立，同時有助工作聚焦。

7. 避免標籤案主及成為非自願性實務工作者。

六、弱勢家庭處遇之實務操作流程與案例

弱勢家庭處遇之實務操作流程如表13-1所示。

表13-1　實務操作流程摘要表

單元	處遇階段	處遇重點	表單與資料
一	初訪或初步關係建立階段	1. 自我介紹、說明訪視原因、目的（含政策與法案之說明）。 2. 提供早療資訊及說明進入早療服務體系的重要性。 3. 建立良好關係、徵詢接受服務意願（強調全家參與）。 4. 透過父母個別會談、共同分享以建立共識。 5. 約定下次家訪及目的。	1. 兒童與家庭基本資料表。 2. 初訪表。 3. 同意函或口頭同意。 4. 單元摘要及下次單元計畫表（見附表2-1）。 5. 服務相關資料：簡介、資源手冊、補助資料、名片……等。
二	關係建立階段	1. 關係再建立：認識家庭所有成員，促成家人互動、參與並建立合作關係。 2. 引導家庭一起討論此時此刻的需求及想要解決之問題。 3. 以書面或口頭解釋，提供早療相關資訊。 4. 再次強調說明早療之重要性，增加家庭接受服務之誘因。 5. 對家長或主要照顧者之傾聽與支持。 6. 與家庭成員分享兒童與家庭之優點。 7. 說明接受服務之重要性、目的、時程，而家庭仍保有拒絕權。 8. 強調全家參與之重要性。	1. 家庭圖。 2. 家庭生態圖。 3. 個案服務紀錄表。 4. 契約（見附表2-3）。 5. 其他早療服務相關資料：如評估報告書、轉銜資料、相關社福申請資料（低收入戶、中低收入戶、托育補助……等）。 6. 單元摘要及下次單元計畫表（見附表2-1）。

（續）表13-1　實務操作流程摘要表

單元	處遇階段	處遇重點	表單與資料
		9. 以書面或口頭約定接受服務，並確認需優先滿足的需求及確認解決問題的順序、助力與阻力。 10. 約定下次家訪及目的。	
三	中期階段：充權策略→準備結案	1. 與案家共同討論要與社工一起解決的問題。 2. 討論解決問題與需求的優先順序、阻礙與資源。 3. 確定解決目標、解決問題的任務。 4. 討論任務的執行與分工（社工的任務、家庭的任務）。 5. 任務執行的示範練習。 6. 任務達成的意義（誘因）。 7. 任務執行可能有的資源、困難之討論（障礙、助力、阻力分析）。 8. 解決問題的方法與策略。 9. 約定下次家訪及目的。	1. 個別家庭服務計畫或處遇計畫。 2. 個案服務紀錄表。 3. 單元摘要及下次單元計畫表（見附表2-1）。
四至七		1. 目標及任務執行成功與否的探討及其困難的解決。 2. 肯定及鼓勵成功執行任務。 3. 同前單元發展任務、誘因、練習、困難、資源、助力及阻力探討。 4. 摘要該單元及說明下次時間與目的；並於目標、任務接近完成之際預先告知家庭將轉一般個案服務或結案。	1. 個別家庭服務計畫或處遇計畫。 2. 個案服務紀錄表。 3. 單元摘要及下次單元計畫表（見附表2-1）。

（續）表13-1　實務操作流程摘要表

單元	處遇階段	處遇重點	表單與資料
八	結案階段	1.任務執行及成功與否的討論。 2.結案或轉一般個案的說明。 3.提供家庭後續連繫之方式與相關資料。 4.與案家討論服務的成果；並對其努力予以鼓勵和肯定。 5.寫結案或定期服務摘要表。	1.家庭圖。 2.家庭生態圖。 3.個案服務紀錄表。 4.案家結案或定期服務摘要表（見附表2-2）。

資料來源：整理修改自：(1) 周月清（2001），《家庭社會工作—理論與方法》，台北：五南。(2) 許昭瑜（2002），《「發展遲緩兒童家庭介入方案」之執行暨評估研究——以台北市早期療育個案管理服務為例》，東吳大學社會工作學系碩士論文。

　　早療弱勢家庭的介入主要期使整個家庭充權。而家庭維繫主要在於消極的防範家庭照顧功能不足的風險和危機，並積極的增進家庭成員的照顧功能與角色。因此，兒童發展與安全的責任必須由實務工作者和家庭成員一起協調和學習共同分擔。如果兒童在家成長與發展並接受介入服務是可以預期的最後理想目標，那麼家庭成員即有責任和能力來學習共同承擔早療兒童未來長期發展與安全的任務。因此合理的個案負荷量是有必要的。如此才可能期待實務工作者對早療弱勢家庭進行較多的家庭訪視或聯繫，以增加家庭照顧兒童的功能、增進兒童發展，並減低兒童遭受家庭照顧不足的風險或危機。由於多數兒童對原生家庭以及照顧者的強烈情感依附，家庭維繫被視為是較為符合人性需求，同時也是成本較少的處遇方式。家庭維繫並非放棄兒童，或聽任其在原生家庭的風險環境中置之不理，故所謂到宅的或服務到家的家庭訪視，服務對象不僅有兒童且

包含家庭成員、回應整個家庭需要的各種協助與服務、連結家庭與
社區的增強調適，以及資源網絡的建立等等，以家庭為基礎、為導
向、為中心、為焦點的綜合型服務方案暨內涵，是不可或缺的（
Kaplan and Girard, 1994）。

　　最後，誠如Minuchin提醒社會對弱勢者始終抱持缺乏善意的態
度，儘管民主社會十分肯定並贊同協助弱勢者的助人理念，不過大
多數人仍認為弱勢者的貧困、困頓是他們自己缺乏意志、又不努力
所致，因此必須自我負責與承擔。整個國家如果同樣以不耐煩的心
情看待，如此惡性循環，又無可行具體的政策，長久下來不僅削減
了家庭能力，也衝擊著各種家庭工作模式。因此，原本以家庭模式
為助人專業的實務工作，不僅要致力投入早療弱勢家庭的積極介入
與處遇，亦需進行社會倡導，以改變社會大眾對弱勢家庭的嚴苛與
優越態度（引自劉瓊瑛，2002）。

 ## 自我評量

1. 請簡述弱勢家庭的特質、類型與親子挑戰。
2. 弱勢家庭的風險因素與類型有哪些？
3. 請說明家庭生態理論之家庭生態評量面向。
4. 請根據家庭壓力理論討論早療家庭常遇到的問題。
5. 請說明家庭維繫處遇的主要內涵。

案例探討　弱勢家庭常見的問題

「剪不斷、理還亂」──尋找生命的重生契機

一、個案背景資料描述與通報及轉介原因

　　小希，四歲九個月，就讀托兒所中班，小希因語言發展遲緩由媽媽通報早療中心，經醫院評估診斷為發展遲緩（認知臨界、語言表達輕度、語言理解臨界），母親表示小希小時候可能因為撞到頭部，以致反應較慢；小希在A醫院前後接受兩次的評估，有多次就診紀錄，曾在B醫院及C醫院接受語言治療，但時間斷斷續續，無持續接受復健。母親常情緒不穩定，父親若與母親爭執或情緒不佳時，會對小希吼罵，因而母親常自行通報家暴中心，她擔心小希因目睹父親暴力行為而在行為上有偏差。

二、家庭背景資料描述

1. 案主家系與生態系統圖示（如圖一、圖二）。
2. 父親：三十四歲，國中畢業，為水電工頭，平時收入不固定，因受不景氣影響，收入不比以往，但案父常忙碌於工作，且無固定時間回家。
3. 母親：二十九歲，二專畢業，為家庭主婦，平時照顧小希與妹妹們，並負責接受孩子上下學，照顧生活起居。
4. 大妹：有發展遲緩問題，診斷結果為全面發展遲緩（臨界至中度）及環境刺激不足，亦為本中心之個案。
5. 居家環境：小希家為16坪大，平時睡通舖，家庭曾因夫妻時常發生爭吵，鄰居不堪其擾而多次搬家，媽媽表示

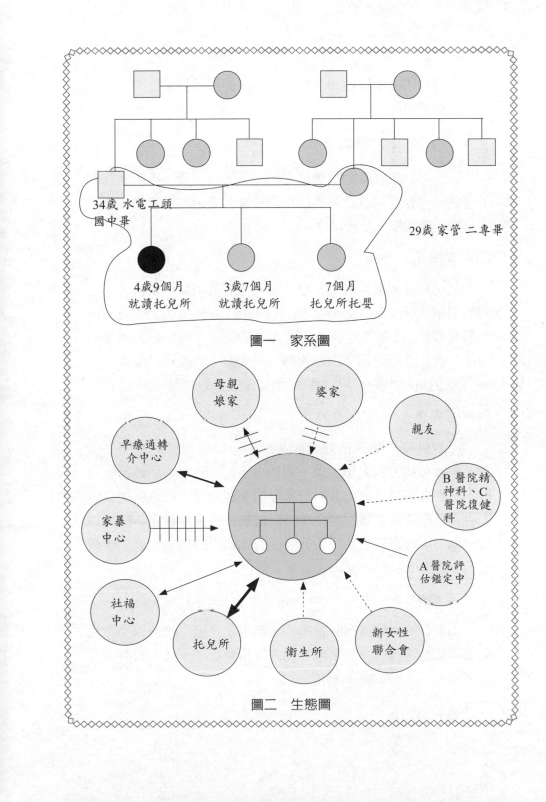

圖一　家系圖

圖二　生態圖

目前居住環境狹小，顯得紊亂，與鄰居較少往來，居住環境尚可。

三、家庭成員互動模式

小希家的成員互動關係呈現糾葛不清的現象，不論是在親子互動、夫妻互動或是與其他相關資源之間，均反映出彼此之間不穩定的關係以及複雜性。

◎夫妻關係

父母關係衝突且混亂，也常陷入僵局及糾葛。對於夫妻之間的婚姻狀況徘徊於離婚與否的問題上，有時夫妻之間會因爭執而有肢體上的衝突；夫妻間對彼此的期待常有與現實脫離的現象，對於婚姻問題多採逃避的方式面對，明顯可以反應出夫妻關係上期待的落差以及對於婚姻圖像失望的表現。

◎親子關係

母親與孩子關係是綿密與糾結的，母親對於小希關心備至，也關切其發展遲緩現象，對於小希的行為與情緒較無計可施，互動之中可以看出其對於小希的愛與關懷，但遇到衝突時即會有疏離感。父親對於小希多以鼓勵或懲罰兩極化的態度對待，另父親確實認知到小希的發展有比較慢的現象，但關係疏離，均交由母親做決定。

◎手足關係

小希對於案妹雖有時會有打人的現象，但小希會協助母親照顧年幼的妹妹們，通常放學回家後也會玩在一起，有時會有衝突發生，但關係較為疏離。

◎家庭關係

　　整體而言，案家互動的關係品質不佳，但對於小希與妹妹的關切主要以母親為主，由母親單獨負擔照顧、就學與療育責任；父親採取觀望與支持的態度，互動過程裡表現出想逃避又想幫忙的心態，但往往因為與母親互動欠佳以致衝突常發生，母親反覆不定的行為致使父親對於家庭及母親抱持消極想法，並以維持家中溫飽為藉口，忙於工作。

◎案家與原生家庭關係

　　案家各自與原生家庭的關係常有衝突，彼此之間充滿誤會與不諒解，常在互動中因協調與聯繫上的疏忽，造成彼此的誤解。基本上互動關係是單向、不易溝通的。案父母親各自之原生家庭也會介入婚姻，而讓彼此互動關係更加的複雜。

1. 與母親之原生家庭：母親與原生家庭的關係充滿的衝突，母親描述自己從小沒有人教導她如何讀書及待人處世，目前會的任何事情是自主學習。與胞姊、胞弟的關係雖然親密但卻常常抱怨彼此；小希的外公外婆也常對於母親的選擇有所批評，讓母親自覺得有被「看不起」的感受，因此造成彼此不信任；而母親的精神狀況也讓娘家感到無力感。因母親常常回家抱怨，故娘家認為女婿並未將小希全家照顧好，只會推卸責任，種種的因素累積促成案家與母親娘家間關係不和諧的現象。

2. 與父親之原生家庭：父親定期會匯款至南部家中，平時較少往來，婆家對於媳婦似乎有意見，呈現不關心；小希的母親也表示婆家對於她這個媳婦不友善，因此跟婆家的關係不親密，且彼此抱怨連連。

四、問題評估與處遇計畫

◎問題評估（問題與助力、阻力分析）

問題	問題評估	阻力（障礙）	助力（資源）
經濟協助	父親因景氣低迷致經濟不穩定，母親依賴父親，但對於父親的經濟狀況堪慮。	母親認為父親將所得花在買酒及朋友身上，不負責任、浪費。	1. 領有低收入戶卡，有固定補助。 2. 娘家支持。 3. 父親有工作收入。
發展遲緩問題	小希經診斷後確定有發展遲緩現象，與環境刺激不足有關。	母親並無法配合療育，母親覺得小希無明顯進步。	1. 母親關心小希發展。 2. 早療通報轉介中心及托兒所服務中。
婚姻問題	母親常電話告知要與父親離婚，夫妻關係不佳，常發生爭執。	1. 母親因情緒影響，與父親有爭執，想離婚 2. 母親娘家苛責父親、不滿其現況。	1. 母親欲爭取贍養費用，積極找尋律師。 2. 父親想維持婚姻關係。
就學問題	母親接送遲到，致小希跟不上學校教學進度及不易融入班級；且已換過三家托兒所，出現適應問題。	受母親精神症狀影響。	托兒所學前教育與巡迴輔導。
療育問題	小希經評估需要療育，但母親常更換醫院，以致療育受阻。	母親堅持自我的想法，對於治療有微詞，因而造成療育中斷。	1. 母親的關心及協助。 2. 早療通報轉介中心協助。

管教問題	親子互動有時出現問題，母親不知如何教導案主行為。	母親無法正確的管教。	母親是可以被教導的。
照顧壓力	母親必須同時照顧三位年幼的小孩，又因小希與妹妹均為發展遲緩兒童，因而備感壓力。	1. 父親無法長期分工協助。 2. 娘家親友對於案母的責難。	1. 尋求娘家協助。 2. 申請臨時托育照顧。
就醫問題	母親精神狀況經不同醫院精神科診斷為重度憂鬱症及輕度精神分裂症，雖不時受症狀影響，但仍可維持基本生活及親職功能。	母親不願服藥及就醫。	1. 醫療單位及衛生所之協助。 2. 父親認知案母需要進一步接受治療。
資源重複使用	社福單位的介入甚多，目前已有20人以上與案家聯繫。	資源態度被動。	資源連結與分工。
兒童安全問題	母親時而威脅開瓦斯自殺，影響小希與妹妹們的人身安全。	母親受精神症狀影響。	兒童保護之介入協助。

◎處遇計畫

1. 與母親建立信任關係，從旁協助安排小希療育：透過家訪及電話諮詢，提供母親所需資訊，並與母親討論小希發展上的問題，在每次的會談中提供可行教導的方式，止向鼓勵母親對於小希的付出以及努力，讓母親能信任工作員，卸下重重的防衛心。

2. 定期追蹤小希療育，並安排整體評估及連結療育資源：定期詢問母親是否帶小希至醫院接受治療，告知若無持續治

療將會阻礙小希的發展，基於關心與愛護小希的心態，希望母親配合療育，也透過小希日常生活的進步及托兒所老師的觀察，說服母親持續治療之重要。

3. 連結托兒所資源，並與托兒所討論小希之發展狀況及就學情形，以訂定後續處遇目標。

4. 提升母親教導小希的親職技巧：正向鼓勵母親對於小希之用心與關懷，提供相關書籍協助案母教導，由於母親本身有幼教背景，故對於小希的教育較有自我之想法，有時方法不見得有效，建議母親與托兒所老師共同討論對策。

5. 媒合並統整相關社會資源：由於小希家接觸過許多的福利單位或是民間團體，透過討論、聯繫，找尋合適的處遇計畫，避免資源浪費。

6. 召開個案研討會議：透過個案研討會議，瞭解各資源與小希家接觸的情形，進一步確認各資源之分工，使能確實服務案家。

7. 未來處遇方向：說服母親就醫，穩定其精神狀況；並與父親接觸，期能在母親身心狀況趨於穩定下接受夫妻治療或家族治療。

五、服務處遇過程摘要

1. 參與並召開個案研討會議，探討服務案家之處遇策略，透過分工協調出符合案家需求的工作模式，開始連結並整合資源。與母親初次接觸，關係未建立。

2. 服務初期嘗試與母親建立關係，討論小希接受整體評估之可能性，並與各資源單位聯繫，積極投入媒合資源的工作。

3. 安排小希及妹妹至B醫院接受整體評估，並協助母親瞭解評估結果及針對疑問提出討論。提供案母相關教育及醫療訊息，並與托兒所老師討論，積極與母親建立長期信任關係。其中也發現母親與父親關係的決裂常是導致家庭不穩定的主因，進而影響孩子的權益。因此當與母親會談時，嘗試釐清母親的感受與需求，讓母親能夠正確地做決定。

4. 陪同母親至醫院聽取醫師之診斷結果報告。母親仍懷疑小希是否受暴力陰影影響而造成發展遲緩現象，但因母親精神症狀不穩定及無法固定療育，致小希進步空間打折扣。服務期間仍鼓勵母親是有能力的，並強調其對於小希的愛與呵護，相信她母有能力協助小希。

5. 與托兒所討論有關小希及其家庭之情形，以兒童安全為出發點，考量服務小希家之處遇計畫，針對工作情形做分享，不以家長利益考量為前提，著重於小希的安全，並與托兒所密切聯繫。

6. 再次召開個案研討會議。因有多方資訊且資源運用過多，故討論主責單位為社福中心，透過個案管理的方式重新審視案家的問題。希望能夠對於案家的服務有所突破，提供支持與資源之連結。

六、工作人員自評

　　初與小希家接觸時，方可看出家庭問題之複雜性，其前前後後共經歷了無數個專業工作員，在此過程裡對於家庭是個負擔，對於資源的運用上也可能造成浪費。因此在考量家庭實際狀況之下開始與家庭工作，工作初期很難與母親建立信任關係，並曾電話中怒罵工作員無法考量其立場，而對於小希發展

問題不易聚焦且態度反反覆覆，總是拉扯出與先生婚姻上互動的衝突。工作員堅信母親是有能力的，雖然她被診斷出輕微的精神分裂症，但仍可以看出她可以維持基本的生活照顧，可見在某種程度上，她是有能力可以協助小希，並與小希一同成長。

從小希的例子，我可以看到許多不同於以往的工作提醒，除了去看到家庭內外資源，也看到了系統間的相互影響是如何擺盪一個家庭的穩定性，有時劇烈的衝擊可能也帶給家庭新生的機會，雖然很難在短期評估改變的可能，但卻是指日可待的！

服務的過程給了自己很多提醒，也打破了許多刻板的印象：

1. 資源間的整合相當重要，而非只是單一的運作，往往過多的資源涉入反而對家庭是個傷害也說不定，不但造成家庭的混亂，甚至造成資源間合作的混亂。

2. 對於母親能力的評估：有時我們太著重於母親的精神狀況，往往也同時忽略了她的能力；她的親職功能可能某種程度上看來是不足的，針對所謂教導案主及協助療育部分，母親曾多次不願意承認是為了自己的利益著想，但反覆與她討論甚至面質的過程裡，母親會陷入沉思，開始去思索自己的問題與限制。

3. 父親的逃避與疲累：很典型地，家中若有罹患精神疾病的家屬，（包含了母親之原生家庭在內），逃避、指責與爭執似乎變成了彼此互扣帽子的情緒反應，對於解決問題就很難有共識，反而使問題陷入膠著。而父親在整個處遇過程裡是容易被忽略且不易接觸介入的。

在整個服務過程中，的確很難掌握住母親反反覆覆的心情，也在過程中隨著家庭的狀況起舞，有時工作員也會陷入混亂之中，而難有突破。瞭解事實的真相或許是目前最可行的方式，也更期盼能夠取得母親進一步的信任關係，讓她能夠脫胎換骨。或許工作焦點目前只聚焦在母親身上，而在某種程度上，她的穩定也帶動了小希的進步，小希是可以經由教導而能進步很多的孩子，經過醫師及托兒所老師的評估給予小希這樣的結論，也因為如此，工作人員更是努力於穩定案母情緒，協助案母以正向態度面對有壓力的生活，並能帶小希至醫院接受治療，以維繫家庭之完整性。或許未來的路還需要多花點時間奮鬥努力，且著力於父親及對整個家庭重新評估上，我想案家能有所轉變是可以被期待的。

七、督導建議與回饋

一起參與小希的服務過程中，家庭互動關係的複雜與資訊的紛亂，常讓我們有著許多的感觸與難以掌握的著力點，由於媽媽的身心狀態與反覆不定的決策行為，使許多事件的因果推論皆無法在我們所期待的結果上劃下句點，然而這一切也讓我們有機會從中學習與不斷反省，未來該如何尋求與家庭每一位可能的成員合作，幫助家庭找到重生的契機。僅以下列摘述作為未來服務時的提醒與分享：

◎打破「部分不等於總合」的迷思

由於媽媽在尋求資源能力上相當強，因此對於資訊的掌握非常熟悉，同時也是位懂得如何與資源合作的人。截至目前為止，小希家已有二十多位以上的專業人員或資源單位曾與之接觸、介入，如此龐大的投入對媽媽、家庭或社會而言是否得當

尚難定論；但可以確信的是，家庭並未因此而改善，工作人員並未因此而充份分工、彼此合作。

　　建議未來處遇時，工作者宜打破「部分不等於總合」的迷思，讓家庭直接接觸的專業人員清楚、明確，教導媽媽學會與固定之資源提供者聯絡，避免資源再次過度投入。同時，工作者亦應努力即時掌握家庭使用資源的狀況，讓資源提供者在第一時間內凝聚共識，讓媽媽的情緒不再因繁複的資源介入而紛亂，以減輕主責單位與相關工作者的壓力，使資源可在最小投入達成最大效果。

◎「缺席的父親」── 可嘗試的可能合作對象

　　爸爸曾因疑似家暴而被列為通報對象，所以介入服務者常以「施暴者」的刻板印象面對爸爸，而避免與之深入討論有關家庭、夫妻或子女的問題與期待。父親也因過多的專業人員不斷反覆以詢問的方式瞭解家庭狀況與孩子的問題，而逐漸採取迴避的態度面對一切。但若從家暴的通報者進行瞭解，其中多由媽媽主動通報居多，我們卻忽略由夫妻互動關係的微妙之處探詢其來龍去脈，而一直將焦點置於家暴議題和將父親視為施暴者，但卻未提供任何其可能參與的機會與充權爸爸的內在潛能，讓我們增加一位可能的合作對象。

　　建議未來工作者與爸爸工作時，應先拋棄父親為「施暴者」的刻板印象及主觀意識，嘗試與父親合作，評估其參與意願與內在動力，再次尋求家庭可能的合作人選，充權父親對孩子發展問題的正確認知與面對家庭問題的勇氣，試著讓他有機會參與或成為我們的合作對象，協助家庭找到共同面對問題的契機。

資料來源：整理修改自台北市政府社會局（2002）。《生命交會處─台北市早期療育個案彙編》。台北：台北市政府社會局。

參考書目

一、中文部分

台北市政府社會局（2002）。《生命交會處——台北市早期療育個案彙編》。台北：台北市政府社會局。

周月清（2001）。《家庭社會工作——理論與方法》。台北：五南。

許昭瑜（2002）。《「發展遲緩兒童家庭介入方案」之執行暨評估研究——以台北市早期療育個案管理服務為例》。東吳大學社會工作學系碩士論文。

張秀玉（2003）。《早期療育社會工作》。台北：揚智。

張菁芬（2006）。〈解析高風險家庭的服務策略〉，《社區發展季刊》，第114期，頁79。台北：內政部社區發展雜誌社。

張菁芬、莫藜藜（2006）。《多元取向的社會工作服務模式：台北市社子地區的推動與實踐》。台北：松慧。

馮燕（1997）。《托育服務：生態觀點的分析》（增訂版）。台北：巨流。

馮燕、張紉、賴月蜜（2008）。《兒童及少年福利》。台北：國立空中大學。

詹宜璋（1997）。《台灣地區老年經濟安全之風險與保障》。中正大學社會福利學系博士論文。

劉瓊瑛譯（2002）。《弱勢家庭的處遇——系統取向家庭中心工作方法的運用》。台北：心理。

鍾莉娟等譯（2004）。《早期療育手冊》。台北：心理。

二、外文部分

Barker R. L. (1995), *The Social Work Dictionary* (3rd ed), pp. 85-86. Washington, DC: NASW.

Bronfenbrenner U. (1979), *The Ecology of Human Development: Experiments by Nature and Design*. Cambridge: Harvard University Press.

Cole E., & Duva J. (1990), *Family Preservation: An Orientaion for Administrators and Practitioners*. Washington DC: Child Welfare League of America.

Grigsby R. K. (1993), "Theories that Quide Intensive Family Preservation Services: A Second Look." In E. S. Morton & R. K. Grigsby (Eds.), *Advancing Family Preservation Practice*, pp. 16-27. New Bury Park: Sage.

Hartman A., & Laird J. (1983), *Family-Centered Social Work Practice*. New York: The Free Press.

Jenson J. M., & Fraser M. W. (Eds.) (2006), *Social Policy for Children & Families: A Risk and Resilience Perspective*. Thousand Oak, CA: Sage Publications.

Kaplan L., & Girard J. L. (1994), *Strengthening High-risk Families: A Handbook for Practitioners*. New York: Lexington Books.

Maluccio A. N. (1990), "Family Preservation Services and Social Work Practice Sequence." In J. K. Whittaker, J. Kinney, E. M. Tracy & C. Booth (eds.), *Reaching High-risk Families: Intensive Family Preservation in Human Services*, pp. 113-126. New York: Aldine de Gruyter.

Schuerman J. R., Rzpnicki T. L., & Littell J. H. (1994), *Putting Families First: An Experiment in Family Preservation*. New York: Aldine de Gruyter.

Tracy E. M., Haapala D. A., Kinney J., & Pecora P. J. (Eds.) (1991), "Intensive Family Preservation Services: A Strategic Response to Families in Crisis." In E. M. Tracy, D. A. Haapala, J. Kinney, & P. J. Pecora (Eds.), *Intensive Family Preservation Services: An Instructional Sourcebook*, pp. 193-202. Cleveland, Ohio: Case Western Reserve University.

Whittaker J. K., (1991), "The Leadership Challenge in Family-based Services: Policy, Practice, and Research." In *Families in Society: The Journal of Contemporary Human Services*, 75(5): 294-300.

附錄二　單元介入紀錄表

附表2-1　單元摘要及下次單元計畫表

※日期：＿＿＿年＿＿＿月＿＿＿日　※時間：＿＿＿＿＿＿＿＿

※案家：＿＿＿＿＿＿＿＿＿＿　　※專業人員：＿＿＿＿＿＿＿＿

※單元：第＿＿＿單元

※本週單元進行摘要：

1.＿＿＿＿＿＿＿＿＿＿＿＿＿＿＿＿＿＿＿＿＿＿＿＿＿＿＿＿＿＿＿

2.＿＿＿＿＿＿＿＿＿＿＿＿＿＿＿＿＿＿＿＿＿＿＿＿＿＿＿＿＿＿＿

3.＿＿＿＿＿＿＿＿＿＿＿＿＿＿＿＿＿＿＿＿＿＿＿＿＿＿＿＿＿＿＿

4.＿＿＿＿＿＿＿＿＿＿＿＿＿＿＿＿＿＿＿＿＿＿＿＿＿＿＿＿＿＿＿

※本週單元參與之家人：＿＿＿＿＿＿＿＿＿＿＿＿＿＿＿＿＿＿＿＿

※下次單元日期：＿＿＿＿＿＿＿＿＿＿　※時間：＿＿＿＿＿＿＿＿

※下次單元將進行的內容（具體條列）

1.＿＿＿＿＿＿＿＿＿＿＿＿＿＿＿＿＿＿＿＿＿＿＿＿＿＿＿＿＿＿＿

2.＿＿＿＿＿＿＿＿＿＿＿＿＿＿＿＿＿＿＿＿＿＿＿＿＿＿＿＿＿＿＿

3.＿＿＿＿＿＿＿＿＿＿＿＿＿＿＿＿＿＿＿＿＿＿＿＿＿＿＿＿＿＿＿

4.＿＿＿＿＿＿＿＿＿＿＿＿＿＿＿＿＿＿＿＿＿＿＿＿＿＿＿＿＿＿＿

※下次單元將參加的家人：＿＿＿＿＿＿＿＿＿＿＿＿＿＿＿＿＿＿＿

【備註】：1. 家長與專業人員雙方同意。

　　　　　2. 請抄寫二份，家庭與專業工作人員各保留一份。

附表2-2　結案或定期摘要表

※填表日期：＿＿＿年＿＿＿月＿＿＿日

※期間：＿＿＿年＿＿＿月＿＿＿日至＿＿＿年＿＿＿月＿＿＿日

※案家：＿＿＿＿＿＿＿＿＿　　※專業人員：＿＿＿＿＿＿＿

※單元：＿＿＿＿＿＿＿＿＿＿＿

※結案或定期評估

已完成的任務		
已達到之目標		
已解決之困難		
家中成員對目標完成的努力	父親	
	母親	
	其他家人	
專業人員對案家未來努力之建議	父親	
	母親	
	其他家人	
可用資源或轉介機構		

※備註：一式二份，專業人員與案家各保留一份。

附表2-3 契約

1. 我們家想要解決的問題是：＿＿＿＿＿＿＿＿＿＿＿＿＿＿＿
＿＿＿＿＿＿＿＿＿＿＿＿＿＿＿＿＿＿＿＿＿＿＿＿＿＿＿＿＿＿

2. 我們想要達到的目標是：＿＿＿＿＿＿＿＿＿＿＿＿＿＿＿＿
＿＿＿＿＿＿＿＿＿＿＿＿＿＿＿＿＿＿＿＿＿＿＿＿＿＿＿＿＿＿

3. 我們願意與專業人員共同合作，進行爲期一至四週、每週一至
二次、每次一至二小時的工作，共同努力達到我們希望的目
標。

4. 我們希望在＿＿月＿＿日前完成。

　　　　簽名：　父　　親：＿＿＿＿＿＿＿＿＿＿＿＿＿

　　　　　　　　母　　親：＿＿＿＿＿＿＿＿＿＿＿＿＿

　　　　　　　其他家人：＿＿＿＿＿＿＿＿＿＿＿＿＿

　　　　　　　　　　　　＿＿＿＿＿＿＿＿＿＿＿＿＿

　　　　　　　　　　　　＿＿＿＿＿＿＿＿＿＿＿＿＿

　　　　　　　專業人員：＿＿＿＿＿＿＿＿＿＿＿＿＿

　　案家：＿＿＿＿＿＿＿＿＿＿＿＿（案主姓名）
　　簽約日期：＿＿年＿＿月＿＿日時　間：＿＿＿＿＿＿＿

第十四章

多元早療家庭類型的處遇（二）
——非自願性家庭的問題及處遇策略

—— 朱鳳英

第一節　非自願性個案的定義與案例

第二節　早療非自願性家庭的問題

第三節　早療非自願性家庭的處遇

學習目標

✔ 瞭解非自願性家庭的定義與類型。

✔ 非自願性家庭與非自願實務工作者的關係。

✔ 非自願家庭的問題與介入理論。

✔ 非自願性家庭的處遇模式與策略。

本章摘要

　　早期療育服務系統中，家庭面貌多元且多變，隨著服務系統的逐漸成熟，各地通報轉介中心發現家長總以各種理由，如沒時間、沒錢、人手不足、孩子很好沒問題……等，而拒絕接受進入早療服務體系。鑑此，本章闡明早療家庭之所以不情願或非自願的成因有哪些？實務上面臨的案例類型為何？而身為早期療育社會工作者又該如何有效介入？並提供問題解決模式之處遇策略與範例以協助實務工作建立明確的工作步驟與方法。

關 鍵 字

- ◆ 非自願性案主（involuntary client）
- ◆ 非自願性轉換（involuntary transaction）
- ◆ 強制性案主（mandated client）
- ◆ 自願性案主（voluntary client）

　　實務上定期向觀護人報到的保護管束青少年、法院裁定藥物成癮接受戒治課程的吸毒者、因兒保遭裁定接受強制親職教育的施虐父母、對妻子施暴依法院裁定需諮商的先生、同意赴遊民收容所的成人（因為去收容所比至警察局自由）、被強制送醫的精神病患、父母極力反對下被安置的兒童，這些都是接受司法服務或社會福利而被稱為非自願個案（involuntary client）的對象，事實上他們是被服務選上的，案主本身都極力反對這些服務，且感受到這些服務的侵犯與限制。他們因為法院裁定或感受到法律制裁的威脅而被迫接受服務，因此他們又被稱為「強制性案主」（mandated client）（Rooney, 1992; De Jong & Berg, 2001）。

　　早期療育實務中，類似上述個案隱身於個案群中，專業工作者該如何於眾多個案中分辨出個案的意願？自願與非自願個案的區隔不易釐清，必須經由連續性向度的觀點看待：受法院裁定的個案位於一端，部分自願的個案位於中間，而主動求助的個案則在另一端（朱惠英等譯，2008）。本章所述是落於連續向度尾端的非自願工作，且特別聚焦於社區中早期療育的非自願性個案，當然也適用於機構內或學校內的非自願個案。

第一節　非自願性個案的定義與案例
▶▶▶▶▶

　　依據Rooney（1992）所述，從案主與專業人員的關係來看，案主可分為自願性與非自願性案主。所謂自願性案主（voluntary client）即指案主與專業人員建立於自願、互動的自然關係，案主有問題意識，能主動描述問題，且有改變的動機，實務工作者若要完整評估其需求與問題，通常是透過會談或訪視蒐集更多詳細的訊息與資料。如早療家庭中，家長主動帶孩子就醫的比例較高，他們為了瞭解孩子的問題，尋求醫療評估與診斷，為孩子安排復健治療。由於家長是自發性地帶著孩子尋求專業協助，當發現孩子有遲緩或障礙時，縱然歷經錯愕、抗拒、失望與接受等歷程，但都能表現出配合與選擇面對的態度。

　　非自願性案主（involuntary client）則指案主與專業人員建立於非自願、被動的關係，這種關係是被迫形成的，他們自述的問題通常與轉介來源所陳述的問題不同。前述非自願性關係的產生有三種可能（Rooney, 1992；周月清，2001）：

1. 當事人覺得是被迫維持此專業關係，包括情境或法律因素所形成不可避免且唯一的關係維持管道。如為了取得早期療育

補助而同意早療通報轉介中心的服務；或因監護權問題而必須接受家暴中心安排帶孩子去早療特約醫院接受評估。

2. 維持此關係雖非唯一選擇，但若選擇離開此關係可能須付出更大的代價。如為了避免太多人知道孩子的遲緩或障礙情形，拒絕進入或離開早療服務系統，而選擇自行尋找資源、自費療育，因此直接增加了摸索與尋求資源及服務的時間與花費。

3. 認為此關係對當事人有所不利，尚有其他更有利的替代選擇。

依據上述，非自願性案主可分為法律裁決與非法律裁決、被動且不情願的案主（如圖14-1）。

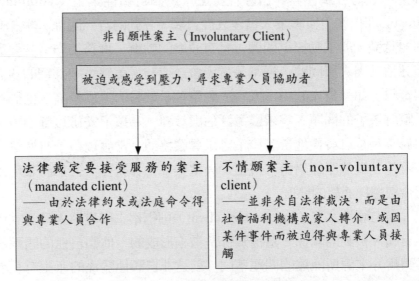

圖14-1　非自願性案主的定義與類型

資料來源：整理修改自：(1) Rooney R. H. (1992), Strategies for Work with Involuntary Clients, p.19. New York: Columbia University Press。(2) 周月清（2001），《家庭社會工作──理論與方法》，台北：五南。

　　早期療育服務個案群中，非自願性案主以不情願個案居多，這些案主大都經由醫院、診所、衛生所（或稱健康服務中心）、幼稚園、托兒所或社福機構轉介至早療服務系統，他們雖非經由法律裁決而來，但他們與早療的受助關係是透過第三者的轉介，因此他們不情願的反應容易被專業工作者所忽略，當他們出現猶豫或配合困難時，很快地就被標籤為防衛、不合作，或抗拒的案主。另外經由法律裁決而必須接受早療服務的非自願性個案包含：因吸毒入獄或勒戒的家長、家庭暴力或兒童虐待的施虐父母……等，這些面對法律裁決之非自願性案主同時又是遲緩或身心障礙兒童的監護人，身為早療社工實務工作者，不僅要處理孩子的發展需求，尚須透過法院、家暴中心、監獄或醫院與這些所謂非自願性案主（家長）一起工作。

　　依據個案是否有法律裁決及宿命觀而言，非自願性案主又可區分成以下四種（如圖14-2）。

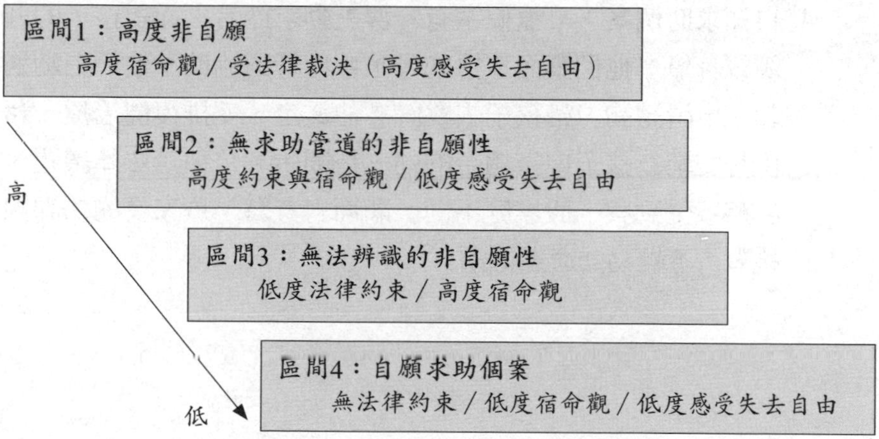

區間1：高度非自願
　　高度宿命觀／受法律裁決（高度感受失去自由）

區間2：無求助管道的非自願性
　　高度約束與宿命觀／低度感受失去自由

區間3：無法辨識的非自願性
　　低度法律約束／高度宿命觀

區間4：自願求助個案
　　無法律約束／低度宿命觀／低度感受失去自由

高

低

圖14-2　非自願性案主的自願性層次

資料來源：整理修改自：(1) Rooney R. H. (1992), Strategies for Work with Involuntary Clients, p.19. New York: Columbia University Press。(2) 周月清（2001），《家庭社會工作——理論與方法》，台北：五南。.

1. **高度非自願性**：因吸毒而入監服刑的家長，由於受法律裁決，往往感受到失去自由，且非常宿命的認為一切是命定、倒楣所致。往往此時只能將孩子丟給未受制裁的配偶，更嚴重的可能是夫妻皆吸毒，或配偶無法承擔而離家，只好由家中的老父老母代為照顧，而有早療隔代教養家庭的產生。

2. **無求助管道的非自願性**：遲緩兒被安置於寄養家庭的施虐父母，或身心俱疲的母親突然音訊全無、離家出走，留下重度障礙的孩子和手足無措的父親，不論有無法律裁定議題，皆約略感受失去自由，且覺得受到高度約束，認為命運作弄，以致骨肉分離、勞燕分飛。

3. **無法辨識的非自願性**：早療家庭普遍面對孩子的遲緩或障礙，其中有些是單親、繼親、低收入戶、家暴、高風險……等家庭，他們雖非法律強制裁示的個案，但宿命地認為家庭會有遲緩或身障孩子是老天爺開的玩笑、是命該如此，這輩子就是這樣了。

4. **自願求助個案**：早療個案有一群主動求助者，面對孩子的遲緩或身障，他們棄而不捨的尋求各種管道協助，他們主動通報、申請諮詢、帶孩子去醫院評估鑑定、安排復健治療、藉由鑑安輔為孩子申請適合的幼、托園所，這種無法律議題、約略感受到與一般家庭不同，願面對身為早療家長的功課與挑戰，不輕易向命運低頭。

案例一

　　剛滿一歲的平平出生即腦性麻痺，祖母認為是媳婦懷孕不守習俗規定，生產又不聽她的建議，自作主張才會讓平平受苦，平平媽媽為此已被迫隻身離家、在外賃屋而居，好不容易藉由平平父親的暗中幫助，偷偷帶孩子完成醫院的早療評估，結果平平的粗大動作與精細動作都全面遲緩，必須接受療育。此時，祖母非常不悅，堅稱孩子正常，只是中邪，換名字、改運就會好轉……。

案例二

　　二歲的強強，父親因吸毒多次，入監服刑中，母親下落不明，六十多歲的單親祖母只好獨立照顧強強。由於祖母目不識丁，僅能以清潔工作為主。為兼顧生計與照顧孫子，強強白天長時間由祖母背著工作，因為未定期接受預防注射，公衛護士才發現強強發展落後，且擔心他遭受毒害波及，為了三餐填飽肚子的祖母，總告訴護士說：「沒關係，長大就好啦！」

案例三

　　三歲的欣欣因為父母的爭執，嚇到哭鬧不止，爸爸一時失控的傷及孩子的腦部。從鬼門關被救回來後，欣欣被安置在寄養家庭，未成年的媽媽束手無策，也無力照顧欣欣，施暴的爸爸目前接受諮商治療中。寄養媽媽主動聯絡通報轉介中心，希望欣欣能慢慢學會翻身、坐……等。

案例四

　　排行老么的倫倫是意外受孕而順產的老三，出生滿月後即交給鄉下的祖母照顧，滿四歲時因祖母年邁送回都市與爸爸、媽媽和讀小三、小四的哥哥及姐姐一起生活。第一學期，公立幼稚園老師就發現倫倫無法說出需求，也沒有同齡孩子應有的反應，老師將此情形告訴父母，父母總是說：「我會注意，我會帶他去看醫生。」一個學期後，父母仍然沒有動靜，老師請早療社工幫忙，倫倫父母則推說：「我孩子很正常，不需看醫生，也不用早療服務。」

案例五

　　五歲的達達因為預防注射而被發現語言遲緩，爸爸是精障患者，媽媽是來自東南亞的新移民，雖然家中經濟良好，但是爸爸家人擔心媽媽帶著孩子亂跑或離家，總是限制媽媽外出自由且反對媽媽帶孩子接受療育，電話中總是告訴社工：「這是家務事，送去上學就好了，你們去幫忙更需要的人。」

案例六

　　六歲及四歲的琳琳和淇淇都領有重度身障手冊，爸爸是原住民，且是家中唯一的經濟支柱，媽媽大爸爸五歲，家庭主婦、以照顧案主為主，夫妻兩人經常為照顧分工起爭執，案父曾酒後毆打案母，案母事後總哭泣著說：「如果不是為了孩子，我早就想離婚，看破去啦！」由於案主們體弱多病，經常進出醫院，醫療費用沉重，案父到處申請補助、陳情並依賴福利，已得罪不少資源與親友。

個案工作（casework）在1970與1980年代廣為流傳，現今則是以「直接服務」（direct practice）或「臨床服務」（clinical service）一詞較為盛行。其中與非自願個案工作之社工們通常被稱為「個案管理者」（case manager），而非「個案工作者」（caseworker）（朱惠英等譯，2008）。上述六個案例在我國早期療育服務領域中就是被列為面臨多重問題需求，須提供個案管理服務的個案。由於個案管理者是傾向服務中介者的角色，非直接服務或治療的角色，由於此名詞運用於各領域，執行方式各有其解讀與運用方式，相當混淆與模糊，如McMahhon（1998）及Searing（2003）認為將直接服務社工視為個案管理者而非個案工作者是有問題的，當政府部門社工或委託民間專業辦理之專業人員不斷被賦與個案管理與計畫責任，問題解決或處遇服務則乏人問津，長久下來個案只會得到愈來愈多管理而非協助（朱惠英等譯，2008）。而我國早期療育個案服務系統正是在朝此潮流推展，前述論點實值借鏡與深思，對於早療個案服務除了「管理」之外，還有個案所需的「服務」在哪裡？

一、非自願性轉換

早療家庭、專業工作者及服務機構間經由互動與資源交換的動力過程即產生所謂的「非自願性轉換」（involuntary transaction）（Rooney, 1992；周月清，2001）。由於法律或社會因素以致彼此出現權力个平衡的情形，因此個案往往會覺得不自在、壓迫，認為情非得已才留在此專業關係裡，由於缺乏替代方案的選擇權，案主可能面臨不平等的對待，因此對於維持或發展受助關係之意願非常低落。如案例三遭法院裁決被迫接受心理諮商的欣欣爸爸與心智科醫師的關係，在兩人的治療關係中，爸爸認為兩人的關係不平等，

他在醫師面前，權利矮了一大截，每週一次所謂的「談話」是法院的傑作、是被迫而去的，因為他別無選擇。

因此，如何讓案主不再覺得有壓迫、不平等對待，同時又能符合法律或既有規範，讓案主與專業工作者的權利義務關係取得平等、平衡，進而改變案主的意願，使其展現合作與接受服務的意願，此即與非自願案主工作的重點。顧名思義，如何讓「非自願」變「半自願」，「半自願」或「不情願」轉換成「自願」或「主動」是非自願性轉換的努力目標。

法律是強而有力的規範，為了達到自願性轉換的成效，實務工作者必須清楚知道非法律裁決的「半自願」或「不情願」案主所擁有的自由與選擇權是優於法律裁決的「非自願」案主，可處理及商榷的可能性也高出許多。「半自願」或「不情願」案主，大都因為契約或約定而產生約束，如接受早期療育服務的家庭若要取得療育或交通補助就得申請發展遲緩證明、評估報告書或身心障礙手冊，或必須具有低收入戶、特殊境遇條件或符合高風險指標才能取得相關福利資源，這些雖不需經法律裁決，但卻必須符合政府或機構的要求，在申請與審核過程中，案主面臨自尊問題，有被標籤為「弱勢」或「特殊」家庭的壓力，他們在選擇有限下，不情願勉強受助，這類型非法律裁決的不情願性或半自願案主，容易沉入茫茫個案群中，實務工作者不易辨識，容易忽視之。相較於半自願或不情願案主非得面對法律裁決的「非自願」案主，不可避免一定要維持此唯一的關係，且別無選擇，如兒童保護案件遭裁定接受強制親職教育的施虐父母，不但孩子的早療需求仍在，家長還需接受四小時以上之親職教育輔導，此乃法律之規定，具高度強制性，因此對實務工作者而言，非自願案主非常容易辨識，別無其他介入處遇選擇。

二、非自願實務工作者

非自願關係中，「抗拒」同時存在於案主與實務工作者身上。尤其當實務工作者經常需面對案主口語或非口語的拒絕、躲避、不合作時，因此，實務工作者開始會出現熱忱消退、消極面對，不再視案主為獨立、獨特的個體提供個別化的服務，因此，「非自願實務工作者」碰上「非自願案主」，形成彼此「抗拒」的專業關係。

實務工作者面對此「抗拒」關係，初期會出現焦慮與自責，自嘆所學有限，在校沒把書唸好，以至於沒有可因應的策略。漸漸地懷疑入錯行，認為現在的困難是學校沒有教、社工就是專業不足，心理與諮商師可以舒服自在地等待個案上門，從容不迫地傾聽、同理……。只有社工，不畏風吹日曬，個案在哪兒，服務就到哪兒，可是家訪還會被放鴿子或吃閉門羹，每次案主都爽約，這時不僅懷疑自己的專業，最後開始責難案主，認為是案主自私、自暴自棄，因此士氣越來越低落、工作失去成就感。

一般而言，非自願實務工作者會出現的反應包含：(1) 認為是迫於無奈處於現況；(2) 認為自己身陷劣勢，優勢遠颺；不利纏身，有利遠離；(3) 欠缺工作與服務體系合作的動機；(4) 離開工作崗位的兩難：離開需付出代價，留下則不斷出現認知衝突，自責、抱怨、消極以對……等（Rooney, 1992；周月清，2001）。

非自願實務工作者出現認知衝突時，不再聚焦於對案主的服務，所有關注都放在對案主的抱怨；對任職單位的怨懟；工作消極、被動；對專業價值產生懷疑、否定；抱持「當一天和尚，敲一天鐘」的態度，餬口飯吃，不再期待改變。

Compton與Galaway認為影響實務工作者與個案專業關係主要有以下七項因素：

1. 關心個案。
2. 承擔與接受對個案的責任義務。
3. 視個案為一獨特的個人。
4. 期待並相信改變。
5. 同理並接納個案的感受與想法。
6. 真誠且一致。
7. 妥善運用職權與力量。

因此，實務工作者如何覺察案主的動機並有效發展出上述良好的專業關係，讓主動、自願變成可能，以期使孩子與家庭盡早接受早療服務。

第二節　早療非自願性家庭的問題
▶▶▶▶▶

Guralnick（1997）認為遲緩兒的家庭特質，譬如父母特質、社會支持系統、婚姻關係、經濟資源與兒童氣質等，以及家庭模式，例如親子互動品質、家庭形塑的幼兒學習經驗與有利的健康與安全環境，對兒童未來發展皆有著關鍵影響。幼兒的障礙或生理狀況所產生的家庭壓力主要來自獲取相關資訊的需求、人際及家庭的壓力、各種支持資源的需求及信心受到威脅（如圖14-3）。

Cormany（1992）指出，早期療育工作者必須要主動發現並服務家長，因為家長往往會感受到茫然不知所措，再加上照顧特殊兒童需要特殊養育和療育，照顧者倍感吃力、身心受煎熬（張耐，2003）。而實務上，我們也發現服務輸送體系中，有些家庭拒絕正式服務資源介入，國內相關實證研究（朱鳳英，2000；周月清等人，2001；許素彬，2003）也有相同的發現，早療通報個案數與接受療育案量間之數據明顯落差大，這些未進入療育系統之個案，

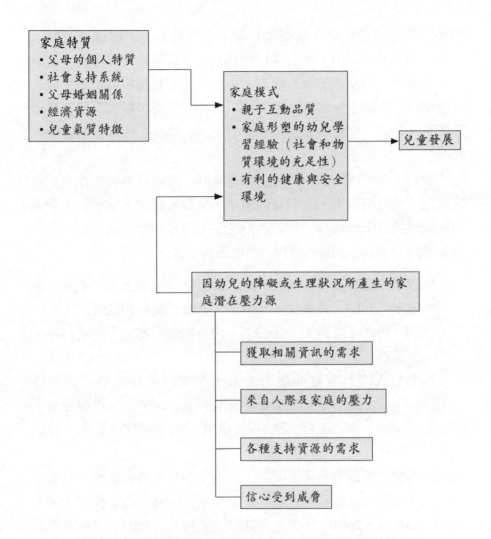

圖14-3　影響發展遲緩幼兒未來發展結果的各種家庭因素

資料來源：Guralnick M. J. (1998), "Effectiveness of Early Intervention for Vulnerable Children: A Developmental Perspective." In *American Journal of Mental Retardation*, 102: 319-345.。

則有可能是被通報轉介或個案管理中心歸類為「非自願性家庭」（周月清等人，2001），且未再提供近一步資訊或資源服務。就拒絕進入早療服務體系的家庭而言，由於處於不利情境而被迫形成之專業關係，無論主、客觀因素為何，這些家庭對早期療育服務呈現不配合、消極、閃躲或拒絕服務的行為（Rooney, 1992；劉芷瑩，2006）。

實務上，上述所謂的「非自願性家庭」可能是專業工作者更應該關注、追蹤的個案。文獻資料顯示，影響家庭進入早療服務體系的因素正符合Guralnick（1997）的主張：幼兒的障礙或生理狀況，與家庭壓力源的產生關係密切。這些因素包含下列各點。

1. **獲取相關資訊需求所致**：如家長對早期療育之認知不足（朱鳳英，2000；黃淑文，2001），且缺乏服務相關資訊（王天苗，1996；許素彬，2003），因為未知而害怕，因而拒絕早療服務。

2. **來自人際及家庭的壓力**：家人不支持，並認為「大雞晚啼」，「晚一點，沒關係」（張秀玉，2003），或接受孩子「遲緩」或「障礙」是顯示自己的遺傳或基因不如人，難以承受家人或親友異樣的眼光。

3. **各種支持資源的需求問題**：國內早療資源普遍呈現不足或分布不均，且服務可近性低（王天苗，1996；周文麗，2000；周月清，2001，廖靜芝，2002；張秀玉，2003），在資源有限、支持不足下，家長更沒有信心接受服務。

4. **信心受到威脅**：原本期待健康寶寶誕生，一旦發現孩子「不一樣」，早療家庭除了失落，自責，更嚴重的是面對孩子未知的未來徬徨無措，對於為人父母、照顧的角色全然失去方向與信心，不知該如何往前走。

第三節　早療非自願性家庭的處遇
▶▶▶▶▶

一、理論基礎

許多研究顯示和家庭工作不僅能有效改變非自願個案的行為與態度，且能改善家庭功能。近年對於非自願家庭介入之處遇模式蓬勃發展，茲簡述如下（朱惠英等譯，2008）：

1. **生態系統理論**（ecological system theory）：藉由生物學隱喻，當某系統進行處遇時，另一系統就會因此產生衝擊。而系統理論則強調個人及群體所扮演角色的重要性。

2. **短期行為模式家庭處遇方案**（brief behavioral family treatment）：針對清楚的家庭溝通模式、明確表達要求以及替代性解決方案與特權協商，由治療師示範與增強。並運用家庭成員間交換任務或喜好的後效契約（contingency contracting）模式，即包含問題解決、利社會示範與增強原則。

3. **功能性家庭治療**（functional family therapy）：Sexton與Alexander（2002）發現，此模式除了影響再犯率外，對於物質成癮、心理衛生、虐待及疏忽等問題也有效用。甚至經追蹤，經過五年仍有其效用，並顯示對家庭成員的正向影響，尤其是家中較年幼的手足或家人。

4. **多重系統治療**（multi-systemic therapy）：一種密集性處遇模式，個人與家庭所面對之各情境均是其介入目標，包含親職教育、家庭治療、與機構的互動，以及同儕、求學與鄰近環境的支持。

5. **合作式家庭諮商**（collaborative family counseling）：此模式有角色澄清、利社會示範與增強、問題解決及專業關係。

6. **任務中心家庭問題解決策略**（task-centered family problem solving approach）：此乃問題解決模式之一，其特色在於運用家庭任務發展以解決問題，且特別著重於角色澄清與利社會模式之建立。

7. **其他家庭治療**：含家庭行為治療、親職訓練與短期策略式家庭治療（strategic family therapy）（Perkins-Dock, 2001）。這些治療用在藥、酒癮個案上，皆有其成果。Barry Loneck（1995）指出，家庭成員在鼓勵藥、酒癮患者接受治療時，扮演極關鍵且重要的角色，一旦個案抗拒治療，更需要家人的鼓勵。

二、問題解決模式之處遇策略與範例

問題解決模式可提供早療社工專業一個與個案互動的明確架構，並依序落實以下七大步驟。

(一) 問題調查（problem survey）

即需求調查，目的在於瞭解早療家長對孩子遲緩或障礙之現況的觀點與感受，並整理出家庭關注的焦點。通常實務工作者可能會運用機構內特定的之評估架構或問題需求清單（如表14-1），如果缺乏上述可參考之架構，實務工作者應引導個案討論可能是困難或問題來源的議題，例如經濟、家人關係、親職技巧、醫療、教育、照顧與養護及財務情況。問題清單應盡量使用個案的措詞或言語來記錄，例如個案的問題是「沒錢」或「沒工作」，因此應真實記錄個案的敘述，而非使用「經濟拮据」或「失業」。

表14-1　案家需求評估表

第＿＿＿次【自＿＿＿年＿＿＿月至＿＿＿年＿＿＿月】　　　　　　　　（單位：人次）

分類	需求項目	需求評估					資源評估			
		不需要	不確定	需要	很需要	迫切需要	資源具有可用	資源缺乏主要	資源缺乏輔助	內在障礙
經濟	1. 低收入戶生活補助									
	2. 身障者中低收入戶生活補助									
	3. 托育養護費用補助									
	4. 身心障礙者津貼									
	5. 療育補助									
	6. 健康保險自費保費補助									
	7. 六歲以下免費醫療									
	8. 生活輔助器具補助									
	9. 其他經濟協助									
	其他									
支持性服務	1. 居家照顧服務									
	2. 臨時照顧服務									
	3. 親職教育									
	4. 交通服務									
	5. 諮詢服務									
	其他									

（續）表14-1　案家需求評估表

復健與醫療	1. 發展評估									
	2. 物理治療									
	3. 職能治療									
	4. 語言治療									
	5. 音樂治療									
	6. 感覺統合治療									
	7. 認知治療									
	8. 遊戲治療									
	9. 聽力整健／復健									
	10. 視力整健／復健									
	11. 醫療									
	其他									
安置	1. 日托服務（融合班）									
	2. 特幼班									
	3. 日托服務（機構式）									
	4. 部分時制療育									
	5. 在宅式早療服務									
	其他									
項目合計										

◎ 整體評估：

　1. 優先的需求項目（以迫切需要及很需要為主）。

　2. 其他意見及補充。

◎ 填表說明：

　1. 請以「V」註記。

　2. 迫切需要：一個月內須處理；很需要：二個月內須處理；需要：半年內須處理。

填表日期：＿＿＿年＿＿＿月＿＿＿日

資料來源：《臺北市個案管理工作手冊》（2002）。

(二) 問題排序（problem ranking）

　　完成問題清單或個案關注的議題後，通常會先從較容易解決的問題著手，讓個案及實務工作者容易看到成效，並獲得鼓勵。然而面對非自願個案工作時，應先評估有哪些可能的危險、健康或安全上的顧慮是早療家庭與實務工作者必須優先顧慮的，例如照顧者因為不堪照顧重症兒之壓力而突然離家出走，因此兒童必須緊急安置，失業的父親吸毒解憂需立即送勒戒；這些顯見符合生命安全與健康的疑慮必須優先處理。

　　接下來則是面對早療家庭在乎且關心的問題，實務工作者可能建議從某些議題優先處理，並向個案說明理由，且符合個案自覺與自決的條件。此外，問題解決模式聚焦於實際議題的處理，而非內在心理議題，因此，若遇個案表達「自責、焦慮或罪惡感」時，應探究其原因，是因為所託非人而使孩子致殘、不知孩子的癒後情形或自己未能親自照顧造成終身遺憾。

(三) 問題探索（problem exploration）

　　此階段，實務工作者會以 5 W 探詢個案，問題如何開始（how）？何時開始（when）？發生於何處（where）？涉及的對象是誰（who）？成因為何、曾做哪些處理（what）？成效如何（how）？ 例如在案例六中，案母同意就先生施暴的問題優先處理，因此實務工作開始探究此議題，於是會探詢先生第一次施暴是什麼時候？在什麼地方？為了什麼事情？是清醒還是酒後？是否有其他人在現場？有其他的受害者嗎？向管區報案了嗎？或向113求救？有任何相關單位介入嗎？先生的反應為何？施暴情形有改善嗎？在此階段瞭解個案的問題並究其背景與脈絡是首要之務，當個案的問題有完整且全面資訊時，就可與個案確定什麼才是他想要的，也就是家庭介入的目標為何。

(四) 設定目標（setting goals）

實務中，專業工作者與個案對目標有共識是朝向正向關係與成果的關鍵。一個具體可行且有時間性的目標的產生與訂定是很重要的，目標訂定後，即訴諸於文字契約，且雙方各持一份。

以下為具體及模糊目標之比較：

1. 二週內安排一歲平平的家訪，並提供早療到宅療育示範。
2. 一個月內為強強安排聯合評估，確認遲緩情形。
3. 為三歲的欣欣安排每週至少一次的時制療育。
4. 一週內提供四歲倫倫家庭有關特教補助與巡迴輔導服務。
5. 五歲的達達一個月內可以由媽媽陪同參與啟蒙服務。
6. 六歲淋淋的爸爸在一週內停止對淋淋媽媽施暴。

對應具體目標之模糊目標如下：

1. 提供平平到宅療育服務。
2. 為強強安排聯合評估。
3. 為欣欣銜接療育服務。
4. 讓達達接受啟蒙教育。
5. 淋淋爸爸不再打媽媽。

(五) 擬定契約（developing a contract）

合約是為個案問題與目標所進行的紙本摘要，最理想狀態是由個案提出，實務上幾乎都是透過專業工作者與個案合作完成合約，範例如表14-2所示。

(六) 擬定策略與任務（developing strategies and tasks）

也可說是「建立解決途徑」（developing solutions），對實務工作者而言，要解決多少問題，就需多少任務。William Reid（1985）

表14-2　契約範例

問題解決合約

1. 問題：
   (1) 祖母沒有錢讓強強打預防針、就醫檢查。
   (2) 祖母必須一邊工作，一邊照顧強強。
   (3) 祖母不識字，不知如何申請各項補助。
   (4) 祖母身體不好，希望找強強母親回家照顧孫子。
   (5) 祖母擔心強強父親出獄後又會再犯，並強行索錢。

   祖母同意從第一項及第三項問題著手。

2. 目標：
   (1) 一週內由里幹事陪同強強祖母至區公所提出低收入戶申請。
   (2) 一個月內結合民間捐款、急難救助讓祖母無經濟壓力，並由社工員陪同祖母帶強強到醫院接受聯合評估、並陸續補打疫苗。

3. 其他同意事項（或基本規則）：
   (1) 下週起，到宅老師每週二上午到強強家進行療育與親職技巧示範。
   (2) 每週一，到宅老師會先打電話給祖母，提醒家訪時間。
   (3) 每次家訪祖母和強強都在。
   (4) 祖母配合每週之家庭作業，與強強互動。

提及與家庭工作的問題解決任務包含：

1. **會談任務**（session tasks）：在會談中，個案或家庭所需面對、解決的問題。

2. **家庭任務**（home tasks）：會談間隔中間，家庭所需執行的家庭作業。

3. **環境任務**（environmental）：與其他機構或資源間的聯繫，如醫院或學校。環境任務可能由實務工作者、個案、其他相關專業、家屬、親友或其人際網絡之任何人去執行。

(七) 持續檢視（ongoing review）

　　雖然問題解決提供系統性的工作步驟，有助社工專業按部就班依序提供服務，但是個案工作是種助人的藝術，因人而異的獨特性需求，加上與非自願個案，尤其是合併有物質濫用、智能障礙或精神障礙的早療家庭，要依序完成以上六步驟是艱難任務。由於個案與實務工作者有觀點上的差異，問題也是瞬息萬變，實務工作者發現，應與個案經常檢視他們在整體與個別階段的實施狀況，亦即當個案一直處於否認狀態時，最好回到問題調查及排序階段，並重啟問題解決程序，對問題的認定、任務的執行及目標的進度持續評估。

　　非自願性早療家庭處遇的目標是在協助家庭能由「非自願」變成「半自願」，「半自願」或「不情願」轉換成「自願」或「主動」，以面對因孩子發展遲緩或障礙問題所產生的種種壓力，並讓照顧者發展出適性的能力，以因應照料特殊需求孩子的挑戰。

　　劉芷瑩、郭煌宗及陳素禎（2009）在《親職功能提升方案對發展遲緩兒童非自願家庭影響之研究》發現，親職功能之提升可以使得非自願家庭產生轉變之動機，願意接納早期療育服務，執行療育活動，發揮家庭教養子女之功能。因此，再次驗證社會工作者在提供非自願家庭處遇以協助發展遲緩孩子的家長時，應該以協助照顧者積極發展其角色、展現其知能為目標。

自我評量

1. 請問非自願關係產生的成因有哪些？

2. 何謂非自願性案主？非自願案主又可區分成哪些類型？

3. 何謂非自願工作者？其反應有哪些？

4. 請說明在非自願家庭的壓力形成中，非自願的因素為何？

5. 請說明如何運用問題解決策略與非自願家庭工作。

參考書目

一、中文部分

王天苗（1996）。〈台灣地區心智發展障礙幼兒早期療育供需相關問題之研究〉，《特殊教育研究學刊》，第14期，頁21-44。台北：國立台灣師範大學特殊教育學系特殊教育中心。

朱鳳英（2000）。〈台灣發展遲緩兒童通報轉介及個案管理服務現況——以台北市為例〉，《中外早期療育服務經驗交流研討會會議實務》，頁21-29。

周文麗、鄭麗珍、林惠芳（2000）。「台灣早期療育的發展與未來展望」，http://www.tw.org/newswaves/54/2-1.html，檢索日期：2004年12月31日。

周月清、朱鳳英、許昭瑜、劉玉珊、蔡秀妹、黃鈴雅、黃淑文（2001）。〈協助拒絕接受服務之早療家庭進入早療體系：方案發展與評估〉，《台大社會工作學刊》，第97期，第4卷，頁99-161。台北：國立台灣大學社會科學院社會工作學系。

周月清（2001）。《家庭社會工作——理論與方法》。台北：五南。

黃淑文（2000）。《早期療育服務介入對心智障礙兒童家庭影響之研究》，未發表的碩士論文。中國文化大學兒童福利研究所。

張秀玉（2003）。《早期療育社會工作》。台北：揚智。

張耐（2003）。〈系列十二：早期療育中的親職教育——寫給發展遲緩兒童的父母與老師〉，《師友月刊》，第18期，頁127-157。台中：台灣省公立中小學校教職員福利金籌集管理委員會。

許素彬、王文英、張耐、張菁芬（2003）。〈特殊需求嬰幼兒之家庭需求分析與研究〉，《靜宜人文學報》，第430期，頁30-33。台中：靜宜大學文學院。

劉芷瑩、郭煌宗、陳素禎（2009）。〈親職功能提升方案對發展遲緩兒童非自願家庭影響之研究〉，《兒童及少年福利期刊》，第15期，98，頁15-38。台中：內政部兒童局。

廖靜芝（2002）。〈台灣發展遲緩兒童早期療育服務的團隊合作模式的發展與困境〉，《2002兩岸四地社會福利學術研討會》，http://www.ccswf.org.tw/taiwan/2A4.doc，檢索日期：2006年4月15日。

張秀玉（2002）。〈影響早期療育服務通報轉介政策執行因素之探討〉，《社區發展季刊》，第97期，頁329-341。台北：內政部社區發展雜誌社。

廖華芳譯（2005）。《嬰幼兒及其家庭早期介入》。台北：華騰。

朱惠英、郭凡琦譯（2008）。《如何與非自願個案工作》。台北：張老師文化。

二、外文部分

Cormany E. E. (1992), "Meeting the Needs of Parent of Preschool Handicapped Children through Increased Support Services." (ERIC Document for Research Service No. ED 354671.)

De Jong P., & Berg Insoo K. (2001), "Co-constructing Cooperation with Mandated Clients." In *Social Work*, 46 (4): 361-375.

Guralnick M. J. (1998), "Effectiveness of Early Intervention for Vulnerable Children: A Developmental Perspective." In *American Journal of Mental Retardation*, 102: 319-345.

McMahon A. (1998), *Damned if You Do, Damned if You Don't: Working in Child Welfare*. Aldershot: Ashgate Publications Ltd.

Rooney R. H. (1992), *Strategies for Work with Involuntary Clients*, p.19. New York: Columbia University Press.

社工叢書

早期療育與社會工作

著　　者／朱鳳英、林惠芳、林幸君、孫明儀、張如杏、劉瓊瑛
出 版 者／揚智文化事業股份有限公司
發 行 人／葉忠賢
總 編 輯／閻富萍
主　　編／張明玲
地　　址／新北市深坑區北深路三段260號8樓
電　　話／(02)8662-6826
傳　　真／(02)2664-7633
網　　址／http://www.ycrc.com.tw
E-mail／service@ycrc.com.tw
印　　刷／鼎易印刷事業股份有限公司
I S B N／978-957-818-976-8
初版三刷／2018年4月
定　　價／新台幣480元

國家圖書館出版品預行編目資料

早期療育與社會工作 / 劉瓊瑛等合著. -- 初版.
臺北縣深坑鄉：揚智文化, 2010. 09
面；　公分. -- （社工叢書）

ISBN　978-957-818-976-8（平裝）

1. 社會工作　2. 早期療育

547　　　　　　　　　　　　　　99017701